JN098525

法務の技

人事労務編

Technique of Legal affairs
Human Resources

弁護士
芦原一郎 [監修] ／ 弁護士
佐山寧秀・中野知美 [編

中央経済社

はしがき

　本書は，「法務の技法」シリーズの５作目として，芦原一郎先生の監修，指導の下，畑山浩俊，米澤晃，中野知美，佐山寧秀及び淺田祐実の５名の弁護士が，約１年半をかけて執筆した，労働判例を「使う」ための書籍です。

　本書は，主な読み手として，現に法律問題に直面している，あるいは法律問題の対処を任されている法務・総務・人事などの担当者や，会社の代表者・役員の方々を想定して作成しています。

　本書のコンセプトは，題材とした労働判例から「読み手の方に，なにか１つ，お土産を持って帰って頂く」ことです。

　労働判例には，実際に存在する様々な雇用主（会社，学校法人，行政など）と従業員との間の日常が描かれています。本書の題材となった労働判例は多様な会社を対象にしていますから，読み手の方の会社と同じような規模，同じような従業員構成，同じような社内規定を置いている会社が多く存在しており，そこで発生した事件は，読み手の方にとっても他人事ではなく，また読み手の方の会社に活かすべき経験の宝庫です。

　しかし，法律の専門家や労働判例を読みなれた方でなければ，労働判例をそのまま読んでも，どのポイントが特に重要で，どうやって読み手の方の会社に活かせば良いのかわからないことも多いでしょう。また，ポイントを読み違えてしまう，ということも考えられます。

　そこで，私たちは，上記コンセプトに沿って，１つの労働判例の中に存在する多くの争点を全て取り上げることはせず，お持ち帰りして頂くべき，使えるポイントを厳選しました。そして，その使えるポイントを，執筆にあたった各弁護士の過去の労働事件の経験を活かし，また，労働問題について非常に豊富な経験を持っておられる芦原一郎先生と議論をして，「使える知識」に磨き上げ，スッと頭に入る読み物とすることにとことんこだわりました。つまり，内容を使えるポイントに絞り，難しいことを簡単に表現することにこだわったのです。

　本書をお読み頂くと，最初は，あまりにもあっさりとした内容に，拍子抜けするかもしれません。しかし，きっと，読み手の方が今直面している労働問題の見通しや解決の方向性や，そのままでは，将来，雇用主が直面するかもしれ

ない労働問題を予防する必要性，予防の方法などの，使えるポイントを知ることができるでしょう。

　本書の作成にあたって，芦原一郎先生に，1年間半，諦めずに粘り強く指導をし続けて頂いたおかげで，集まった全68通の原稿は，いずれも「読み物」としても，「実務書」としても，「学術書」としても，意義のあるものになったと自負しております。

　本書を手に取られた皆様に，1つでも多くのお土産を持ち帰って頂ければ幸いです。

2021年2月

編著者　佐山寧秀，中野知美

目　次

はしがき

第1章
雇用契約の終了

第2章

雇用契約の条件

第3章

健康問題

第4章

ハラスメント

雇用契約の終了

1－1　アルバック判決事件

神戸地姫路支判平31.3.18　労判1211.81

＜事件概要＞

退職勧奨を拒否した社員Xに対し，会社Yが自宅待機や配転を命じたものの，Xに，上司の指示無視や虚偽報告，社内関係者に対する不適切発言等の問題行動があったため，平成27年３月に即日解雇することを通告したことから，Xが退職勧奨等の違法性や解雇の無効を主張し，裁判所がXの主張を認めた事案。

■判例としての価値

配転命令，就業規則の変更・査定，自宅待機命令，退職勧奨，解雇という解雇までの命令等についての違法性あるいは有効性が判断されている。このうち，退職勧奨が違法であり，解雇が無効であるとの判示の中に，会社がすべきだったことが指摘されており，問題行動をする社員の解雇の際の会社の対応の参考になる。

◆　使用例

P社の法務部長Qから顧問弁護士Aに対して下記のような相談がありました。

営業部の社員Rは，取引先に度々失礼な行動をとり，不当に同僚を非難し，上司へ虚偽の報告をし，営業に関する勉強を一度命じたが全く行わない。上司からは，Rが営業部に居ると他の営業部員への影響もあり，会社を辞めてもらいたいといわれた。Rにどのように対応すべきか，という相談です。

これに対して，Aは，以下のようにアドバイスしました。

まず，Rの問題行動に対して，書面やメール等で注意・指導を行います。それでも全く従う様子がなく，改善が見られなければ，解雇の可能性も踏まえて注意指導を行い，改善されるかどうかの様子を見ます。

それでもなお，Rが問題行動をやめることなく改善が見られないのであれば，懲戒処分等の解雇よりも軽い処分を行います。その上で，退職勧奨を行い，それでも退職の意思がない場合には，解雇を行うという手順となります。

また，解雇にあたり，Rの問題行動が，P社の業務に支障を与えるかどうか

を正確に把握する必要があるので，Rの行動によって取引先の減少，他の営業部員の退職など，業務上の支障に関する事情についても調査をお願いします。

◆ 分　析

本事案は，Xを解雇する過程での退職勧奨等の違法性や解雇無効が争われた事案です。

裁判所は，Xが上司の指示を無視したことや虚偽報告したことなど，Xの問題行動を認めたにもかかわらず，退職勧奨は違法，解雇は無効と判断しました。

その他にも，配置転換の有効性や賃金減額の有効性など，数多くの論点がありますが，本稿では，なぜ解雇無効と退職勧奨の違法性が認められたのかを紐解き，問題行動をする社員の解雇等を有効に行うための方策を検討します。

1．解雇について

まず，判断枠組みです。

裁判所は，勤務態度や成績不良，協調性の欠如という社員の問題行動が就業規則の解雇理由に該当するためには，その勤務態度等の不良の程度が著しく劣悪であり（①），会社側が改善を促したにもかかわらず，改善がなく指導に従わない意思が強固であるか（②），会社の業務全体にとって相当な支障となっているか（③）などの点を総合考慮して判断する，という判断枠組みを示しました。

次に，事実認定や評価（あてはめ）です。

まず，Xの「勤務態度」や「成績不良」についての本判決の判断は以下のとおりです。

裁判所は，取引先とのトラブル全てがXに原因があるとしつつ，全てXの責任ではなく，損害も小さいとして，①③を否定しています。

さらに注目されるのは，②です。

裁判所は，上司が，トラブルのたびに注意していた，と認定しています。

けれども，Xは，謝罪や今後の対策の報告をしたほか，実際に同じ原因でのトラブルを起こしていない，と認定しています。その上で，Xが注意を全く聞かずに同じトラブルを繰り返した，または，Xが（解雇を示唆されたにもかかわらず）勤務態度等を改善しなかった，として，②を否定しています。

次に，Xの「協調性の欠如」についての本判決の判断は以下のとおりです。

裁判所は，Xが，角が立つ言葉や非難めいた言葉を用いたり，不必要に摩擦

を生む言い回しをしたりして，相手に圧迫感や不快感を与え，多少なりとも円滑な人間関係の形成を阻害するような言動をすることが複数回あったことを認定し，協調性が欠如していると評価しています。①を認めたようにも読める表現です。

けれども，会社が上記のような言動を続けるようであれば解雇を予定している旨を明確に警告していないどころか，注意等が認められないとして，②を否定しています。また，会社がXの要求をのんできたことが認められて，業務への支障が生じたとはいえないとして，③を否定しています。

このように，裁判所は，いずれの理由についても，③Yの業務への支障がなかったことを根拠としていますが，②YのXに対する改善の促しが不足している点が③につながっているとして，Xの問題行動が解雇理由に該当しないと判断しています。つまり，いずれの理由でも，②の事情がないことが重視されているのです。

このことから，問題行動の多い社員を解雇する場合には，③単にその問題行動の重大性を明らかにするだけでなく，②その社員に対して，問題行動のたびに注意等を行い，改善がなされなければ解雇もあり得るということを伝えることが必要であることがわかります。

2．退職勧奨について

本判決では，退職勧奨の違法性についても判断がされています。

問題行動をとる社員に対し，解雇までの流れにおいて退職勧奨を行うことは多いでしょう。実際，社員に対し，退職という選択の機会を与えるという点で，退職勧奨を行うことは積極的に評価されるべき面があります。

けれども，本判決は，退職勧奨を違法と判断していますので，退職勧奨を適切に行うために必要なポイントを検討しましょう。

まず，判断枠組みです。

労働契約は，会社と社員が自由な意思で合意解約できるものであり，退職勧奨は社員の自由な意思形成を阻害してはいけません。そのため，退職に関する社員の自由な意思形成を促す程度にとどまらず，社員の退職に関して自由に意思決定をすることを困難にするものであったと認められるような場合には，退職勧奨が違法となります。

次に，事実認定や評価（あてはめ）です。

　裁判所は，Xが退職勧奨を拒否しているにもかかわらず，退職勧奨に応じるまでずっと退職勧奨が続くかのような心理的圧迫を加えたこと，退職勧奨の内容も退職するか，仕事がないかの二択であったこと等から，原告の退職に関する自由な意思決定を阻害しており，違法であると判断しています。

　ところで，解雇に関する上記③では，解雇の可能性があることを明確に伝えることも必要であるように説かれていますが，そのことと，退職勧奨を違法と判断したことの関係が問題になります。一方で，解雇の可能性を明確に伝えなければならず，他方で，退職勧奨を違法と判断しており，一見すると矛盾するようにも見えるからです。

　けれども，本件では，Xに改善の機会を与えていないのに，強い退職勧奨を行ったことが問題であると整理すれば，両者は矛盾しないでしょう。解雇の可能性を明確に伝えつつ，改善の機会を十分に与え，それでも改善されない，というプロセスがあれば，退職勧奨は，解雇を回避する最後の提案として一貫するからです。むしろ，退職勧奨の違法性の判断の際にも，上記③のような適切なプロセスを踏むべきだった，これがないためにXは自分の置かれた状況を十分理解できずに，Yによる退職勧奨もエスカレートしてしまった，という関係があったようにも考えられます。

3．実務への応用可能性

　以上のことからすると，社員の問題行動が著しく劣悪なものであるときには，口頭のみならず，メールや書面等の証拠に残る形で注意・指導を行い，それでも改善がない場合には，解雇があり得ることを踏まえた注意・指導を行って，なお改善がされないという状態にしておくことが必要と考えられます。

　このような状態に至った後に，懲戒処分等の解雇より軽い処分を事前に行い，一度，退職勧奨を行って，社員に対し退職の選択をするかどうかを問い，退職の意思がない場合には，それ以上退職勧奨を行わず，解雇を行うという手順を踏むことが求められるといえます。

　また，解雇にあたっては，業務上の支障が出ていることも必要ですので，社員の行動によって取引先が減少する，あるいは他の営業部員が退職しかねないなどの業務上の支障が生じるのかどうかを正確に把握し，業務上の支障が出ている場合に解雇が認められることにも注意が必要です。そのため，上記事情があるかどうかを調査しておく必要があります。　　　　　　　　　　　（淺田）

1－2　シュプリンガー・ジャパン事件

東京地判平29.7.3　労判1178.70

＜事件概要＞

　産休・育休の取得後に解雇された社員Xが，会社Yに対し，解雇は均等法・育休法に違反するとして，解雇無効，未払賃金・慰藉料を請求したところ，裁判所が，解雇を無効とし，未払賃金・慰藉料金50万円の支払いを命じた事案。

■判例としての価値

　会社から見て問題がある社員であるとしても，問題行動による業務等への影響が重大でない場合，解雇をする際，段階的な注意指導によって改善の機会を与えなければならないことが改めて確認された点に，事例判決としての価値がある。

◆ 使用例

　社内弁護士Aは，総務課長Qから，対応に苦労しており今すぐにでも辞めさせたい社員Jがいるが，すぐに解雇してもいいのかという相談を受けました。

　詳しく話を聞くと，Jは，事あるごとに直属の上司に突っかかる人物で，上司からの指示も平然と無視するなど，会社としてはかなり困っている様子でした。上司も，Jから責められることをおそれて注意すらできず，さらに，勤務成績も高めの評価を付けてしまっているとのことです。

　Aは，Jに対して段階的な注意指導を行っていない以上，即時解雇は難しいこと，将来的な解雇を見据え，今からでも，①業務命令違反に対し段階的に注意指導を行うこと，②勤務成績も適切な評価を付けるように切り替えること，③上司と社員と1対1の対決構造にならないよう，注意指導に対する不服申立，勤務成績に関する不服申立は別の窓口を設けること，をアドバイスしました。

◆ 分 析

1. 本判決のポイント

　本判決は，産前産後休暇・育児休業から復職する際に解雇されたXが，Yに

対し，普通解雇の無効，未払賃金及び不法行為に基づく慰謝料の支払いを求め
た事案です。

　なお，本事案では，Xが均等法・育休法違反を主張し，裁判所もその違反を
認定していますが，これは，問題の本質ではありません。本事案の均等法・育
休法違反は，解雇が違法無効であることが，その前提となっているからです。

　そのため，問題の本質は，なぜXに対する普通解雇が無効と判断されたのか
ということにあります。

2．本事案の特徴

　本事案では，Yは，当初，復職を申し出たXに対し，以前の職場への復職は
できないとして，「インドの子会社への転籍」か「年収が半減する業務への変
更」という提案をしました。しかし，Xは子どもを出産したばかりの母親であ
り，「インドの子会社への転籍」など不可能です。要するに，Yは，事実上復
職を拒否していたのです。

　当然，XはYの提案を不服として争いますが，Yは，Xを過去の業務命令違
反等を理由に普通解雇しました。ちなみに，Yは，弁護士から，解雇は段階を
踏んで注意を与えてから，との助言も受けていましたが，実行していません。

　このように，本事案では，Yが，Xの復職を拒否し，弁護士からの助言すら
無視してXの解雇を強行したという特徴があるのですが，そこには次項のよう
な事情がありました。

3．Xの行動

　本事案で裁判所が認定したXに関する事実は，概ね次の①〜⑦のとおりです。
① 元上司への対応

　Xは，面談の機会に積極的に対応しない，事前連絡なく外部セミナーに参
加する，X主催の勉強会に元上司の参加を拒否する，などしていた。
② 現上司の指摘に対する発言

　現上司が，元上司へのXの言動が不適切と指摘したところ，Xは，元上司
がやったことはインドの事件と同じ，などと発言して泣き出した。
③ 実際とは異なる出社時間の申告

　台風により，午後出勤の全社員を一律出勤とみなす取扱いをしたところ，
Xは，他の社員より早く出社したのに同じ取扱いは不公平と，実際とは異な

る出社時間を申告した。

④　現上司への発言

　　Xは，現上司との面談の際，「心臓に来ると感じた」「評価に納得いったことがない」「現上司と話すと具合が悪くなるので労災申請してもよいか」などと発言した。

⑤　ミーティングへの不参加

　　Xは，自席で声掛けがされなかったという理由でミーティングを欠席した。

⑥　同僚らに対するメールの送付

　　Xは，産休・育休の業務引継不備を指摘されたところ，同僚らに「さきほど『処分を検討している』という恐ろしい脅し文句をいただきましたので，（というのは冗談ですが・（笑い）），取り急ぎ…」とのメールを送付した。

⑦　現上司らに対する繰返しの抗議

　　Xによる引継の不備に対応するため，Yは，Xのメールボックスを他者も見られるようにしたところ，Xは，現上司らに何度も抗議メールを送付した。

　　以上の事実から，上司らが，Xの対応に苦慮していたことがわかります。本判決は，Xは自身の方針にこだわって，上司の求めにも容易に従わず，時に感情的になったり，皮肉に類する言動や上司に非礼ともいえる言動をとった結果，上司らは対応に負担を感じ，元上司については他部門へ異動せざるを得なかったものと要約しています。

　　しかし，本判決は，結局，Xに対する普通解雇は，客観的合理的理由を欠き，社会通念上相当とはいえないとして無効と判断しました。

4．本判決における判断

　　ではなぜ，Xに対する普通解雇が無効となったのでしょうか。

　　ポイントは，YがXに十分な改善の機会を与えていなかった点です。

　　Xが繰り返す上記問題行動に対し，Yは，いずれも口頭やメールでの注意しかしておらず，文書での注意や懲戒処分をしたこともありませんでした。また，Yは，弁護士などの助言を受けて注意文書を作成し，交付する時間的余裕はいくらでもあったにもかかわらず，これをXに交付しませんでした。

　　本判決は，特に後者の行動について厳しい評価をしています。

　　すなわち，Yが注意文書を交付していないという事情をもって，訴訟の場でYが主張するほど深刻でなく，早急な対処が必要ないと判断したのです。そし

て，急を要しないということは，Ｘの行動によって受ける迷惑の程度や業務への支障は重大でないこと，このことからさらに，段階的な注意によって経過観察をする余裕があったこと，に外なりません。

　解雇は，社員の生活の糧を奪うものです。そうすると，当該社員の行動に問題性が認められるとしても，改善の機会を奪ってはならないとした本判決の判断も決して不合理とはいえません。

5．実務での応用可能性

　社員が問題行動をとる場合，会社はどのように対応すべきでしょうか。

　結論は至極簡単です。

　本判決も判示しているとおり，普段から，問題が発生するごとに注意指導し，その程度を段階的に上げていくことで，社員に改善の機会を与えれば良かったのです。例えば，最初は口頭注意，次に注意文書の交付，次に懲戒処分という流れになるでしょう。

　解雇に関していえば，「どうせ改善されない」から改善の機会を与えないのではなく，機会を与えたのに「改善されなかった」という事実の積み重ねが，重要な事情となるのです。

　また，問題行動について注意をして改善の機会を与えることは，何も将来解雇するための準備という意味を持つだけではありません。会社（あるいは管理職者）によっては，社員に注意をしなかったことについて，「情けをかけてあげたのに」「注意して噛みつかれても面倒だ」「人事異動があるし，次の担当者がなんとかするだろう」などと思ったことはないでしょうか。

　しかし，その考えは改めなくてはいけません。注意指導するタイミングを逃す度に，社員は問題行動を「しても許される」行動と認識し，問題行動が助長されることこそあれ，改善されることはないからです。

　反対に，普段から問題行動に対して注意指導しておけば，本事案のＹのように無理な解雇を強行して敗訴するということもないでしょう。日頃からの注意指導の大切さがよくわかると思います。

（佐山）

1−3 学校法人D学園事件

東京高判平29.10.18 労判1176.18

＜事件概要＞

中高一貫の私立の女子進学校Yの数学教師Xの度重なる問題行動に対して，Yが注意・指導を繰り返し実施したにもかかわらず，2年4か月にわたって改善が見られなかったことからXを解雇にしたことが争われたところ，1審は，本件解雇は不当解雇であるとしたが，2審は，有効であると判断した。

■判例としての価値

勤務状態不良・勤務不適当という普通解雇が選択される典型的な事案で，解雇を有効と判断した点に，事例判決としての価値がある。Xの教師という職種をあげて配転の非現実性に言及している点が特徴的である。

◆ 使用例

何度注意指導をしても，一切反省せず，改善の態度も見られない問題社員がいます。他の社員の士気を低下させる困った存在なので，解雇しようと思うのですが，何に注意すべきですか？

◆ 分 析

1．はじめに

解雇が有効と認められるためには，客観的に合理的な理由があり，社会通念上相当であることが必要です（解雇権濫用法理，労契法16条）。このハードルは非常に高く，経営者の感覚に合わないかもしれません。「俺の言う事に従えない奴はクビだ！」というワンマン社長は，「働き方改革」「同一労働同一賃金」など，社員の処遇改善が騒がれるこのご時世，非常に危険です。

本事案のように勤務態度不良を理由とする解雇は，裁判例を見る限りかなりの割合で無効とされます。そして，解雇が無効と判断されると，「解雇は無効だから，労働契約が有効に存続している」と評価され，当該社員に対して解雇

後の給料を支払うだけでなく，当該社員が職場復帰してきます。

　実際の裁判では，金銭的解決（退職）で和解することもありますが，筆者が担当した事件で，職場復帰し，しかも以前と変わらず問題行動する社員もいました。職場復帰のリスクを理解しておく必要があります。

　本事案では，１審では解雇が無効，２審では有効と判断されました。裁判所間でも判断が割れる点から，解雇に関する具体的なイメージを掴みましょう。

2．分析表

　「客観的に合理的な理由」「社会通念上相当」だけではよくわかりません。ここでは，(1)どんな問題行動があったのか，(2)Yはどう対応したのか（注意指導の内容），(3)それに対しXはどのように反応したのか，という３つの視点で整理したいと思います。

問題行動の内容	Yの対応	Xの反応
校内のカフェテリアで，唐揚げ約15パックを買い占め	生徒への迷惑，生徒向けの商品であることから，行動を慎むよう口頭注意。	3パックしか買っていないなどと言い訳。
文化祭の会計担当，収支が合わず，資料を全て廃棄，原因分析不可能	次回の文化祭で会計担当になった時は，きちんと出納帳を記録するよう指示。	次も出納帳を作成せず。指導を受け，約10日後出納帳完成。日記，「会計のお金はやはり合わなかった。糞校長の演説１時間」等，反省の態度なし。
大学入試センターの模範解答例に，高校生向けでない解法を使用	別の解法を用いるよう指示。	「自分ではこれ以上直せない」と指示に従わない。
教材の発注担当者なのに教材を発注せず，別の教員に責任転嫁する	間違いなく発注担当者はXであると指摘する。	発注担当者ではないという言い訳を続ける。
中３代数の試験で，対象外の公式使用・大学入試レベルの問題を作成，独断で試験問題として印刷	問題内容と確認を省略した点を注意，保護者からクレームが入った事実も告げる。	「イチャモンだ」，（クレーム）「言っているのは１人だけじゃないか」と反論，問題を認めず。

上記各問題，協調性の欠如点等を校長室で注意指導された翌朝，職員室で大声で「すみませんでした，申し訳ありませんでした」等と連呼（異常行動）	校長と教頭が，改めて口頭注意。また，別日に改めて注意指導し，反省文を作成し提出するよう指示。	稚拙な反省文，事実と異なる記載。再提出も，「今後は問題があるごとに年休を1日減らす」「辞表は書けない」等とんちんかんな回答。日記に「糞校長から呼出」「裁判までもつれた糞は違うな〜！　笑」等反省なし。
別件での校長室への呼び出しに，「業務命令であるならば文書で示してください」等，強い口調で抵抗	教頭はXの言動につき校長に報告し，その後，改めて校長室を訪ねるよう指示。	「残れというのは業務命令ですか」等と校長を罵倒，室外の他の職員も異常さを感じる。
中2試験で大学医学部の入試問題を入れ，解説に「H大学の入試問題でした。ちなみに正解者もいました。」と記載	解説書からこの文章を削除するよう指示し，この解説書のコピーをXに交付。	指示をした教員の面前でコピーを破り捨て，廃棄する。

　以上のとおり，Xの行動はかなり異常ですが，1審ではこのようなXであっても解雇は無効と判断しました。解雇のハードルの高さが理解できましたか？

3．予防の方法論

　そこで，重要になってくることが日頃の備え，予防の視点です。

　1つ目は，有期雇用契約の更新拒絶（雇止め）です。

　本事案で，当初Xは1年間の有期雇用契約を締結していました。1年経過後，Xを無期雇用に切り替えましたが，勤務開始当初から問題行動が目立っていたにもかかわらず，なぜ無期雇用に切り替えたのでしょうか？　その理由は，雇用継続をしなかった例が過去に一度もなかったからでした。

　しかし，Xの雇用継続に対して反対の声もあり，慎重を期すべきでした。

　例えば，もう1回有期雇用契約を更新し，無期雇用転換を判断する機会を設けることもできたと思います。さらに，先例に捉われずに雇止めする選択枝もあったと思います。

　これができなかった背景に，例えば，「通常，無期契約に移行する」等と説明して，契約更新への合理的な期待（労契法19条）を生じさせていたような事情があったのでしょうか。

　2つ目は，退職勧奨です。

　退職勧奨というと，それだけで違法，というイメージを抱く人もいますが，退職勧奨自体は決して悪い方法ではありません。違法でない退職勧奨にすることが重要ですが，ポイントはコミュニケーションです。

　具体的には，問題行動の都度注意指導し，当該社員の意見も聞く機会を設けます。言った言わないの争いを避けるために，その話合いを記録化（例えば，録音）することも念頭に置いて下さい。上記の表のように，(1)問題行動の内容，(2)注意指導の内容，(3)それに対する反応，という3点を記録化しましょう。

　その上で，いきなり解雇するのではなく，まずは退職勧奨をして下さい。具体的には，問題行動が多々あり注意指導を繰り返したが，改善の見込みがないこと，解雇よりも合意退職の方が社員にメリットがあることを説明し，合意による労働契約の終了を目指します。例えば，退職勧奨に応じると，会社都合退職という扱いにできることから，特別受給資格者として失業保険がより早く，そしてより長い期間受給できるメリットがあることも伝えていいと思います。

　3つ目は，解雇です。

　裁判所は，解雇の有効性判断にあたって，会社がいかなる注意指導をしてきたのか，というプロセスを重視します。

　本事案では，口頭注意に加え，反省文の作成も指示しており，注意指導のプロセスをきちんと経たと評価されています。もっとも，Ｘの言動が秩序を乱していることは明らかですので，もっと厳しい処置，すなわち，懲戒処分も実施すべきでした。適切な懲戒処分も注意指導の一環となるからです。

　けれども，懲戒処分は就業規則に根拠がないとできません。したがって，今一度就業規則を見直して下さい。

　その際，「普通解雇」事由の文言も確認して下さい。例えば，普通解雇事由が「懲戒解雇に該当する場合，普通解雇とする」とされているケースがあります。しかし，わざわざ懲戒解雇と同レベルの場合にしか普通解雇ができない，とハードルを上げる必要はありません。問題行動をとる社員を解雇するプロセスを具体的にイメージし，就業規則を見直しましょう。

（畑山）

1－4　日本マイクロソフト事件

東京地判平29.12.15　労判1182.54

＜事件概要＞

　休日出勤中の事故により傷病を負った社員Ｘが，療養のために休業していた期間にされた解雇は労基法19条１項違反または解雇権の濫用により無効であると争ったところ，裁判所が，事故の業務起因性は認めたものの，そもそも休業の事実が認められないとして労基法19条違反はないとし，解雇に至るプロセスから，客観的合理的理由があり，かつ，社会通念上相当であり有効と判断した事案。

■判例としての価値

　解雇が，客観的合理的理由と社会通念上の相当性が認められるための解雇に至るプロセスを詳細に認定した点で，事例判決としての価値がある。

◆ 使用例

　企業内弁護士Ａは，人事担当者Ｑより，上司が繰り返し注意指導をしているにもかかわらず問題行動が改善されない社員Ｊがおり，解雇したいがどうすればよいか，という相談を受けました。

　Ａは，本判決を紹介しながら，まずはＪの問題行動の日付，時間等を具体的に記録し，併せて，会社からどのような注意指導をしたか，Ｊの行動がどのように改善されたか（改善されなかったか）を記録するよう伝え，記録の方法としては，社内メールを使うことが簡易・有効であるとアドバイスしました。

　加えて，問題行動が繰り返される場合には，上司からの注意指導のみでなく，会社から業務改善指導書を交付するなど，段階を踏んで注意指導を続けてきた記録を残すようアドバイスをし，いよいよ解雇する場合には他に解雇を妨げる事情がないかについて検討した上で解雇をするよう指示しました。

◆ 分　析

1．本判決のポイント

　本件は，休日出勤中の事故により傷病を負ったＸが，療養のために休業していた期間にされた解雇は労基法19条1項違反または解雇権の濫用により無効であると主張して，社員としての地位の確認を求めた事案です。本判決は，結論として，事故の業務起因性は認めたものの，そもそも休業の事実が認められないとして労基法19条違反はないとし，解雇自体も，Ｘの勤務態度が著しく不良であること，会社Ｙが継続的な教育・注意指導をしたにもかかわらず改善されなかったこと，を認定した上で，客観的合理的理由があり，社会通念上相当であるとして，有効としました。

　本件では，ＹがＸに対して，深夜残業・休日出勤を原則として禁止している場合の事前申請のない休日出勤中の事故の業務起因性の有無や，労基法19条1項の「療養のために休業する期間」の解釈なども問題になりました。

　しかし，本件で参考にすべき点は，何よりもＹのＸに対する解雇のプロセスですので，ここでは解雇のプロセスを中心に検討します。

　Ｘには，大きくは以下のような問題行動がありました。

---

① 　Ｘが，自分が受け持っている仕事をやり遂げていないにもかかわらず，業務アサイン（仕事を割り当てること）を繰り返し要求する。
② 　この業務アサインを要求するにあたって，直接関係者に連絡をとるなどし，本来の業務アサインの方法を無視する。
③ 　①や②について，繰り返し上司から注意指導をしているにもかかわらず，改善が見られない。

　本判決では，このようなプロセスが実際に踏まれていた事実を，判決文の相当な頁数を割いて，日付，時間等を含め具体的・詳細に認定しています。裁判所がこのような事実認定ができたのは，これらを認定できるだけの証拠をＹが提出できたからに外なりません。

　このように，近年の労働事件で，裁判所はプロセスを重要視する傾向にあります。

　つまり，どのようなプロセスを辿って解雇をすれば当該解雇が有効になるのかについて，本判決はその一例を示すもの，と評価できるのです（解雇が有効とされた他の例としては，学校法人Ｄ学園事件（本書10頁）なども参考になり

ます）。

　以下では，Xの解雇に至るプロセスを検討します。

2．解雇に至るプロセス

　本件では，Xによる問題行動は多岐に亘りますが，これを受けてYがとった
プロセスは以下のようなものでした。

---

① 　Xによる問題行動
　　例）案件の未処理，執拗な業務アサインの要求，業務アサインの要求方法の
　　　　違反，休日労働等に関する指示への不服従，等
② 　直属の上司による，当該社員の問題行動に対する速やかな指示・注意指導
③ 　Xによる，②の指示・注意指導の無視
④ 　②よりもさらに上役の上司による，指示・注意指導
⑤ 　Xによる，④の指示・注意指導の無視
⑥ 　①ないし⑤の1年以上の繰り返し
⑦ 　上司らによる，2度に亘る勤務改善指導書の交付
⑧ 　Xによる，⑦の注意事項の無視
⑨ 　Xによる，事前申請なく行った休日労働中の骨折事故
⑩ 　3か月後，Yによる，解雇予告通知書を交付した上でのXの解雇

　注目すべきは，①ないし⑤の一連の流れが，全てメールで，時間まではっき
りと記録として残されていたことです。

　注意指導については，通常の会社では口頭で行われることが多く，その時期
や問題行動との前後関係が不明確であるケースが多いです。しかし，Yは，日
本マイクロソフト社というIT企業の最大手であるという特質もあり，メール
でのやり取りが非常にきめ細やかに行われていたのです。

　このような記録が，自然に形成されていたのか，Xの問題行動が目立ち始め
たことをきっかけに形成され始めたのかについては本判決の記載からは明らか
ではありませんが，少なくとも，Xの問題行動と当該問題行動に対する注意指
導の記録が，このメールのやり取りのおかげで時系列に沿って全て明らかに
なったのです。なお，このようなやり取りが残せた1つの理由として，X自身
がメールによるアサインの要求や上司からの注意指導への反論等を行っており，
これらが特別の記録を必要とせずデータとして収拾できたことも，特殊な事情

であったかもしれません。

　さらには，本件ではメールのやり取りだけでなく，上司が度重なる注意指導を行った上，2度に亘って勤務改善指導書も交付するなど，かなり慎重にプロセスが履行されていることがわかります。

　これらのプロセスを踏んだ結果，本件では，当該社員の勤務態度が著しく不良であり，Yが継続的な教育・注意指導をしたにもかかわらず改善しない状態にあると評価され，解雇には客観的合理的理由があり社会通念上相当であるとして，有効とされました。

3．実務上の応用可能性

　このように，本判決では，これで解雇が有効にならなかったら解雇が有効になる場面は存在しないのではないか，といっても過言ではないほど，解雇に至る事実が詳細に立証され，さらに厳格にプロセスが履行されていました。

　前項でも指摘したとおり，本事案では当該社員自身の問題行動そのものがメール上で行われていたこともあり，当該メールへの注意指導等が記録として残しやすかったという特殊性があるかもしれません。しかし，メールによる記録作りは，特別な会社でなくとも応用が可能であると考えられます。

　例えば，現在，社内用のメールやチャットなどのコミュニケーションツールを導入している会社は少なくありませんし，現在は導入していない会社であっても，莫大な設備投資が必要であるという部類のものではありません。ツールを利用することで，社員全員への周知事項や注意指導をタイムリーに伝えることができますし，何より日時がはっきりと把握できることが大きな利点です。また，メール等への返信機能を利用することで，社員のどの行動への注意指導であるかが明確になりますし，複数の人事担当者や上司らとの情報共有も，「CC」や「BCC」に情報共有先を入れるだけで容易に行うことができます。

　もちろん，メール等を利用することに，情報管理の面で不安を感じられる経営者の方は多いかもしれませんが，記録が物を言う時代においては非常に重要なツールとなります。

　最後の段階では，面談や書面による通知が必要になるかもしれませんが，日常的な社員の管理という点では，早急に新しいツール等への対応を進めていかなければなりません。

（中野）

1−5　三洋電機ほか1社事件

大阪地判平30.5.24　労判1189.106

＜事件概要＞

　3度目の休職期間から復帰後，改めて休職措置をとることなく「精神または身体上の故障のため，業務に堪えられない」として普通解雇された社員Ｘが，会社Ｙに対し，解雇が労基法19条1項または労契法16条に違反し無効であるとして，労働契約上の権利を有する地位にあることの確認，未払賃金等の支払いを求めたところ，裁判所が，Ｙによる解雇に違法性はなく，未払賃金等も発生していないとして，Ｘの請求を全て棄却した事案。

■判例としての価値

　休職から復帰後の社員について，改めて休職措置をとることなく普通解雇をすることが解雇権濫用とならない具体的ケースを示したことに，事例判決としての価値がある。

◆　使用例

　社内弁護士Ａは，人事部長Ｑから，休職を繰り返している社員Ｊの休職期間満了が近付いており，面談等の結果，Ｊが労働契約に基づく本来の業務を提供できる状況には至っていないものの，本人からの強い希望もあるため，一旦は復職させようと考えているのだが，復職させた後のＪの処遇をどうすべきかについて相談を受けました。

　そこで，Ａは，Ｊについて，復職後一定期間を，休職事由が消滅したかどうかを確認するための「試し出勤」期間とし，他の業務を行わせるなどしながら，Ｊの心身の状況を，産業医とＪの主治医の診断に基づいて逐一把握するよう助言しました。

◆　分　析

　本判決は，3度の休職を繰り返してきたＸが，復帰後まもなく出勤しなく

なったことから，Yが，改めて休職措置をとることなく，「精神または身体上の故障のため，業務に堪えられない」と普通解雇した事案です。Xは，解雇は労基法19条1項または労契法16条に違反し無効であるとして，労働契約上の権利を有する地位にあることの確認，未払賃金等の支払いを求めました。

　本判決は，Yによる解雇に違法性はなく，未払賃金等も発生していないとして，Xの請求を全て棄却しています。

　休職期間中に，休職事由が消滅しなかった場合，社員を解職とする就業規則を備えている会社は多く，当該解職を違法として争われるケースも多々あります（例えば，NHK（名古屋放送局）事件・名古屋高判平成30年6月26日，本書226頁）。

　一方，本事案では，休職事由が消滅していなかったことを理由とする「解職」ではなく，復職後の「解雇」が問題となっています。実際に，本事案では解雇権濫用の法理が問題とされており，一見すると，一般的な解雇のケースと同様に，解雇に至る一連の経緯を総合考慮しているようにも見えます。

　しかし，本判決では，「Xの病状」に応じた配慮が問題にされています。これは，休職後の復職可能性に関して考慮される事情と同じです。さらに，本判決では，「Xの病状」は，3回目の復職の際に考慮されておらず，復職後，実際にXを働かせた後の解雇（本件解雇）の際に，「Xの病状」が考慮されています。

　これらの事情を踏まえると，本事案は，単なる復職後の解雇の事案というより，Xが，今後通常の業務に復帰できるか否かを判断する「テスト期間」中の解雇と見ることもできます。

　そこで，本稿では，復職後の「テスト期間」中の解雇について，解雇権濫用の有無をどのような観点から判断したかに着目して検討します。なお，本件でXは，本件解雇について，労基法19条1項違反も主張していますが，ここでは触れないこととします。

1．安全配慮義務

　Xは，YがXに対して，就労可能な他の業務ではなく，主治医が不可と判断した外勤業務を前提とするグループ企業へ出向させたことが安全配慮義務に反する旨主張しており，具体的には，Xを休職前とは異なる内勤業務に従事させるべきであったと主張していました。

　この点について本判決は，XがYに対し，復職を強く求めていた事実を推認した上，Yの完全子会社化などに伴い，事業再編や余剰人員の削減が迫られており，Xの経験・就労能力，休職前の業務実態に照らした際，Xを休職前とは異なる内勤業務に従事させることは困難な状況にあったと認定しました。つまり，Xの主張する「内勤業務」は，「現実的可能性があると認められる他の業務」（復職可能性を判断するポイントです）にあたらないと判断したのです。

　その上でYがXを，休職前と同じ職場に戻した上，従事できる業務の範囲を少しずつ見定めていくという措置をとったことをもって，Xの病状や就業上の配慮がされていなかったとはいえないと判断しています。

　具体的には，Xは，外勤業務を行う職場に復職したものの，復職後に外勤業務はなく，実際の営業活動とは異なる試し勤務（最寄り駅の駅周辺の下見）等，休職前の業務とは異なる業務を行っていました。本判決は，YがXに行わせていた当該業務が，「現実的可能性があると認められる他の業務」にあたるとして，Yが本件解雇を行ったことは，解雇権濫用にあたらないと結論付けたのです。

　このように，本判決は，本事案が休職期間満了後の「テスト期間」であることを意識し，解雇権濫用の有無を，休職事由の消滅の条件（復職可能性の判断）に沿って判断しています。

2．通常の解雇の場面との相違

　では，もし本件を，純粋に解雇権濫用の問題として検討していた場合，どう判断されていたでしょうか。具体的に本判決が認定した事実を見てみましょう。

　まず，Xは，平成12年以降，解雇されるまでの12年半ほどの間に，延べ4分の3程度の期間を休職しています。しかし，Yに休職の制度があり，Xが当該手続にしたがって休職している以上は，このことだけをもって解雇の理由とすることはできません。

　本事案では，これらの事情に加え，産業医とXが4回の面談を行っているほか，産業医による従事業務候補の事業所の職場環境の確認，Xの主治医に対する情報提供の依頼の打診等も行われたにもかかわらず，Xより，情報提供依頼書への署名を拒否され，主治医の診断書が適切な時期に提出されないなど，Yとして，Xの客観的な情報を充分に取得できないような状況でした。さらに，平成24年10月25日に復職をしたXは，ブレザーのボタンの付け替え等を理由に平成24年11月13日の午後に有給休暇を取得して以降，平成25年1月31日付で，

「精神または身体上の故障のため，業務に堪えられない時」にあたるとして解雇されるまで，欠勤を続けていました。

　たしかに，本事案では，Xが，適切にXの状態を把握しようとするYの働きかけに対して不誠実な対応をしたり，復職後すぐに，今度は「ブレザーのボタンの付け替え」というおよそ正当な理由とはいえない事情で欠勤したりしています。しかし，解雇事例で会社側に厳しい裁判例が多い中，これだけの理由で，解雇権の濫用がないと評価するのは難しいでしょう。

　やはり本事案は，休職期間満了後の「テスト期間」中の解雇であったことが重視され，通常の解雇の場面に比して，休職事由の消滅という観点から緩やかに判断されたというべきでしょう。

3．実務上の応用可能性

　テスト期間を，休職中に設けるか，復職後に設けるかについては，会社としても悩むところだと思います。特に，復職後にテスト期間を設けると，その後に休職事由が消滅していないという判断をして解雇しようとする際，解雇権濫用の法理が適用されてしまい，解雇することが難しくなるのではないかと考えている会社も多いと思います。

　しかし，本件では，復職後のテスト期間中でも，実質的には，休職事由の消滅の有無という視点から判断すべきことが示されました。そのため，会社としては，テスト期間を設けるにあたってどのような制度設計をするかについて，複数の選択肢が与えられたといってもよいでしょう。

　もっとも，復職後にテスト期間を設ける場合には，会社としては，解雇が復職後のテスト期間中であることが客観的に明白な状況を作っておく必要があります。具体的には，復職前から，復職後所定の期間は復職可能性を見極める期間であることを，社員本人やその主治医に明確に伝え，納得してもらうこと，復職可能性を見極めるための条件や内容，それに伴う復職後の勤務条件等を，産業医や当該社員の主治医と連携をとるなどしながら，面談等をこまめに行って設定・修正すること，その面談や連絡の記録は詳細に残しておくこと，復職後の勤務状況について詳細に記録をとり，徐々に勤務内容を休職前の業務内容に近付けていくこと，その状況を産業医や主治医と情報共有し，医学的な評価を適時適切に行うこと，など，社員が業務に復帰できるかどうかを計画的に見極めるプロセスを運用しなければなりません。

（中野）

1－6　学校法人武相学園（高校）事件

東京高判平29.5.17　労判1181.54

<事件概要>

　高校教諭Ｘが，うつ病で休職中に懲戒解雇されたことについて，労基法19条
１項違反があるとして労働契約上の地位にあることの確認を求めたところ，裁判
所は，Ｘのうつ病発症と時間外労働との間には相当因果関係があるとして，Ｘに
は勤務先の学校法人Ｙとの間の労働契約上の権利を有する地位があると判断し
た事案。

■判例としての価値

　運動部の強豪校であったＹの高校教諭であり，部活動の顧問を務めていたＸに
ついて，部活動業務や県高体連での活動が業務に含まれることを認定した点に，
事例判決としての価値がある。

◆ 使用例

　弁護士Ａは，スポーツの強豪校である学校法人Ｂ学園より，部活動の顧問を
している教諭の労務管理について相談を受けました。

　Ａは，本判決を紹介しながら，当該教諭が部活動の顧問として活動をしてい
る時間が勤務時間（時間外労働）にあたる可能性があることを指摘し，顧問の
教諭を複数にしたり，外部指導員を利用することなどを提案して，当該教諭の
労働時間の是正を図るようアドバイスしました。

◆ 分 析

1．本判決のポイント

　本判決は，高校教諭であるＸが，①校長らから聴取調査を受け，②部活動の
顧問の仕事等のための時間外労働によって罹患したうつ病で休職中に解雇され
たという事案において，Ｙによる解雇は労基法19条１項に反するとされた事案
です。労基法19条１項は，社員が業務上疾病にかかり，療養のために休業する

期間については，解雇をしてはならないと定めています。すなわち，Xが罹患したうつ病が，業務に起因していた場合には，Yによる解雇は同法に違反し，無効になるのです。

本事案で特筆すべきは，Yが，中学校の運動部で優れた実績を残した生徒を授業料や入学金を免除する「特待生」の対象として入学させるなど，いわゆる運動部の強豪校として知られており，Xがその部活動の1つの顧問を務めていたという点です。

中学校や高校の運動部で顧問を務める教諭は，運動部の強豪校でなくとも，授業前の朝練習，授業後の練習，休日の練習や大会，遠征の引率等，通常の教諭としての業務以外にも，膨大な時間を部活動に割いている反面，部活動の顧問を務めることへの対価は非常に安価であることが多いのが現状です。本事案でも，部活動の顧問を務める教諭には定額の顧問手当を支給し，顧問手当の範囲でできることをやればよい，という建前がとられていましたが，実際には，部活動が行われれば立ち会わざるを得ず，真剣に取り組めば取り組むほど，当該手当に見合わない業務時間と業務量にならざるを得ません。

本判決では，そのような現状を汲み取り，Xが部活動の顧問の仕事に従事していた時間も時間外労働と認定し，うつ病との相当因果関係を認定したのです。

また，本判決の特徴のもう1つは，1審判決と2審判決で，認定されている事実そのものはほとんど変わらないにもかかわらず，結論が全く逆になっている点です。

なぜ結論が変わってしまったのでしょうか。

本稿では，まずこの点を掘り下げます。

2．1審と2審の相違点

1審でも2審でも，Xのうつ病・うつ病の発症時期については同じ判断がされています。結論を分けたのは，1審がXによる「失言」を重視したのに対し，2審は，Xの「失言」に至るまでの事情を重視し，「失言」がこれらの事情の結果として起きたものであると判断したことです。

具体的には，Xは，XがスカウトしてYへ特待生として入部した生徒が，部活の練習に参加しなくなり，さらには喫煙を理由に停学処分を受けたことについて，部活動の他の生徒の前で「ここに刃物があれば，あいつを刺して自分も死にたいぐらいだ」と失言をしました。そして，この失言につき，Xが生徒た

ちへ口止めをし，さらにそれが明るみに出たことから，聴取調査が開始されています。

1審は，Xのこの失言と生徒たちへの口止めを，Xが職務行為外に故意に引き起こした出来事であるとし，これを前提として行われた聴取調査も不当ではない（Yの業務に内在する危険が現実化した損害が生じたと認められない）として，不法行為の成立を否定しています。

一方，2審は，Yが，中学校の運動部で優れた実績を残した生徒を授業料や入学金を免除する「特待生」の対象として入学させるなど，いわゆる運動部の強豪校であり，Xは運動部の顧問として，次項で詳述するとおり，発症前6か月間の時間外労働は平均して月120時間以上となっていたことなど，当該失言に至るまでに，Xに強い心理的負担がかかっていたことを認定しました。そして，当該失言は，Xに心理的負担がかかっている中で起きた「仕事上のミス」に当たり，口止めはミスの発覚を防ぐために思わずやってしまいがちなことであり，業務による心理的負荷として，厚労省による業務上外の認定基準の「会社の経営に影響を与えるなどの重大な仕事上のミスをした場合」に該当すると判断したのです。

このような1審と2審のスタンスの相違は，Xが部活動で保護者から二重に部費を徴収して領得していた等の他の嫌疑についても表れています。

すなわち，1審は，これらの嫌疑のかかった行為自体に重きを置いたのに対し，2審は，これらの行為に至ったXの心理的負荷やYが部活動における部費等の管理を顧問に任せていたことなど，行為に至る経緯に重きを置き，これに伴う聴取調査，当該聴取調査で原告に突きつけられた部活動顧問業務や授業担当の禁止処分，対外試合のための出張禁止の措置が，Xにとって非常に大きな精神的負荷となったことを認定しています。

1審と2審では，認定されている事実関係自体はほとんど同じであるにもかかわらず，どの時点からの事情を考慮要素とするかにより，結論が180度変わってしまったのです。

3．Xの時間外労働

1審は，部活動の顧問としての業務のほとんどや，県高体連での業務を時間外労働に含めるべきものではないとし，仮に含んだとしても「（当該教諭）において，自ら望み，好んでそれらの業務をなしていた」から，これによる心理

的負荷は軽いものであるとして，時間外労働による心理的負荷を否定しています。

　しかし，2審は，Yが部活動の強豪校であった点，Xが特待生を抱える運動部の顧問教諭であった点，部活動は顧問手当の範囲内でやればいいという建前を当該教諭が「額面どおり受け取る」ような地位になく，実際にYが，対外試合で結果を残すことを黙示的に目標としていた点などから，部活動の顧問としての業務は労働時間であるとしました。その上で，県高体連の業務をしていた時間についても，Yが，Xの県高体連の役員就任を承認していた点，県高体連が機能しなければ，そもそも当該法人の部活動において対外試合ができず，好成績を残すこともできないという事情から，本来の業務に準じるものと扱うべきであるとしました。その結果，平均して月120時間以上の時間外労働が認定され，これに基づく心理的負荷は大きいと判断され，時間外労働とうつ病との間の相当因果関係が認定されたのです。

4．実務上の応用可能性

　このように，1審と2審では，大きく結論が分かれています。

　学校では，教諭の労働時間が長時間に及ぶことが多く，これが当然だと考えられる風潮があります。しかし，部活動を抱えるどの学校においても，時間外労働による割増賃金請求や，教諭が何らかの心身の疾患を発症した場合の業務と疾患の相当因果関係が認められる可能性があるということです。

　最近まで，学校における課外活動は顧問の教諭が自主的に行うものであるという風潮が強く，それはスポーツの強豪校でも同様でした。

　しかし，部活動は，「課外活動」とはいうものの，生徒にとっては授業に匹敵する，あるいはそれ以上のウエイトを占める重要な活動であり，素人教諭の「ボランティア」で行われるべきものではありません。

　現在，教諭の長時間労働にスポットが当たり始め，教員の働き方改革に関する指針案等では，教諭の残業時間の上限を設け，部活動への外部指導員を増員するなどの具体的な案が検討され，今後の動向が注目されます。

　強豪校として名を上げている学校こそ，顧問である素人教諭に全てを任せるのではなく，学校による部活動の管理運営の適正化を図る努力をする必要があるのです。

（中野）

1－7　国立大学法人群馬大学事件

前橋地判平29.10.4　労判1175.71

＜事件概要＞

教授Xが，パワハラをしたこと等を理由とする解雇を無効として，労働契約上の地位確認・損害賠償等を請求したところ，裁判所は，本件解雇は社会通念上相当性を欠くとして無効とし，さらに，諭旨解雇を懲戒解雇に切り替えた行為が諭旨解雇に応じる機会を侵害するとして，損害賠償請求を認めた事案。

■判例としての価値

プロセスの合理性が解雇手続の有効性と損害賠償責任の両者に関連する事案で，両者で着目する利益が異なり，評価方法が違うこと，解雇手続では慎重にプロセスを進めるべきこと，が示された点に価値がある。

◆　使用例

社内弁護士Aは，人事部長Qから，「多数の社員が，社員Jからパワハラ・セクハラを受けていると話しており，実際に異動願いを出したり，退職したりした社員もいます。社員Jを解雇したいと考えているが，会社としてどのようなプロセスをとればよいでしょうか。就業規則には，諭旨解雇に応諾しない場合，懲戒解雇にする旨の規定があります。」と相談を受けました。

AはQに対し，まずは，時間をかけて実際に社員Jからパワハラ・セクハラを受けたとする社員から聞取調査等の事実調査をし，社員Jに懲戒解雇相当の非違事実があるかどうかを判断する必要がある，とアドバイスしました。

その上で，仮に，非違事実があると判断しても，プロセスの瑕疵により，裁判所で解雇が無効とされるケースが非常に多いこと，この場合，不法行為が成立する可能性も高いことを指摘し，まずは退職勧奨や諭旨解雇処分により，社員Jに自発的な応諾を求めることが望ましい旨アドバイスをしました。そして，それにもかかわらず，社員Jが退職勧奨や諭旨解雇処分に応諾しないことを理由に懲戒解雇処分をする場合には，社員Jに対し，退職勧奨や諭旨解雇処分を

応諾するか否かを考えるための相当な期間を与えるよう注意しました。

◆ 分　析

1．本判決のポイント

　本判決は，懲戒解雇を無効として，労働契約上の地位を確認し，同時に，そのプロセスも違法であるとして，損害賠償請求を認めています。この結論だけを見れば，大学Yの懲戒処分のやり方が拙くて，懲戒解雇が無効となり，同じ理由で，損害賠償請求も認められた，という構造的には単純な判決のようにも見えます。

　けれども，本判決は，少し複雑な構造となっています。

　すなわち，①懲戒解雇の無効との関係では，プロセスの瑕疵は小さく，懲戒解雇を無効とするほどではない，としつつ，②損害賠償請求との関係では，プロセスに瑕疵があり，教授Xに損害を与えた，と評価しているのです。

　一見すると，結局プロセスの瑕疵はあるのかないのか？　と思ってしまう人がいてもおかしくないのですが，プロセスの瑕疵の有無の問題ではなく，①懲戒解雇を無効にするほどの瑕疵ではないが，②損害賠償請求を認めるほどの瑕疵である，という，プロセスの瑕疵の程度の問題であることが示されたのです。

　このことを，実際に確認しましょう。

2．懲戒解雇の無効

　本判決は，懲戒解雇は無効と判断していますが，その理由は解雇のプロセスの瑕疵ではなく，実体の問題として，解雇の相当性がないことでした。

　具体的には，本件懲戒解雇については，①処分をすべき時期を失しているのではないかという点と，②Xが行ったパワハラ及びセクハラが，解雇権を行使する程度に及んでいるかという2点が問題となりました。

　このうち，①については，処分の理由となっている非違行為が解雇の3年も前の事実であることが問題となりましたが，聴取対象者が多数に及んだほか，退職や異動等もあり調査に時間がかかることはやむを得ず，さらには被害申告があった早期の段階からXとの面談も実施していたことから，本件では問題がないとされました。

　そして，②については，懲戒事由はあるものの，Xの懲戒事由に該当するハラスメントの内容・回数が限定的であり，悪質性もそれほど高いものではなく，

Xが本件論旨解雇処分（懲戒解雇処分）のほかに懲戒処分を受けていないから，Xの非違行為が解雇権を行使する程度ではないとされました。

以上により，本判決では，②が重視されて懲戒解雇処分は相当性を欠くと評価され，無効とされました。

他方，プロセスについては，瑕疵があるものの，懲戒解雇を無効にするものではない，と評価されました。

その理由ですが，まずルールです。

本判決は，解雇手続（プロセス）に違法（瑕疵）があったとしても，「特段の事情」によって違法（瑕疵）が軽微と評価されれば，懲戒解雇が有効，というルールを示しました。この「特段の事情」とは，Xを，論旨解雇を経ずに直ちに懲戒解雇とすることが相当といえるだけの悪質な（あるいは多数の懲戒事由がある）場合のほか，論旨解雇を検討する十分な時間を与えられていた場合などをいいます。

次に，あてはめです。特に，プロセスの瑕疵の軽微性に関する部分を確認しましょう。

本判決での懲戒解雇のプロセスですが，YはXに対し，まず，平成26年11月20日午前9時30分頃に，論旨解雇処分をする旨告げて，懲戒処分書と処分説明書を交付し，論旨解雇の応諾書か応諾拒否書のいずれか一方にサインをするよう求めました。これに対して，Xは，応諾するか否かを検討したい旨告げました。しかしYは，決定の留保は認めない，Xが応諾をせずに帰宅すれば論旨解雇に応諾しなかったとみなして懲戒解雇する旨告げました。実際にXが午前10時30分頃に，応諾書にサインせず帰宅する意向を示すと，その場で懲戒解雇処分を告げ，事前に準備していた懲戒処分書と処分説明書を交付しました。

このように，Yが，論旨解雇処分を告げてからたった1時間で懲戒解雇としたことについては，この時点でXが「勧告に応じない」と断定できないにもかかわらず行ったと評価できるため，プロセス上瑕疵があることは明らかです。

しかし，本判決は，①本件解雇が，そもそも全く懲戒事由が存在しないのに懲戒解雇したというような場合ではなく，論旨解雇から懲戒解雇への切替えが不相当だったに留まるし，②Yの教職員としての地位を喪失させる処分という点で異なることもない，という理由で，プロセスの瑕疵は軽微なものであるとしました。

3．損害賠償請求

　本判決は，懲戒解雇と諭旨解雇の違いについて，懲戒解雇が，退職金の支給がなく，再就職等にも少なからず影響を与える重大な処分であることに着目し，Xが諭旨解雇の勧告に応じる機会は法律上保護に値する利益であると認定しました。その上で，Xが諭旨解雇の「勧告に応じない」と断定できない状況において，諭旨解雇から懲戒解雇に切り替えた行為について，不法行為責任が肯定され，損害賠償請求が認められました。

　上記の懲戒解雇処分の手続の場面では，「Xの教職員としての地位を喪失させる」という点に着目して，諭旨解雇であっても懲戒解雇であっても結論自体に変わりがないと判断し，プロセスの瑕疵は軽微であると認定したのに対し，損害賠償請求の場面では，「XがYを辞めるにあたっての条件」，具体的には，退職金の支給の有無や再就職等への影響に着目し，諭旨解雇の勧告に応じる機会を法律上保護に値する利益であると判断したのです。

　このように，本判決は，懲戒解雇処分の手続の違法の場面と損害賠償請求の場面では，着目すべき利益が異なることを明らかにしたといえます。

4．実務上の応用可能性

　本判決で，上記2項だけを見れば，懲戒解雇処分のプロセスは多少粗雑でもかまわないように受け止めてしまいそうです。

　しかし，この事案では，パワハラの有無がメインの論点であり，その結果，懲戒解雇処分が無効とされ，原告の職場復帰が認められました。懲戒解雇処分のプロセス以前に，それよりも重要な問題があった（だから懲戒解雇無効処分が無効となった）事案であり，プロセスの違法性に対する判断は重要な判断ではありません。

　しかも，本判決は，不法行為の場面ではプロセスの問題を重視し，損害賠償を命じました。プロセスの合理性は，様々な観点から検証されたのです。

　したがって，実務上は，「プロセスの瑕疵が，たとえ懲戒解雇手続に影響を与えないレベルでも，損害賠償責任を負う可能性がある」という点を教訓として，重く受け止めるべきです。

　すなわち，社員を解雇する場面では，解雇事由の有無もさることながら，慎重にプロセスを進めなければならないのです。

（中野）

1−8　学校法人Ｙ大学（セクハラ）事件

東京地判平30.8.8　労判1210.96

＜事件概要＞

　Ｙ大学の准教授Ｘが，女子学生ＢとのLINEのやり取りがセクハラに該当するとして1か月の停職処分を受けたことに対し，停職処分の無効確認と停職期間中の賃金の支払いを求めたところ，裁判所が，停職処分の無効を確認し，Ｙ大学に対し25万2,801円及び遅延損害金の支払いを命じた事案。

■判例としての価値

　本判決は，Ｙ大学の懲戒処分につき，懲戒事由に列挙されているセクハラの定義に基づいて懲戒事由該当性を判断した点と，事実関係を詳細に検討して懲戒処分の相当性を否定した点に，事例判決としての価値がある。

◆　使用例

　社内弁護士Ａは，人事部長Ｑから，昨今の流れを受け，セクハラ懲戒規程を設け，セクハラを重たい懲戒処分によって厳罰化し，社内外に向けて，セクハラを許さない姿勢を示したい，そのポイントは何か，と相談を受けました。

　これに対しＡは，規程を設けること自体は良いことであり，懲戒規程でセクハラの定義を明確化しておけば該当性の判断が容易になること，一方で懲戒処分には相当性が求められるところ，セクハラに関するセミナーを繰り返し，定期的に意識調査を行うなどして，重たい懲戒処分が相当であるという環境整備が必要である旨アドバイスしました。

◆　分　析

　本事案は，昨今，社会的にも大きく取り上げられているセクハラについて，大学が行った懲戒処分が重すぎ，客観的合理性を欠き，社会通念上相当でないとして，無効とされた事案です。

　本事案から，懲戒事由が明確であることのメリットと企業のセクハラ問題に

対する事前準備の必要性を学び取りましょう。

1．本事案の事実関係

まず，本事案の事実関係を確認しましょう。

H29.4：女子学生B，Xの第1回目のゼミに出席する。

同4.10：X，18：00頃〜翌日1：50頃まで，Bに対し次のような会話をふる。

> ・電車内の痴漢の存否
> ・Bが編入する前に属していた短期大学内でのセクハラの存否
> ・ゼミの女子学生の容姿についての言及
> ・デートの誘い

同4.12：B，人権コーディネーターに対し，上記やり取りについて相談する。ゼミの登録替えはできないが，ゼミの受講を拒否する意向を示す。

同4.24：B，人権侵害の処分を申し立てる。

同5.8：B，ストレス性の急性胃炎との診断を受ける。

同7.13：Y，Xに停職1か月の懲戒処分を下す。

この懲戒処分通知書には，次のような記載がされていました。

・Yの懲戒処分の規定：Yのセクハラ防止規程は，セクハラを「性的な言動により，学生に不快感を与えて，当該学生の就学・研究環境を悪くする行為」と定義し，同行為を行った場合は，譴責，減給，昇給停止，停職または懲戒解雇処分をするとしている。

・LINEの会話内容は，セクハラ防止規程が定めるセクハラに該当する。

・LINEの応答は，Bを心理的な監禁状態において性的な内容を含めた応答を事実上強要するものである。

・Bは勉学上の不利益を受けただけでなく，精神的ショックにより体調を崩し，通院した。

・Xは今回の申立を受けて初めて自らの行動の問題性に気づいたと弁明しており，セクハラに対する規範意識が鈍磨している。

2．懲戒事由の該当性

本判決は，次のとおり，Xの言動が，セクハラ防止規程の①「性的な言動により，学生に不快感を与えて」②「当該学生の就学・研究環境を悪くする行

為」に該当すると判示しました。

①　XのLINE上での各発言が一般的に女性の立場から見て不快感を与えさせるものであり，実際にBが翌日に人権コーディネーターに相談している。

②　Bにおいて，ゼミの登録替えができない状態でも，Xのゼミは受け続けられない旨意思を示している。

本判決は，一般的なセクハラではなく，Yがセクハラ防止規程の中で定義したセクハラに該当するかという視点から判断し，該当すると結論付けています。なお，この定義は，性的言動と不快感による就学環境などの悪化という2つの要素により構成されており，（その定義の是非はともかく）懲戒事由に該当するかどうかの判断がしやすい定義であると思います。

3．懲戒処分の相当性

本判決は，次のとおり述べて，停職処分は相当性を欠くとしました。

・LINEの経過を子細に見ると，Xの言動は，BにLINEを打ち切らせないための意図的な行動とまではいえない。

・LINEについては全体的に軽佻（けいちょう）な冗談を交えた雰囲気のもので，上下関係を利用してデートを目論んだものとは認めがたい。

・Bの返答も全体的にかなりフランクで，Xが，Bは困惑していないと誤信してした一連の発言を過剰に非難するのは相当ではない。

・Xには懲戒処分歴はない。

・弁明手続の中で，Xは，今後同様の行為を繰り返さない趣旨を述べている。

・Y大学は，弁明手続の中でのXの一部言動を捉えて真摯な反省が見られない旨主張するが，懲戒処分の量定にあたっての被懲戒者に対する評価としては厳しすぎる。

また，本事案の前に，Yが社員に対してセクハラに関する注意・指導，研修などを取り入れていたという事情もなさそうです。

なお，一律にセクハラに対する懲戒処分は重くしてはならない，と判断しているわけではありませんので誤った解釈をしないように注意して下さい。

4．実務上の応用可能性

本判決から学ぶべきポイントは2つあります。

1つ目は，セクハラなどの懲戒事由の定義を明記しておくことです。

　セクハラは，そもそも懲戒処分の対象となる行為がセクハラといえるのかどうか，という点がしばしば問題となります。ハラスメント該当性の判断基準は明確でなく，懲戒事由に単にセクハラとだけ規定すると，まずはどのような判断基準を立てるか，という点から争われることになります。

　一方で，本事案のようにセクハラを「性的言動」と「不快感による就学環境などの悪化」の2つで構成されるものと定義すれば，懲戒事由の該当性について判断が容易になります。

　また，社員にとっても，どのような行為が懲戒対象行為となるのかの認識が容易となり，ある程度の予防的な効果も見込めるものと考えられます。

　2つ目は，Yのようにセクハラ問題に対して厳しく処分していく方針なのであれば，それ相応の事前準備をすべきである，ということです。

　Yのような教育機関にとって，学生はいわば顧客であり，その学生を害することは事業の根幹に関わります。そのため，学生を保護するため，セクハラに対する厳罰姿勢を有することはおかしなことではありません。

　しかし，懲戒処分の決定にあたっては改善の機会の付与の有無が重視されます（上記3項）。そのため，事前の予告なしに，実際に問題が発生してから突然厳罰に処そうとしても，本判決のように無効とされる可能性が高いでしょう。

　もっとも改善の機会が付与されるのは，改善の余地があり，機会を付与する必要性があることが前提です。そのため，例えば，問題の発生前に再三，指導注意していたような場合であれば，懲戒処分の決定の際に，社員が反省を示していたとしても，改善の機会の付与の必要性は低く，処罰を軽くする必要もないという方向で検討されることになると考えられます。

　そうすると，本事案で，Yがすべきだったのは，社員に対して，採用段階から採用後を通してセクハラに関する研修を繰り返し行うとか，定期的にセクハラに関する意識調査などを行って，特にY内においてはセクハラが厳罰に処されることを，周知徹底することでした。

　業種ごとに厳罰に処すべき事由に差異があり，セクハラ以外の事由の場合もあるでしょう。特に厳しく律したい事由があれば，常日頃から，社員に対してその事由が厳罰に処される旨を十分に周知していくことで，いざ問題が発生した場合に懲戒処分が相当性で否定される可能性はぐっと低くなるでしょう。

（佐山）

1－9　KDDI事件

東京地判平30.5.30　労判1192.40

＜事件概要＞

　住居手当と単身赴任手当の不正受給，社宅使用料の不正な不払い，本人赴任手当の不正受給，帰省手当の不正受給等により懲戒解雇となった社員Ｘが，Ｙ会社に対し，懲戒解雇の無効を主張したところ，裁判所が懲戒解雇の有効性を認めた事案。

■判例としての価値

　懲戒解雇の有効性の判断方法，すなわち住居手当と単身赴任手当の不正受給などの不正行為の悪質性を個別に評価した点，会社による退職金の不払いの措置について，有効性を一部否定した点に，事例判決としての価値がある。

◆　使用例

　社内弁護士Ａは，人事部長Ｑから，「社員が約400万円相当の不正受給をしていることが発覚しました。すぐに解雇できますか。」と質問を受けた。

　Ａは，「不正受給の金額だけでは判断ができかねます。どのような態様の不正受給であるかや期間・回数を整理して下さい。その上で懲戒解雇という手段が適切かどうか慎重に判断したいと思います。」と回答しました。

◆　分　析

1．懲戒解雇の有効性

　本判決は，社員Ｘの度重なる不正受給を理由とする懲戒解雇が有効とされた事案です。本判決は，個々の不正受給について悪質性を指摘し，懲戒事由の該当性を判断しています。

　各不正行為についての本判決の判断は次頁の表のとおりです。

　着目すべきは，本判決が，損害額の多さを懲戒解雇の有効性の理由にはしていない点です。

	不正行為の内容	本判決の判断
①	住居手当の不正受給（H24.4～12分，損害18万円）	不作為であり，短期間であって，害意も明確でないため，懲戒事由には該当しない。
②	単身赴任手当の不正受給（H24.10～H27分，損害148万円）	申請システムにより支給基準を満たさないことを認識できたのに虚偽申告をし，刑事犯にも該当し得るから，懲戒事由に該当する。
③	社宅使用料の不正不払い（H24.10～12分，損害1万5,500円）	申請システムにより支給基準を満たさないことを認識できたのに虚偽申告をし，刑事犯にも該当し得るから，懲戒事由に該当する。
④	自宅賃料の不正不払い（H25.1～H27.10分，損害約243万円）	社宅の返還義務を認識しながら返還せず，故意に会社に損害を与えたから，懲戒事由に該当する。
⑤	本人赴任手当の不正受給（損害5万円）	申請システムにより支給基準を満たさないことを認識できたのに虚偽申告をし，刑事犯にも該当し得るから，懲戒事由に該当する。
⑥	帰省旅費の不正受給（損害約16万円）	支給対象でないことを認識しながら虚偽申請をし，故意に損害を与えたから，懲戒事由に該当する。

　本判決が判断のポイントとしたのは，「3年以上」「積極的に虚偽の事実を申告して」不正受給や支払うべき債務の支払いを免れ，「雇用を継続する前提となる信頼関係を回復困難な程に毀損する背信行為を複数回」行ったということです。

　もちろん，金額が多ければ悪質性が高いとして解雇が有効と判断されるケースは多いでしょうが，解雇の有効性を主張する会社側としては，金額の多寡などの外見にとどまらず，当該不正行為の悪質性や回数などの内容を慎重に吟味し，十分な主張をする必要があるでしょう。

2．退職金について

　本事案では，退職金規程により退職金の支給が制度化されていましたが，懲戒規程に基づき懲戒解雇された社員には退職金は支給しないと規定されていました（以下，「不支給規程」といいます）。Xは，不支給規程に該当しないと主張し，他方，Yは不支給規程に該当し，退職金は発生しないと主張していました。

　これに対し，本判決では，4割の限度で退職金の発生を認めました。

　本判決には明確に退職金規程の文言までは記載されていませんが，「懲戒解雇相当の場合は退職金を支給しない」とだけ記載されている場合は「懲戒解雇相当の場合は退職金を支給しない，または，減額する。」と記載されている場合と比べ，退職金を減額して支給することが，実務上困難になると思われます。

　なぜなら，「懲戒解雇相当の場合は退職金を支給しない」との記載であれば，退職金の支払業務の観点から見ると，退職金を支給するか全く支給しないかのいずれかしか選択肢がなく，減額支給する根拠も権限もない，となります。もしこれでも減額した退職金を支払うとすると，経理の観点から見て一部だけを支払う根拠がありませんから，合理性のない支出となるため，財務諸表の信頼性や税務上の処理に関する面倒な問題を生じさせることになるからです。

　一般的な退職金制度では，相当額の退職金が発生する者は長期間会社に勤務している者です。老後の生活にとって重要なことも考慮すれば，本判決で示されたように，退職金の一部だけ支払うことを可能にしておいた方が，柔軟な対応が可能となり，訴訟に発展する可能性を減らすことができるでしょう。

　そのため，就業規則には，「懲戒解雇相当の場合は退職金を支給しない」だけでなく，「懲戒解雇相当の場合は退職金を支給しない，または，減額する。」等と記載するのが穏当でしょう。

3．実務上の応用可能性

　ここでは，上記2つのポイントそれぞれについて，実務上のヒントを検討しましょう。

　1つ目は懲戒解雇です。

　不正行為①に懲戒事由該当性が認められなかった理由は，届け出の不提出という不作為であり，どの程度の害意を有していたか明らかではなかったからとされています。

　これに対して，不正行為②③⑤では，社内の申請システムを利用する際，単身赴任に関する注意書の内容を確認することにより，自身が単身赴任基準を満たさないことが認識できたとして，故意性を認めています。また，不正行為④でも，社内の申請システムを利用する際，「申請内容に変更があった場合には，速やかにその旨を申請することを誓約します」等の記載が確認できたことが故意性を肯定する根拠となっています。

　このことから，懲戒事由該当性が認められなかった不正行為①と不正行為②③④⑤の違いは，社内の申請システムで支給基準や報告必要性が認識できたか否か，という点にあります。

　したがって，社内の申請システムを構築する際は，支給基準や報告必要性を明示し，申請者の不注意や社内担当者の不手際を理由とする過失による虚偽申請であって，故意ではない，との言い訳を排斥できるようなシステムを構築する必要があるでしょう。

　2つ目は退職金です。

　本事案でYは懲戒解雇を理由に退職金を支給しませんでしたが，本判決は退職金の4割を支給する必要があると判示しました。このように，退職金の一部支払いを命じる裁判例は，この裁判例以外にもいくつか見受けられるところです。

　長期間雇用していた場合には支給すべき退職金の金額は大きくなる傾向にあります。しかも，退職金は社員の定年後の生活にとって極めて重要です。このことから，退職金を不支給とすると，紛争が発生・拡大する可能性が高いことは，容易に理解できます。しかも，退職金は一般的に高額であり，一部支払いを認める裁判例も見受けられることから，弁護士を雇ってでも争うという判断をする可能性が，一層高まります。

　本判決が，長い期間働いた社員による会社への長期間の貢献の全てが否定されるわけではない，という価値判断を示しているとおり，会社としても，懲戒解雇の原因となった不正行為の影響を冷静に評価し，割合的に退職金を支払うことによって，懲戒制度と退職金制度に関する社員の信頼性を高めつつ，退職金を巡るトラブルを予防する，という選択も検討する必要があるでしょう。

（畑山）

1−10 エヌ・ティ・ティマーケティングアクト事件

岐阜地判平29.12.25　労判1185.38

＜事件概要＞

　会社Yとの間で雇用期間を3か月とする有期雇用契約を反復更新していた社員Xら6名が，雇用契約の更新拒絶を受けたことを受け，Yに対し，労働契約上の地位の確認及び賃金の支払いを求めたところ，裁判所が，更新拒絶は客観的に合理性を欠き，社会通念上相当とはいえないとし，Yに対し，Xらへの賃金の支払いを命じた事案。

■判例としての価値

　労契法19条2号該当性につき，契約更新の回数が多いこと，更新を期待させる説明があったことだけでなく，社員の担当する業務が基幹的業務であったことが考慮要素とされた点に，事例判決としての価値がある。

◆ 使用例

　社内弁護士Aは，総務部長Pと人事部長Qから，契約社員Jの雇止めについて次のとおり相談を受けました。

　今般，会社の一番の取引先が破綻し，会社には大きな減収が見込まれます。

　そこで，この取引先との間の業務に関与しているJら全員の雇用契約について，期間満了により終了させることでコストカットを図ります。会社としては，期間満了なのだから当然契約を終了させることができると考えていますが，念のため，問題がないか聞きたいとのことでした。

　これに対してAは，契約更新の回数やJに対する説明，どのような業務に従事させていたのかなどによって，Jが労契法19条1号または2号に該当するかどうか判断する必要があること，該当した場合には，同条によって契約の更新が原則となり，契約を終了することは簡単ではないことを説明しました。

◆ 分　析

　本事案は，Yとの間で有期雇用契約を締結していたXら6名が，Yから更新拒絶を受けたことについて，Yに対し，労契法19条各号に基づいて労働契約上の地位を確認するとともに，賃金の支払いを求めた事案です。

　本事案の重要な争点は，労契法19条各号の該当性と更新拒絶の可否ですが，ここでは労契法19条各号の該当性について検討します。

1．労契法19条

　契約社員の契約期間満了時，会社は，契約を終了するか，それとも契約を更新するか，という選択に迫られます。もちろん，会社と社員の意思が合致しているときは問題になりませんが，社員としては働き続けたい一方で，会社としては雇い続けたくないと考えているときには，問題となります。

　「更新拒絶」「雇止め」といわれる問題です。

　この問題について，労契法19条がルールを定めていますが，ここではそのルールを整理しましょう。労契法19条は，次の①～③の要件を充たしている場合に，「従前と同一の労働条件で契約が更新される」（法律効果）というルールを定めています。

---

①　1号または2号に該当すること
　1号：反復更新等から，無期雇用契約の解雇と社会通念上同視できる場合
　2号：有期雇用契約が更新されると期待することに，合理的理由がある場合
②　社員が，期間満了日までまたは満了後遅滞なく，契約更新の申込みをしたこと
③　更新拒絶に，客観的に合理的な理由がなく，社会通念上も相当ではないこと

2．本判決の判断構造（上記①）

　本判決が，上記①に関して示した判断構造を確認します。労契法19条1号と2号の関係がわかりにくいので，この関係を先に整理しておきましょう。

　まず，1号です。

　本判決は，1号に該当しない，と判断しました。その理由は，Yが，Xらの有期雇用契約の更新の都度，更新条件が記載された雇用契約書をXに交付し，Xらに署名押印してもらう，という手続によってXらの意向を確認していたから，としています。

　次に，2号です。

　本判決は，2号に該当する，と判断しました。そこでは，Xらの雇用期間が長く，更新回数が多い（雇用通算期間が最も短い者ですら4年11か月で更新回数は22回）こと，Xらの担当業務が恒常的に存在する基幹的業務だったこと，Yから，それまでに更新を期待させるような説明がされていたこと，雇用契約書には，途中から，雇用更新の可能性「有」という記載がされるようになったこと，が根拠として指摘されています。

　ところで，本判決は労契法19条1号と2号の関係や差異をどのように考えているのかについて，特に判断を示していません。むしろ，条文の文言と比較した場合，1号が，反復更新の事実を特に明記し，これを重視する表現になっているのに対し，2号には，反復更新の事実が明記されていないのですが，このような条文上の表現とは逆に，本判決では，反復更新の事実を1号よりも2号の根拠として指摘しており，本判決が前提とする条文構造がわかりにくくなっています。

　けれども，1号に該当するような場合には，ほぼ間違いなく2号にも該当すると考えられます。

　というのも，1号では，反復更新の事実に加えて，無期雇用契約の解雇と同程度という概念が用いられており，①反復更新，②無期雇用契約と同程度，③解雇と同程度，という3つのハードルが示されていますが，2号では，更新への期待という概念だけが判断基準と設定されており，しかも期待の程度が示されていないことから，2号の方がハードルが低いように読めるからです。

　すなわち，2号は1号に該当しないケースの受け皿として存在している規定と評価できるので，本判決も，1号の適用を否定しつつ，2号の適用を肯定した，といえるでしょう。

3．本判決の検討

　本判決は労契法19条2号該当性を肯定しています。

　本判決のポイントは，Xらが従事していた業務が「基幹的」業務だったかどうかという要素を考慮したことです。

　自分が従事する業務がその会社にとって中心的なものであれば，まさか途中で自分が不要になるとは考えません。会社にとって中心的な業務であれば，その業務がなくなると想定できませんから，それを担当する自分自身も，契約更

新によりこれからも従事できると考える（更新の期待）のが自然です。

　さらに，本事案では，雇用通算期間が最も短い者ですら22回の契約更新がされていたという事情もあります。

　そうすると，上記のような基幹的業務に就いている社員の期待は，それだけ増し，確固たるものになっていったと考えるのが合理的です。

　仮に「一時的な業務」にのみ従事することが前提だったとすれば，社員としては複数回更新されたとしても，ずっと更新することまでを期待しているとはいえないでしょう（例えば，特定の建物の建設のためだけに期間を定めて雇用された場合などが考えられます）。

　会社は，「更新を期待させないような説明」をするにとどまらず，従事させる業務にも配慮しなければなりません。

4．実務上の応用可能性

　本判決から学ぶべき最も重要なことは，実態と異なる契約をするべきではないということです。たしかに労契法19条は，適用対象が広く，しかも，原則，更新が擬制されるという強力な条文です。しかし，同条は，会社に対して理不尽を強いている条文ではありません。

　労契法19条の趣旨は，誤解を恐れずにいえば，正社員のように働いている者は，正社員と同じように保護しようというものです。

　本来，会社にとって重要な基幹的業務を扱うべきは正社員であり，契約社員が原則として取り扱うべきは一時的で補助的な業務であるはずです。そのため，Yのように漫然と「基幹的な業務」を担当し続けている場合，その実態はもはや正社員と同様に扱っている，すなわち「長期的な雇用を前提としている」としかいいようがありません。

　もし，どうしても一時的に，会社の基幹的業務を担当させたいなどの事情があるのであれば，最低限，なぜ基幹的業務を契約社員に担当させるのか，という理由を説明し，一時的な雇用に過ぎないことを明示し，その説明に合わせた対応をとる必要があるでしょう（例えば前担当者が育休，産休，出向等によっていない期間についてのみ対応してもらいたいなど）。

　いずれにしても，労契法19条が問題となるのは，実態と異なる契約を締結している場面です。会社は，労契法19条の適用を免れる技術的な方策に頭をめぐらすよりも，実態に応じた契約を締結すればいいだけなのです。　　　　（佐山）

1－11　日本郵便（新東京局・雇止め）事件

東京地判平29.9.11　労判1180.56

＜事件概要＞

有期契約社員Xについて，正社員や無期転換社員と異なり休職制度を設けないことが，労契法20条違反にはならず，私傷病による欠勤日数が出勤日数を大幅に上回り，症状の回復の可能性を裏付ける診断書等も提出されていない状況では，雇止めが権限の濫用には当たらず，雇止め回避義務違反もないとして，Xの請求が棄却された事案。

■判例としての価値

期間雇用社員に対して，私傷病に起因する勤怠不良を理由とする雇止めができる具体的な場合を示した点に，事例判決としての価値がある。

◆ 使用例

社内弁護士Aは，人事部長Qから，膝の痛み等を理由に欠勤が続いている有期契約社員Jについて，次の期間満了時に雇用契約の更新を止めたい，との相談を受けました。

Qから事情を聞き取ると，Jは，半年ごとに契約を更新しているものの，1年以上に亘り欠勤を繰り返しており，通院はしているものの，定期的な経過報告等がなく，会社から診断書を求めると，回復の見込みが不明なまま療養の必要性が記載された診断書が出てくるのみであるとのことでした。

そこで，Aは，本判決を紹介しながら，まずはJに対して，回復の見込みや回復時期が明らかにならなければ次回の契約の更新はできない旨を明確に伝えた上で，回復見込みやその時期が明確に記載された診断書の提出を指示するように助言しました。そして，診断書に回復時期等が記載されていた場合でも，会社の産業医の診断も受けなければならず，その上で職場復帰を検討することについても，併せて伝えておくように助言しました。

　また，Jの現在の症状を前提として，社内にJでも行うことができる他の職務がないかどうかについても検討をする必要がある旨，伝えました。

◆ 分　析

1．本判決のポイント

　本判決は，有期契約社員と無期契約社員との間の不合理な労働条件の相違を禁止する労契法20条の適用の有無と，私傷病に起因する勤怠不良を理由とする雇止めの適法性が争われた事件です。

　労契法20条については，本判決後のハマキョウレックス（差戻審）事件（最判平成30年6月1日，本書120頁）が議論の集大成となっていますが，本稿では特には取り上げません。

　ここでは，後者の私傷病に起因する勤怠不良を理由とする雇止めの適法性に絞って見ていきます。

　本事案では，平成25年12月頃に右変形性膝関節症（以下，「本件疾病」といいます）を発症した有期契約社員Xの欠勤日数が次項のように出勤日数に比較して圧倒的に多数となっている状況で，2度の契約更新を経て，3度目の平成27年9月30日の契約期間満了時に，会社Yがこれを雇止めした事案です。

　本判決が雇止めを有効と判断したポイントは，①Xの具体的な勤怠状況，②病状・回復可能性の把握・検討状況，③雇止め回避義務の違反の有無です。なお，③については，Xが本件疾病を抱えたまま行うことが可能な業務が他になかったと認定され，Yに雇止め回避義務の違反は認められませんでしたので，本稿では指摘するにとどめておきます。

　結論からいえば，本判決は①と②を検討した結果，雇止めを有効と認定しています。しかし，①と②の事情からは，Yが本件社員を3度も契約更新をすることが適切だったか，という点も，再検討が必要です。

2．①Xの具体的な勤怠状況

　Xの勤怠状況は次頁の表のようなものでした。

　Xが本件疾病を発症したのが平成25年12月ですので，❶の期間には本件疾病発症後1度も出勤していません。❷の期間には全体の6割を欠勤し，❸の期間は全体の半分程度欠勤しています。さらに❹の期間に至っては，1日も出勤をしませんでした。このような勤怠状況が，労働契約上の主債務である労務提供

義務の著しい債務不履行に該当することは明らかです。

　当然，Yとしても，❶の段階からこのような状況を把握していました。

　しかし，判決文で明らかな事情を見る限り，Xの「雇止め」を具体的に検討し始めたのは❹の期間からのようです。「雇止め」の時期を，果たして❹まで待つ必要があったでしょうか。

期　　間	出勤日数	欠勤日数
❶平成25年10月１日〜平成26年３月31日	21日	71日
❷平成26年４月１日〜平成26年９月30日	38日	62日
❸平成26年10月１日〜平成27年３月31日	51日	47日
❹平成27年４月１日〜平成27年９月30日	０日	全日

3．②病状・回復可能性の把握・検討状況

　本判決によると，Xが承認欠勤をするには，診断書等を提出する必要がありました。しかし，前項で指摘したとおり，Xの「雇止め」を具体的に検討し始めたのは❹の期間からであり，Xに対して，総括課長が具体的に診断書をとることを指示したり，復帰の時期等を確認したりするようになったのも，平成27年４月17日からです。

　そして，平成27年４月21日付と平成27年５月７日付の診断書で，復帰時期が示されず，その後の電話でも，本件社員は「もう少し時間がかかりそう」「もうしばらく復帰は難しい」などと復帰時期を明らかにせず，平成27年８月20日には，手術の可能性もあるなどと復帰が当分見込めないような発言をしたことから，平成27年９月30日で雇止めを決定しています。

　本判決は，Yが本件社員の病状・回復可能性についてこのように情報収集を行ったことについて，問題がなかったとしています。

　たしかに，Yの情報収集自体には，問題がなかったかもしれません。

　しかし，果たしてこれらの情報収集を，❹の時期に行うことは適切だったのでしょうか。言い換えれば，もっと早い段階から，これらの情報収集を行うことはできなかったのでしょうか。

　この点が，そもそも本事案でXとの紛争を拡大させた事情の１つではないかと推測できます。

　すなわち，Yとしては，❸やそれ以前の期間の更新を検討する段階で，Xの

復帰時期が明らかでない状況を踏まえ，Xの病状・回復可能性の情報収集を開始できたはずです。すなわち，漫然と症状を報告させるのではなく，契約期間の更新の有無を決するために重要であることを特に明確に示し，復帰時期まで含めた報告を求めていれば，Xの報告の方法が変わっていた可能性が高いと思われます。実際に本件では，Yからの雇止めの通知後である平成27年10月9日に，Xより，復帰日を具体的に示した診断書が提出されているからです。

　Xは，8年間に亘り，契約期間の更新が滞りなく行われてきたことから，契約期間の更新がされないことは思いもよらなかったのでしょう。本判決は本件雇止めを有効と評価してくれましたが，XがYの対応を「不意打ち」だと捉え，裁判にまで踏み切ったことは，無理からぬ点もあると思われます。

4．実務上の応用可能性

　たしかに，本判決は雇止めを有効としましたが，社員からの訴訟リスク，紛争リスクという観点からは，Yによる措置が適切であったとはいえません。

　漫然と有期契約社員の契約を更新することが常態化すると，いざ問題が発生した際，雇止めが有効とされるべき状況であっても，「不意打ち」と感じた有期契約社員が会社を逆恨みするケースが少なくないと考えられます。

　そのため，会社として，有期契約社員の契約更新の際，それぞれの具体的な勤怠状況を検証し，問題がある場合には，早い段階で面談等を求め，有期契約社員側に，契約の更新の判断に必要であることを明確に伝え，必要な資料を出させておくことが重要です。

　そうすることで，問題のある有期契約社員も，会社からの求めに適切に応じなければ雇止めの可能性があることを認識できます。仮に，勤怠状況が正常化し，それでも雇止めの判断をせざるを得なくなった場合であっても，少なくとも「不意打ち」的に雇止めをされたと認識することは減るのではないかと考えられます。

　会社としては，責任が認められるかどうかだけでなく，訴訟を起こされること自体が大きなリスクであり，経済的損失なのです。

（中野）

1－12 日本郵便（期間雇用社員ら・雇止め）事件

最判平30.9.14　労判1194.5

＜事件概要＞

　日本郵政公社の非常勤職員であり，同公社の解散後に日本郵便（Y）との間で有期雇用契約を締結したXらが，65歳定年を理由とする雇止めの無効を主張し，労働契約上の地位確認及び雇止め後の賃金の支払い，慰謝料の支払いを求めたところ，裁判所が，Xらの請求を棄却した事案。

■判例としての価値

　原審の結論は是認しつつも，結論に至る理由（就業規則の不利益変更，労契法10条）は是認できないものとし，Yの特殊法人という法的性質を踏まえ，就業規則が労働契約の内容となっているかどうか（労契法7条）を判断した点に，先例としての価値がある。

◆ 使用例

　Pの社内弁護士Aは，人事部長Qより，次のとおり，事業譲渡の相談を受けました。

　近々，Pは，他社より事業譲渡を受けます。そこでPは，譲渡事業に従事している社員の雇用関係をどうするか，譲渡側の会社と協議している最中です。

　そこでQは，譲渡事業に従事している社員を雇用する場合の注意点を教えて欲しいとのことでした。

　これに対しAは，譲渡事業に従事している社員を雇用する場合，三者間で合意をすることで譲渡会社の労働条件を引き継ぐ方法と，新たな雇用契約を締結することによって当該会社の就業規則に定められた労働条件を労働契約の内容とする方法があることを伝え，仮に譲渡会社の労働条件を引き継ぐ方法をとるのであれば，労働条件等の精査をしておく必要があること，新たな雇用契約を締結する場合でも，例えば採用を希望する者について何らの面接等も行わずに全員採用すると実質的に労働契約が引き継がれていると判断される場合がある

ため，慎重に行うべきこと，などをアドバイスしました。

◆分析

　本事案では，雇止めの上限年齢が65歳とされた就業規則が労働契約の内容となっているかどうか，が主に争われました。

　本判決（3審，最高裁）と2審では，65歳を上限とすることが労働契約の内容になっている，という結論こそ同じでしたが，結論に対するアプローチは全く異なっています。

　本判決は最高裁判所の判断ですが，汎用性が乏しいことを考えると，民間企業からすれば2審のアプローチの方が参考になるかもしれません。

1．大まかな時系列

H19.9.30：日本郵政公社（「旧公社」という）の非常勤職員Xら退職
同10.1：　旧公社解散
　　　　　日本郵便株式会社Yが有期雇用契約に関する就業規則を制定（65歳定年との規程あり）
　　　　　XらがYと有期雇用契約締結
　　　　　※Yがいきなり有期雇用契約を締結したわけではないが，紙幅の関係上簡略化
H23.8～：　Y，Xらが満65歳に達していることを理由として雇止め

2．2審と本判決の判断の違い

2審
・XらとYの間の有期雇用契約に，旧公社との間の労働条件が**引き継がれている**。旧公社の労働条件上，定年はなかった。→定年のない状態が，引き継がれた。
・65歳定年の導入は，就業規則の不利益変更（労契法10条）の問題である。
・結論として，就業規則の不利益変更は有効であり，65歳定年は有効である。

本判決
・XらとYの間の有期雇用契約に，旧公社との間の労働条件が**引き継がれていない**。

> ・65歳定年の導入は，新たな労働契約の締結（労契法7条）の問題である。
> ・結論として，65歳定年は労働契約の内容となり，有効である。

　このように，2審は，旧公社の際の労働条件が引き継がれていることを前提にしているのに対し，本判決は，労働条件が引き継がれていないことを前提にしています。そのため，両者では法律構成も論点も全く異なる内容となったのです。

3．本判決の検討

　本判決が労働契約の承継を否定した理由は次のとおりです。

> ①　旧公社とYは，片や特殊法人，片や株式会社という法的性格の違いがある。
> ②　Yが旧公社から職員を承継する根拠は，郵政民営化法167条であり，同条は，H19.10.1の「旧公社の解散の際に旧公社の職員」の身分を有していることが適用の要件となっている。
> 　　ところが，Xらは旧公社解散日の「前日」に退職している。
> 　　そのため，Xらは，郵政民営化法167条の適用要件を充たさず，承継対象ではない。
> 　　したがって，XらとYの間の有期労働契約は，新たな労働契約の締結であり，労契法7条の問題である。

　本判決は①と②の認定をしていますが，最も重要な部分は①でしょう。

　というのも，確かに②のロジックでも労働契約の承継を否定し得るのですが，これだけでは，Xらの置かれていた当時の状況などの実質面を重視して，労働契約の承継があったとの解釈が導かれる余地が残るのです。

　実際に2審は実質面を考慮して労働契約の承継を肯定していると考えられます。また，契約の形式面よりも実質面を重視する労働法分野でのこれまでの裁判例の傾向からいっても，2審の判断に至るのが自然であったように思います。

　それにもかかわらず，本判決が，わざわざ同一の結論である2審の，実質面を重視したアプローチを全面的に覆してまで今回のアプローチを主張したのは，両法人に純然たる法的性質の違いがあることを前面に押し出すことをもって，郵政民営化に伴う労働契約の承継の問題を解決するためだったと推測されます。

　というのも，2審のアプローチによれば，就業規則の不利益変更の合理性を個別事案ごとに判断され，旧公社時代の実態も俎上に上がってくるなど，結論

が一定しない可能性が高くなりますが，最高裁のアプローチによれば，新契約締結時の状況だけが問題となり，結論が一定する可能性が高くなるからです。

4．実務上の応用可能性

　上記のとおり，本判決では，類を見ない規模の民営化事業に関する政治的な配慮がされた可能性も否定できず，民間企業にはあまり参考になりません。また，本事案のような特殊法人と民間企業間での事業譲渡や社員の移動によるトラブルも，滅多に問題にならないでしょう。

　他方，民間企業間の事業譲渡などの場面では，2審が示したアプローチで判断される可能性が高いということを前提に，労働契約の承継の有無について検討すべきでしょう。

　特に注目されるポイントは，仮に合意の有無という形式面で承継を否定される場合であっても，実質面から労働契約の承継が認められる場合があるということです。

　具体的には，民間企業間での事業譲渡では，譲渡会社の社員を譲受会社が同一の労働条件で引き続き雇用するかどうかは，原則として，譲渡会社，譲受会社，社員間で合意が成立しているかどうかにより判断されるので，承継に関する合意が存在しないのならば，形式的には労働契約が承継されることはないはずです。

　しかし，例えば，譲渡会社と譲受会社の実態が同一で，職場や職務内容も同一であれば，労働契約が承継されていると判断される可能性があります。

　また，2審が，社員が譲受会社における採用を希望した場合に，譲受会社は，特段の採用面接等を経ず原則として採用していた，という事情を重視していたことからすると，民間企業間における事業譲渡において，実質的に労働契約が承継されていると判断されないためには，採用を希望する者に対し，新規採用の場合と同程度に面接，あるいは筆記試験などを行って採用者の選別手続を適切に行うべきであるということがわかります。

　譲受会社にとって，後から，実質的に譲渡会社での労働契約が承継されていると判断されることは，経営プランに大きな影響を与えることになります。

　会社としては，他者から事業譲渡を受ける際，実質面からも社員について労働契約が承継されたと判断されるリスクはないか，リスクが存在する場合には当該リスクを排除する手段を検討の上，慎重に事業譲渡を実行すべきでしょう。

（佐山）

1-13 社会福祉法人佳徳会事件

熊本地判平30.2.20 労判1193.52

＜事件概要＞

保育士Xが，保育園を運営する社会福祉法人Yに対し，試用期間満了の際の本採用拒否，懲戒・普通解雇，期間満了による雇止めについて，いずれも無効を前提とする労働契約上の地位確認，未払賃金の支払い，違法解雇による精神的苦痛に対する慰謝料，を請求したところ，裁判所が，雇用契約上の地位確認と未払賃金の支払いに加え，慰謝料として金40万円の支払いを命じた事案。

■判例としての価値

試用期間の趣旨及び試用期間満了時の解雇が権限の濫用となり認められない場合について判断した点に，事例判決としての価値がある。

◆ 使用例

Yの社内弁護士Aは，人事部長Qから，次のとおり質問を受けました。

Yでは，先月，関連会社から，とある事業の事業譲渡を受けました。当該事業に従事していた社員の承継については合意しませんでしたが，事実上，当該社員らを，Yの社員として，新規採用という形で雇用しました。現在，当該社員らは試用期間中なのですが，その中で，勤務能力や態度に問題のある社員の扱いに困っています。そのため，当該社員に関し，試用期間満了時に本採用の拒否を考えていますが，問題はあるでしょうか。

これに対し，Aは，一方で，当該社員が譲渡会社在籍時に長年従事してきた業務に従事しているような場合には，能力不足などによって解約することは困難ですが，他方で，新規雇用であり，譲受会社から求められる能力なども変わり得ることから，当該社員の適格性を判断するため，試用期間を設定する合理性も認められる，とアドバイスしました。

◆ 分　析

　試用期間制度は，「採用決定の当初は社員の適格性の有無について必要な調査を行い適切な判定資料を十分に収集できないため，後日の調査や観察に基づく最終的決定を留保する趣旨」から認められている制度です。

　もっとも，雇用されたばかりの社員にとっては，試用期間満了時に労働契約を解約されるかもしれないという点で雇用の安定性を害されるため，極めて不利益な制度であり，労働者に対する配慮が必要です。そのため，試用期間満了時の解約の有効性は，解約事由の有無，程度について厳格に判断されます。

　本判決からは，そのことを改めて学ぶことができます。

1．本事案の大まかな時系列

H26.1：	Xが本件NPO法人の下で保育士として雇用される
同3：	Xが早出の際に遅刻することがあるため，解雇が検討されていた
同6～：	Xを含む保育士グループと別の保育士グループの間で，保育方針の違いから対立が発生
同12.4：	本件NPO法人が移管説明資料配布 Yに保育園の事業を移管することになる H28.4.1から移管すること，雇用希望者には1月末までに面談をすることを説明
H28.2.13：	Xが，Y代表者と個人面談 健康上の理由から4月以降の採用不可，退職するよう告げられる
同3.10：	労働組合より，解雇撤回等の申し入れ
同3.16：	本件NPO法人の社員は3月末をもって整理解雇 採用希望の者については4月1日で新規採用することに Yより試用期間適用の説明あり
同3.30：	Xは，Yに対し，試用期間に関する誓約書を提出
同5.6：	職員会議の際，労働条件通知書及び確認書が交付 雇用契約期間を1年間とすること，試用期間3か月との記載
同6.30：	Y，Xに，試用期間満了に際し本採用しないことを通知（本件解雇） 代表者が自宅に行って読み上げ

2．試用期間の成否

　試用期間に関し，本判決は次のとおり判断しました。

　まず，試用期間の「合意」の有無です。

　本判決は，試用期間の合意が存在した，と認定しました。Ｘの主張を否定したのです。これは，以下の点が根拠となっています。

・Ｙは，Ｘに対し，新規採用者には試用期間を設ける旨説明している。
・Ｙの就業規則に，試用期間の定めがある。
・Ｘは，採用前の平成28年3月30日，試用期間に関する誓約書を提出している。

3．本採用拒否（解雇）の有効性

　次に，試用期間満了時の本採用拒否（解雇）の有効性です。

　本判決は，最終的にはＸが社員としての地位を有することを確認しましたが，上記のとおり試用期間の合意があったと認定した上で，試用期間制度の「濫用」を根拠にしています。「濫用」は，行使可能な権利が存在することを前提とします。そのため，本判決は，試用期間自体の有効性を否定したのではなく，本採用拒否（解雇）が認められない，と判断しました。

　本判決が，本採用拒否（解雇）を否定したポイントは，2点あります。

　1点目は，試用期間を定める合理性がない，という点です。

　これは，Ｙが本件NPO法人から事業の譲渡を受け，従前と同様の事業を行っていること，Ｘが保育士として，平成26年1月から2年以上勤務していること，本件NPO法人とＹとは，代表理事と理事が共通し，運営体制も従前とほぼ変わらないこと，などの事実が前提となっています。

　この背景には，試用期間が社員の立場を不安定にするのだから，会社が悪用すべきでない，という評価があるようです。試用期間満了時の本採用拒否（解雇）は，通常の解雇よりも有効と評価される可能性が高い（会社にとってハードルが下がる）からです。

　2点目は，Ｙの意図です。

　すなわち，裁判所は，Ｙが，平成28年3月16日の整理解雇で達成できなかったことを試用期間という形式で達成しようとした，と評価しました。具体的には，整理解雇時点で，本件NPO法人はＸの勤務態度や健康状態を把握しておらず，Ｘに対する整理解雇は無効であった可能性が高く，Ｙ自身もこのことを

里

認識していた，という事実が前提となっています。

　この2点を合わせてみると，本判決が本採用拒否（解雇）の行使を認めなかった理由が実にシンプルであることに気づきます。

　すなわち，Yは，試用期間中にXの社員としての適格性を測るつもりはなく，最初から，ハードルの低い試用期間制度の解雇権（留保付解約権）をもってXを解雇（本採用拒否）しよう，という意図だったことが明らかです。別の言い方をすると，Yは，いっていること（能力の見極め）とやっていること（解雇）が明らかに違ったのです。

4．実務上の応用可能性

　このように，今さら能力適格を見極める必要性も合理性もない，という状況になると，本採用拒否（解雇）の有効性は，通常の解雇として見て合理的かどうか，という観点から評価されることになります。具体的には，従前の雇用期間中には明らかでなかった，あるいは明らかになりようがなかった事情に限定され，しかも，それが解約をするのも相当といえる程度の事由である必要があります。とはいえ，2年間普通に勤務していた社員にそのような事由が存在したり，今さら，明らかになったりすることは，通常，考えられません。

　結局のところ，本事案では試用期間制度がXに適用されたとしても，その実効性はほとんどなかったのです。

　それにもかかわらず，Yが試用期間制度を用いたのは，おそらく試用期間満了時の本採用拒否（解雇）であれば，普通解雇・懲戒解雇のような厳格な要件が課されることなく解雇できる，と誤った理解をしていたからだと思われます。Xには，もともと解雇を検討されていたり，他の保育士グループと対立をし，トラブルの当事者となっていたりした経緯もありますので，Yにとって，最初から排斥対象だったのでしょう。

　実態は解雇であるのに，試用期間制度を利用することでそのハードルを下げようとする意図があったのであれば，試用期間制度を悪用する意図があった，と評価され，この裁判例のように否定的に評価され，かえって逆効果であることに，留意して下さい。

（佐山）

1−14　社会福祉法人どろんこ会事件

東京地判平31.1.11　労判1204.63

＜事件概要＞

　履歴書における経歴から高額な賃金待遇の下，高いマネジメント能力を発揮することが期待された社員Xが，会社Yから，協調性や能力不足などを理由に試用期間満了時に本採用を拒否されたことが無効であるとして争ったところ，裁判所が，本採用拒否による契約解消を有効であるとした事案。

■判例としての価値

　高額な賃金待遇の下，高いマネジメント能力を発揮することが期待された社員について，協調性や能力不足などについて是正指導がなされなかったとしても，本採用拒否が有効と認められた点に価値がある。

◆　使用例

　社内弁護士Aは，人事部長Qから，「中途採用の管理職社員Jがいるのですが，全く協調性がなく，能力も期待はずれです。会社としては，即刻辞めてもらいたいと考えています。まだ，試用期間中なのですが，やはり現時点で解雇することは難しいでしょうか。」と相談を受けました。

　AはQに，本判例を紹介しました。その上で，Jの協調性や能力不足について具体的事実とそれを裏付ける証拠の整理を指示するとともに，Jの職歴について虚偽の記載がないか調査するよう指示をしました。

◆　分　析

　本事案では，Yは，その組織と事業規模の拡大に伴い，発達支援事業部を率いて細やかなマネジメントを行うことができ，グループ全体の新事業の開拓にも貢献できる即戦力を求めて採用活動を実施しました。

　Xが提出した履歴書等には，Yと同じ発達支援事業を展開している法人に6年以上勤務するなど，子供の教育に豊富な経験を有するとともに，一流の大学

出身で，高い学識や学位を有するなど高いマネジメント能力を兼ね備えた人材であることを示す記載がなされていました。

　Yは，発達支援事業部の運営・職員のマネジメントを含めた事業全体のマネジメントとグループ全体の事業推進への寄与が期待できる即戦力の人物として，Xを採用しました。その待遇は，一般職員としては最高位の等級で，年収は1,000万円超という破格なものでした。そして試用期間は3か月とすることが合意されました。

1．本採用拒否（留保解約権の行使）の経緯

　しかしながら，Xは試用期間経過後，本採用を拒否されました。

　Xが本採用拒否となった事情は，おおまかに以下のとおりです。

・就職後1か月もしないうちにXによるパワハラの内部通報がなされた。

・他の職員に悪影響を及ぼし，協調性を欠く言動が認められた。

・XがYに関する虚偽の風説を流布し，職場に混乱を生じさせた。

・Xの履歴書に記載された職歴に関して，事実に反する不適切な記載が確認された。

　Yは訴訟の中で，このような事情を基に，Xをマネジメント業務を任せられる高いレベルの能力を有した即戦力人材として，特別の地位・給与等を定めたのだから，Xにかかる能力や適格性がない以上，他の部署への移動などの解雇回避の措置をとる義務はなく，即解雇しても問題はないと主張しました。

2．本判決の判断

　本判決は，「留保解約権の行使も，解約権留保の趣旨，目的に照らし，客観的に合理的な理由が存し，社会通念上相当として是認されうる場合にのみ許される」とした上で，結論としては，「解約権留保の趣旨，目的に照らし，客観的に合理的な理由が存し，社会通念上相当なものと認められる」として，本採用拒否による契約の終了を認めました。

　本事案では，本採用拒否に関し，X側から様々な主張がなされていますが，裁判所はことごとくこれを排斥しています。

　特に注目すべき判断は，以下の3つの点です。

　1つ目は，Xの態度は是正可能であって改善する意向があったのだから，改善指導すべきだったとの主張に対し，本判決は改善指導をしなかったからと

いって本採用拒否を無効とする理由にはならないとしている点です。

　その理由として，高いマネジメント能力を買われて，好待遇の下，即戦力として中途採用されたのであるから，改善指導を当然の前提とすることは相当でない点を指摘しています。

　本事案では，Ｘは即戦力として中途採用されており，まさに指導・教育の必要性がないことを理由に当初から好待遇で特別の地位に就任できています。このような状況で，Ｙが改善指導をすることなく本採用拒否をするのは不当だと主張しても，全く説得力がありません。本判決の判断は妥当だと考えます。

　2つ目は，大きく分けると6つあるＸの主張に対する判断に際し，裁判所が経歴申告上の問題を指摘している点です。

　高いマネジメント能力を買われて好待遇の下，即戦力として中途採用されたことからすれば，経歴申告の不正の問題の重要性が大きいと，裁判所が考えたのだと推測されます。Ｘは，職務経歴を根拠に高い能力を買われて採用されている以上，申告した経歴に問題があれば，採用の前提を欠くことにほかなりません。この点を重視した本判決の判断も妥当と考えます。

　3つ目は，告知聴聞の手続が履践されていないとのＸの主張に対して，本事案は懲戒解雇ではなく解約留保権の行使によって契約解消に至ったため，告知聴聞手続は不要であったとしています。

　いわゆる普通解雇だからといって，直ちに聴聞手続が不要ということになるわけではありません。本判決では明示的に示されていませんが，Ｘの採用の経緯，職歴申告上の問題があったこと，是正指導を不要としたことなどから，聴聞手続を不要としたと考えられます。

3．実務上の応用可能性

　本事案で最も着目すべきは，高いマネジメント能力を買われて好待遇で採用されたＸについて，改善指導がなくとも試用期間満了時に本採用拒否（留保解約権の行使）が有効と認められた点です。一般的に解雇の有効性を判断する場合，指導・教育を踏まえて，改善が見られるかを確認するという手続が採られているかが重視される傾向にあります。それにもかかわらず，改善指導が不要とされた点に，本判決の特徴があります。

　即戦力を欲する会社が多い一方で，鳴り物入りで採用されたハイスペックな人材が使い物にならないことも多く，本判決はそのような場合に非常に参考に

なる裁判例です。

　以下，ハイスペックな人材の採用に関し，本判決の応用方法を検討します。

　本判決が改善指導を不要とした主な根拠は，①Xの履歴書経歴から高いマネジメント能力を有する即戦力として採用されたにもかかわらず，協調性や能力が不足していたこと，②採用の根拠となった履歴書の職歴に不適切な記載が認められたことの2点です。

　まず，①については，採用活動を開始する段階からどのような人材を希望しているかを明示することが重要だと考えます。その上で，履歴書等のどの点を評価し，どのような業務遂行を期待して採用したのかを明示しなければなりません。ここで明示された点と実体が乖離すればするほど，本採用拒否が不合理とされる可能性が高まるからです。

　また，いくら「ハイスペックな人材」であることを前提として採用したといっても，通常の社員と同様の待遇しかしていなければ，実際にそのような前提があったのかどうかについても疑義が生じます。責任に見合った処遇が行われていることが，大前提となるのです。

　もちろん，実体としても優秀な人材が採用できればよいのですが，そうでない場合に備えて上記の点に留意しましょう。

　次に，②については，面接時に職歴に関して具体的な聞き取りをすることが重要です。具体的な聞き取りをする中で職歴に疑義が生じるのであれば不採用の検討をすることができますし，仮に疑義がなく採用に至った場合でも，その後に調査をするに際し，具体的な聞き取りをした内容との齟齬を追及することが可能になるからです。

　また，本事案では，本採用拒否（留保解約権の行使）であるため，弁明の機会を付与する必要はないと判断されました。

　しかしながら，事案によっては弁明の機会が必要であったと判断されるケースもあり得ますから，そのリスクを考慮すれば，手続を履践するという観点からは弁明の機会を付与した上で，解雇をすることが穏当でしょう。

（米澤）

1-15 ユナイテッド・エアーラインズ (旧コンチネンタル・ミクロネシア)事件

東京地判平31.3.28　労判1213.31

＜事件概要＞

　親会社の企業合併，部署閉鎖に伴って整理解雇された客室乗務員Xらが，会社Yに対して，当該解雇が無効であるとして労働契約上の地位確認等を求めたところ，裁判所が，Yの整理解雇は充分な解雇回避措置がとられ，客観的にも合理的な理由があり，且つ社会通念上も相当であるため有効であるとして，Xらの主張を退けた事案。

■判例としての価値

　部署閉鎖に伴う整理解雇の有効性について，職種限定合意がある場合の解雇回避措置の合理性を，具体的な事情に沿って詳細に事実認定を行った事案として，判例としての価値がある。

◆ 使用例

　P会社の社内弁護士Aは，人事部のQより，一部署の閉鎖と整理解雇をしたいとの相談を受けました。当該部署に所属する社員は職種限定合意をしているため，当該部署がなくなる以上，整理解雇はやむなしと考えているようです。

　そこで，Aは，整理解雇の判断要素として，①人員削減の必要性，②解雇回避措置の相当性，③被解雇者選定の合理性，④解雇手続の相当性が必要である旨を伝え，②に関し，職種限定合意が存在しても，まずは同種の業務を行う部署への配属を検討し，これが困難な場合には，社員の同意を前提に，別の部署への配属を検討するなど段階を踏んで検討すべきことを助言しました。

　そして，整理解雇は短期間に行うのではなく，時間的な余裕を持った上で，順を追って，①の説明，②の内容として別の部署への配属の提案，退職金を伴う早期退職の勧奨等を具体的に行うなどのプロセスを踏んだ上で，それでもなお合意に至らない場合にはじめて，整理解雇をするようアドバイスしました。

◆ 分　析

　本判決は，親会社の企業合併，部署閉鎖に伴って整理解雇された客室乗務員Xらが，会社Yに対して，当該解雇が無効であるとして労働契約上の地位確認等を求めた事案です。本事案では，Yの親会社が他社のグループ会社となったり，整理解雇の後，そのグループ会社がYを吸収合併したりするなど，事実関係が複雑であり，争点も多岐にわたります。

　もっとも，本判決では，Yを親会社やそのグループ会社と一体として見るのではなく，Yを個別に見て整理解雇の有効性を判断しているので，それを前提に見れば，通常の整理解雇の事案と相違ありません。そこで，本稿では，Yを親会社等と一体として見るのではなく，個別に見ることとした理由(1)と，整理解雇の有効性判断のプロセスのうち，特にYがとった解雇回避措置の内容(2)の2点について検討します。なお，Yは，Xらを整理解雇した後，親会社に吸収合併されていますが，本稿では吸収合併の前後を問わず，Yと表記します。

1．Yをグループ一体で見ない理由

　Xらは，Yの親会社がYの人事面を支配するとともに，Yの経営に関する決定を行っており，さらにXらの整理解雇後はYを吸収合併するなどしていることから，本件解雇の有効性は，Yの親会社等を含むグループ全体として判断すべきであると主張していました。

　しかし，本判決は，YとYの親会社らとの間で就業規則が別個であること，Yは機内サービスを提供するFAを自社所属のFA（フライトアテンダント）のみで構成し，機内サービスの提供は，その指示や命令も全てY所属のISM（YのFAのうち，各便のリーダーを担う者）が行っていること，YのFAに対する給与はY自身が支払っていることなどの事情に鑑みれば，Yは親会社等とは独立して機内サービスを行っており，業務遂行上の指揮命令を受けることはなく，労働契約の内容や給与の支払関係についてもYと親会社等各社とが全部または一部について渾然一体とはなっていなかったと認定しました。したがって，Yが行った整理解雇については，Yを個別に見て判断をすべきと結論付けられたのです。

　整理解雇の有効性を判断するにあたり，仮に，YとYの親会社等とを一体として判断しなければならないとすれば，例えば「解雇回避措置の相当性」においては，当然1社の場合と違いグループ会社内で人員を回すことができるとい

う事情があるため，整理解雇の有効性の判断に大きな影響を与えたでしょう。

　ここでの認定を前提に，以下で，整理解雇の有効性を検討します。

2．整理解雇の有効性

　本判決が，整理解雇の有効性の判断要素としたのは，大きくは，①人員削減の必要性，②解雇回避措置の相当性，③被解雇者選定の合理性，④解雇手続の相当性の4点であり，これらを総合考慮して，本件解雇が客観的に合理的な理由があるか否か，社会通念上相当として是認できるか否かを検討しています。

　これらの判断要素のうち，①人員削減の必要性については，本判決は，グアム・成田路線の旅客数の減少により，同路線に乗務するYのFAの業務量も大きく減少している事実を客観的資料から認定し，このような状況で，仮にXらの所属していた成田ベース（FAが所属する部署）を廃止し，グアムベース人員で代替をすれば，約1,000万円／年の人件費の削減が見込まれていたことから，人員削減の必要性があると認定しました。

　また，③被解雇者選定の合理性については，Yは，成田ベースのFA全員を解雇の対象とし，グアムベースのFAについては解雇の対象としていなかったものの，成田ベースとグアムベースでは適用される就業規則も賃金規定も異なるから，同様の扱いをしないことは経営上合理的であると判断しました。

　さらに，④解雇手続の相当性についても，Yの交渉態度等に不誠実な点は見当たらず，交渉を打ち切った時期を含めて，Xらへの説明が不相当であったことをうかがわせるに足りる証拠はないと判断しました。

　以下では，本事案の特にポイントとなる②解雇回避措置の相当性について見ていきましょう。

3．解雇回避措置

　②解雇回避措置の相当性について，まず本事案においては，XらにFAとして勤務させる職務限定合意があったことから，本判決は，まずはXらをFAとして働かせることができたか検討した上，次に，地上職への配置転換の提案，最後に，早期退職の提案について検討しています。

　XらをFAとして勤務させる方法としてXらが主張していたのは，Xらをグアムベースに配置転換することでした。しかし，アメリカに在住資格のないXらがグアムベースに勤務するためには，日本から通勤せざるを得ず，逆に多額

の交通費，宿泊費が必要となり，成田ベースを閉鎖する意味がありません。これらの事情から，本判決は，XらをFAとして働かせることはできなかったと判断しました。

　そこで，Yは解雇回避措置として，地上職への配置転換を提案しています。たとえ，職務限定合意があったとしても，社員の同意があれば当然，他の職務へ就かせることは可能です。Yは，Xらの解雇を避けるため，FAとしての年収と同一の水準で地上職のポストを与えることを提案しており，実際に，地上に職転換したFAも存在しました。本判決は，Yの提案は，実現可能性があり，Xらの待遇を可能な限り低下させない措置として合理的であると判断しました。

　そして，解雇を回避する最後の手段が，早期退職の提案です。YはXらに対し，Xらが成田ベースでの勤務を継続していたとしたときに支払われるより多額の早期割増退職金を提示し，この金額は，グアムベースで早期退職募集の際に提示された退職一時金よりも高額でした。本判決は，Yによる早期退職の提案は合理的な内容であったと判断しています。

　以上から，本判決は，Yは相当に手厚い解雇回避努力を尽くしたと評価し，整理解雇を有効としたのです。

4．実務上の応用可能性

　本事案で，Yは，解雇回避措置として，職種限定合意のあるFAに対して，地上職への転換と早期退職という選択肢を提案しました。本来，職種限定合意のあったFAであれば，限定された職種の中での配置転換先がなければ，配置転換の余地はないとする選択肢もあったところ，給与等が下がらない形での地上職のポストを用意し，選択肢を与えているのです。このような解雇回避措置を，本判決は誠実な対応と評価しています。

　しかし，注目すべきは，実際には，本事案の成田ベースに所属していた21名のうち12名が，解雇回避措置に応じず解雇をされている点です。すなわち，整理解雇の対象となっていた21名のうち半数以上が，Yの提示した解雇回避措置に応じなかったということです。

　これは，社員にとっては，これまでの業務と異なる業務に就き，自ら退職するという選択が，非常に難しいということを示すものです。会社としては，機械的に手続を履践するのではなく，解雇が社員に対して与える影響を決してないがしろにせずに，誠実な対応に努めなければなりません。　　　　（中野）

1－16 大阪府・府知事（障害者対象採用職員）事件

大阪地判平31.1.9　労判1200.16

<事件概要>

　本務実績不良・適格性欠如を理由に分限免職処分を受けたXが，当該処分が裁量権の行使を誤った違法なものであるなどと主張したところ，裁判所が，大阪府（Y）は，Xの主張する高次脳機能障害の存在を処分当時認識し，認識し得たとは認められなかったとして違法性はないと判断した事案。

■判例としての価値

　当該職員の高次脳機能障害の罹患を具体的に疑っていたとしても，当該職員自身が当該障害を明確に否定しているような場合には，当該障害を認識し得たとはいえない旨判示した点に，事例判決としての価値がある。

◆ 使用例

　社内弁護士Aは，Qより，勤務実績不良の社員Pについて，あまりに改善がなく，何らかの障害があるかもしれないとして，その場合の対応方法について相談を受けました。

　Aは，まずはPの勤務実績をつぶさに記録に残すこと，問題のある業務上の行動については，その都度指導をし，その記録を残しておくことをアドバイスした上，Pの言動等から何らかの障害の疑いがある場合は，産業医等を受診させるようアドバイスしました。しかし，その上で，Pが当該障害に関して他の医療機関受診時の状況を踏まえた具体的な説明をし，さらに産業医による検査でも特別な異常が見つからなかった場合には，それ以上の検査は不要であり，勤務実績に関する記録を残した上，勤務実績不良が改善しない場合には，会社の就業規則に基づいて解雇の検討を進めても問題ない旨をアドバイスしました。

◆ 分 析

　本判決は，勤務実績不良・適格性欠如を理由に分限免職処分を受けたXが，

大阪府（Y）に対し，当該処分が裁量権の行使を誤った違法なものであるなどと主張し，その中で，自らが高次脳機能障害に罹患していたことから，Yはこれに応じた具体的配慮を受けるべきであった旨主張した事案です。

　本判決のXはYの職員であるため，今回問題となっているのは分限免職処分が裁量権の行使を誤ったものかどうかです。

　公務員の解雇の場面では，解雇は行政処分であることから，裁量権の逸脱濫用がないか，という観点から判断されることになります。解雇の有効性を，実質的に会社側が証明すべき「解雇権濫用の法理」の適用がなく，民間企業の場合と大きく異なる点です。

　もっとも，安全配慮義務等が絡む場面では，公務員であるか否かにより判断が大きく異なることはありません。民間企業と同様，最近はかなり厳しく，役所側の義務違反などが問題にされます。

　ところで本事案では，分限免職処分の裁量権の逸脱濫用を検討するにあたり，Xが高次脳機能障害に罹患しており，これを前提とした具体的配慮が必要だったか，という点が争点になっています。たしかに，「裁量権の濫用」の有無が問題になりますが，その前提として「安全配慮義務」と同様の問題が重要な問題とされているため，少なくともこの配慮義務に関する判断は，民間企業における「安全配慮義務」の判断についても，参考になると思われます。

　したがって，本稿では，Xの高次脳機能障害に対し，Yが具体的な合理的配慮を提供すべきであったか，という点について，本判決の判断を検討します。

　なお，本事案では，Xの勤務実績不良・適格性欠如を根拠付ける事実が一覧表の別紙として添付されており，Yの側で具体的な事実と，さらにこれに対する指導の内容等も記録されていたことがわかります。記録の取り方等については，日本マイクロソフト事件（本書14頁）を参照して下さい。

1．Xの障害

　Xは当初より，障害者対象採用職員として採用されていました。具体的には，10歳のとき，高所から転落する事故で頭部外傷等を負ったことによる「頭部外傷による体幹機能障害により歩行困難，右上肢機能障害」です。

　Yとしては，このような障害があることを前提として採用をしている以上，Xに対して，当然これを前提とした具体的配慮をする必要があります。

　しかし，Xが主張する高次脳機能障害はこれとは別の障害であり，Xの採用

当時には発覚しておらず，Yは訴訟になってはじめて把握した事情でした。

　そこで，本判決では，YがXの高次脳機能障害という障害を認識し，または，認識し得たかという判断基準（予見可能性）で検討されたのです。

2．予見可能性

　本事案で特殊だったのは，Yの側からXに対し，脳への障害について指摘をしている点です。Yは，予め把握していたXの障害が「頭部外傷」による「機能障害」であったことから，さらに何らかの「脳の障害」を引き起こしたものではないかと考えて，Xに直接打診したのです。

　Xは，Yとしてこのような事情を認識していたのであれば，さらにXに検査等を受けさせて障害を認識できたはずである旨を主張していました。

　本判決は，まず，Yが，Xが高次脳機能障害に罹患していなかったことについては認識していないとした上，Xの次のような行動から，大阪府にはXの高次脳機能障害を認識し得なかった旨を認定しました。

---

①　面談時，脳に障害があるのではないか，病院で診てもらった方がいいのではないかとXに尋ねたが，Xからは「私に知的障害のレッテルを貼るんですか。」「高次脳機能障害とでもいうのですか。」などと述べ，強い抵抗を示した。

②　Xの同対応を受けて，インターネットで高次脳機能障害について調べると，Xの症状とは合わない記載があった。

③　Xが，面談時，大学在学中に自分でも高次脳機能障害ではないか心配になり，専門の医療機関で頭部のMRIやCT等の検査を受けたが特に異常は発見できなかったと伝えた。

④　Xが産業医と面談した際にも，③の事情を伝えた。

⑤　Xの睡眠時無呼吸症候群以外の可能性も念頭に置いて脳波の検査を受けたが異常は見られなかった。

　障害の有無は，①でXが抵抗しているように，周囲の評価にも関わるとてもデリケートな問題です。しかも，③④のように，過去の具体的な受診状況を伝えている中で，さらに検査を受けさせるということは，事実上不可能です。

　その中でも，⑤実際に脳波の検査を受けさせ，高次脳機能障害を見つけられなかったのですから，本判決は，さらにYに，Xを他の病院に受診させる義務まではないと認定したのです。

　処分前には，Ｘを心配して脳への障害を指摘した職員に「知的障害のレッテルを貼るんですか。」と抵抗しながら，処分後には高次脳機能障害であったと主張するというＸの主張は，まさに二枚舌です。このような場合の具体的事例が示されたことは，意味があるものといえるでしょう。

3．実務上の応用可能性

　社員に，障害や精神的な疾病の有無を指摘し検査をさせる際には，会社としては非常に気を遣います。特に，本事案のように社員が疾病を疑われることに抵抗を示しており，疾病にかかっていないと強調しているような場合，会社はどこまで干渉すべきでしょうか。本事案のように，病院での検査を受けさせなければ，会社の責任を免れないのでしょうか。

　たしかに，本判決にはＸの矛盾する言動も影響を与えているでしょうから，もしかしたら本事案で，ＹがＸを受診させなかったとしても，Ｙは責任を負わなかったかもしれません。

　しかし，本事案では，就業中のＸの言動に，医師ではない素人の上司が見てもおかしいと感じる程度の異常が多く見られました。「一般常識」を判断基準として予見可能性や予見義務が論じられるところ，素人である上司から見てもおかしいと感じる以上，やはりＸに受診させなくてもかまわない，ということにはならないように思われます。

　そうすると，社員が抵抗しても産業医に受診させなければならないことになり，会社は面倒なだけ，と思うかもしれません。

　けれども，ここまで徹底してＸの健康状況を確認したからこそ，Ｘの能力不足を理由とした処分ができた，と評価するべきです。メンタル事案では，社員側は医学的な主張（自分は仕事のせいでメンタル不調になった）と，法的な主張（自分はいわれた仕事をちゃんとこなしている）の両方を問題にし，会社はこの両方について，会社の判断と対応に問題のないことを証明しなければならないのですが，実際は，両方について中途半端になる場合を多く見かけます。

　しかし，ここでのＹのように，まずは医学的に問題のないことを徹底的に明らかにすると，法的な問題（業務遂行が不十分である点）の主張も，説得力が出てきます。医学的な問題と法的な問題の両方について中途半端にならない対応として，参考にすべきでしょう。

（中野）

1-17　雄武町・町長（国保病院医師）事件

札幌高判平30.8.9　労判1197.74

＜事件概要＞

　地方公務員法22条1項に基づいて条件付きで採用された医師Ｘが，条件付採用期間の勤務成績不良を理由に免職されたことに関し，この免職処分の取消しと損害賠償を請求したところ，裁判所が，Ｘの主張をいずれも棄却した事案。

■判例としての価値

　専門家として採用されたことから，条件付採用期間中の勤務成績不良や，部下の指導方法などの研修不要など，免職に関する裁量権濫用がなかった，と判断したことに裁判例としての価値がある。

◆ 使用例

　社内弁護士Ａは，人事部長Ｑから，中途採用者に対する試用期間制度の利用についてアドバイスを求められました。

　Ａからは，たとえ中途採用者であっても，実際に働かせないとわからない事情も存在するから，その点に試用期間制度の有用性があること，新卒者に対する試用期間にはトレーニングの要素があるが，中途採用者の場合は既に必要な能力や適格性が備わっている前提で見定めること，そのため，中途採用者の場合は改善の機会や改善の余地という事情は重視されないこと，といったアドバイスがされました。

◆ 分　析

　本事案は，公務員Ｘに対する免職処分（解雇）が有効とされた事案です。

　本事案のポイントは2つあります。

　1つ目は中途採用者への試用期間制度の有用性，2つ目は解雇の有効性判断の際に改善の機会の付与が求められない場合があるということです。

1．時系列

H14.5：	X，医師免許取得，その後，複数の病院で勤務（医長，副院長など）
H27.10：	X，条件付き（6か月の試用期間）で本件病院に採用される
	他の医師は，院長Bのみ（H28.3退職予定）

H28.3.2：理学療法士C，パワハラの被害届を提出

同3.10：X，看護師Dに対し，大声で怒鳴りながら詰め寄る

同3.17：X，町長らと面談，町長，Xに対し自己都合退職を促す

同3.19：X，事務長Eに体当たりし，逃れた部屋のドアを約10分間ノックし続ける

同3.22：町長，Xに対し，3.31付で免職処分する旨通知

〈その他の，試用期間中のXの問題行動〉

・3回ほど，左右等の指示を誤ったレントゲンオーダーをした

・人工透析の必要な患者の一部に対し，十分な人工透析業務を行わなかった

2．本判決の判断

まず，ルールです。

原則ルールとして，正式採用拒否は行政裁量の範囲内の行為として有効だが，例外ルールとして，Xには正式採用される期待があることを根拠に，正式採用拒否は許容限度を超えてはならず，具体的には勤務成績不良などがある場合に限り許される，としました。

次に，あてはめ（事実認定）です。

本判決は，Xの勤務成績は不良であると評価しました。

たしかに，Cへのパワハラは認められないものの，レントゲン・人工透析に関するミスは，それ自体が重大な過誤であること，DやEに怒鳴りつけたり詰めよったりした行為は相当性がないこと，などがその根拠です。

なおXは，職員に対する注意の手段・方法について研修や指導を受けたことがない旨の反論をしています。これに対し，本判決は，Xには医師として14年間の経験があり，しかも副院長という要職に就いたことがあるといったことを理由に，その必要はないとしました。

3．実務上の応用可能性

本判決から実務上参考になるポイントは2つあります。

　1つ目は，「経験者」に試用期間を設定することが有用である，ということです。

　「試用期間」というと，新卒あるいは畑違いの者のための，いわば「見習い，修行期間」として用いられる傾向にあったように思われます。そのため，「見習い，修業期間」が必要ない専門家や経験者には，遠慮してしまって，試用期間を設定しない場合が多かったように思われます。

　ところが，本判決を見ると，試用期間制度は，専門家や経営者に対してもかなり有用な制度であると考えられます。

　というのもXのように，14年間という長期間の経験，しかも要職経験がある者であっても，実際に勤務させてみれば，業務に係わるミスを複数回起こしたり，問題のある行動を起こしたりする，ということがあり得るのですが，このようなことは履歴書や試験，面接などの採用段階では，なかなか明らかにならない事項だからです。

　このように，専門家や経験者だから大丈夫，能力や経験を疑うことは失礼なことで，試用期間を設定すると，どのような不満を言われるかわかったものではない，などと遠慮するのではなく，正式雇用するに足る人物であるか，試用期間を設けてチェックすることは十分にメリットがあると考えられます。

　2つ目は，試用期間終了時の解約の是非の判断，すなわち正社員として採用するかどうかを判断する際，経験者の場合，「経験者であること」が考慮される，ということです。

　実際，Xは「他者に対する注意の方法」について指導，研修をされなかった，と主張しています。これは要するに，「改善の機会を与えてくれれば，改善の余地があった」「解約という手段を採る前に，採るべき段階を踏んでいない」といった趣旨の主張であると考えられます。

　労働法の実務上「改善の機会を与えているか」という事情は，解雇，懲戒処分，減給，降格，雇止めなど，社員に対して不利益な処分を課す場合・場面に重視されます。そのためXの主張は，全く的外れともいえません。

　したがって，これが，社会人経験のない新卒の者に対する解約の場合，Xの主張は重視された可能性があります。

　ところが，Xには14年間の医師経験がありました。しかも副院長などの要職に就いてきたという実績まであります。これだけの社会人経験があって，今さら，部下に対する注意の方法について「指導，研修」など必要とは考えられま

せん。

　この部分の判示は非常に興味深く，杓子定規に「どんな人にも，どんなことについても改善の機会を与えなければならないわけではない」ということです。

　このように，専門家や経験者への試用期間の設定が有効であり，その場合には改善の機会の有無が他の場合ほど重視されないこと，を考慮して，活用法を考えましょう。

　すなわち，試用期間制度の適用場面を大きく2つに分け，次のように整理することが可能です。

　まず，新卒採用者に対する試用期間制度では，勤務成績不良や労働能力が平均より低くても，今後良くなっていく見込みがないといえるのか厳格に判断されます。また，勤務態度が悪くても改善の機会を与えなければなりません。これは，新卒採用者に対する試用期間には，社員としての能力や適格性を見定める以外にも，「トレーニング」の要素があるためです。通常，社員としての能力や適切な勤務態度などは，勤務を続けていく中で徐々に身についていくものですから，最初からできる前提でその出来を問われるべきではありません。

　一方で，専門家や経験者としての能力を買われて採用された中途採用者に対する試用期間は，それまでの勤務経験から，専門家や経験者として必要な能力が備わっていることを前提に，社員としての適性を見定めるために用いられます。そこにはトレーニングの要素はなく，改善見込みは重視されません。即戦力として，社員としての能力や適格性が既に備わっているか，が問われますので，「改善の機会の付与」という要素は重視されないのです。

　会社が，このような試用期間制度の適用場面，適用の仕方をよく理解して運用していけば，試用期間制度を会社にとって有益な制度として活用していくことができるでしょう。

（佐山）

⚫ おまけ小説　法務の小枝ちゃん ⚫

第1章　雇用契約の終了

(※今回は，副音声（関西弁）でお送りします)

社長秘書の「お蝶夫人」からの内線電話を取った。
「小枝はん，今ちょっとええでっしゃろか，社長室に来てくれまへんか？」
はい，喜んでー，このアッツアツのたこ焼きを食べてから。

ここは，大阪市淀川区（原作者注：埼玉）の素材メーカーの工場兼本社。うち，木ノ内小枝は，弁護士の父親の顧問先のこの会社に社内弁護士として就職した。法律事務所勤務経験もないまま社内弁護士としてキャリアを開始したが，法務課長を拝命しただけでなく，買収した子会社の法務部長と，シンガポールの合弁子会社のジェネラルカウンセル（ジェネラルカウンセルってどういう意味か知らんのやけど。関西のおっさんらは東京に負けじと横文字を使うねんけど，大体意味はわかってないねん）まで拝命した。
ありがたい話でっせ。
ビジネスも，弁護士も，両方ともボンクラ。それなのに，会社のことを知っているから，と取り立ててくれはる。収入は，同期で開業した弁護士の友人よりもごっつ少ないんやけど，居場所があって，仲間がおって，事務所経営に頭を悩まさんでええ，それだけで十分やねん。

考え事をしていたら，いつの間にか，工場の中を見渡せる中2階の社長室に近づいてきた。これは，社長のこだわりの設計で，上から工場全体の様子を見れる，まるで指令室のような造りになっている。最初は，各現場の業務状況を実際に見ていたのだろうけど，今は，現場に任せているので，社長が窓ガラス越しに現場を睨んでいることは，ありまへん。
階段を上りながら，工場を見下ろすガラスの壁の向こうに，社長室の中が見えてきた。杉田一社長，息子の杉田茂人事部次長，お蝶夫人，営業企画部の藤堂部長，営業統括の宗方役員の顔が見えた。今日の呼び出しは，社長の自慢話ではないんやろうな。
おいでやす。
お蝶夫人が扉を開け，中に招き入れる。うちと入れ替わりに，部屋の外に出た。

温かいお茶の余っている席が，うちの席なんやろ。

　すでに，会議は始まっていた。黙って，あちこちにぺこぺこしながら，席に着く。

　シンガポールの合弁会社に行っていた葭原課長の話だ。シンガポールで，副社長として仕切っていた杉田茂と大いにぶつかり，日本のここの本社に戻したんやけど，今度は，藤堂部長と大いにぶつかってるみたいやわ。

　噂は聞いとった。

　葭原課長は，会社の功労者の1人。葭原課長1人のリーダーシップによって，当社のヒット商品である旧素材，通称「レジェンド」を，当社が出資する以前のシンガポールの合弁会社で，製造から販売管理までできるように完全移管させた。このことから，葭原課長についたあだ名が「レジェンド葭原」。功績の割にめっちゃダサい。ベテランのプロレスラーか！

　けれども，葭原課長の「レジェンド」に対する思い入れが強すぎて，新しいことをやろうとする杉田茂や藤堂部長の指示を聞かないだけやない。他の社員に対して，杉田茂や藤堂部長の陰口をいったり，杉田茂や藤堂部長が指示している脇で，そんな指示，聞いたらあかんで，あほちゃう，と露骨に嫌がらせをいったりして，皆を困らせているらしいねん。

　「葭原君は，シンガポールで自信を取り戻したのはええねんけど，今度はその成功体験に縛られてんねん。シンガポールへ行く前は，自分の殻にこもるようなところがあったのに，最近は以前と人が変わったように攻撃的になってきてるわ。このままやと，うちの営業企画部全員が参ってしまいますわ。」

　藤堂部長は，続けた。葭原課長は功労者だが，技術の人間ではないので，営業や事務しか行かせるところはない。さらに，人望を失っている状況で人事はあり得ないから，異動可能なのはITの子会社の事務くらいしかないやろう。やけど，グループ内でたらい回しにするよりは，まだ若いうちに転職してもらった方が，本人のためにもなるんちゃうか。

　包容力のある藤堂部長が，葭原課長の退職を主張し，びびって思わずグリコのポーズみたいなリアクションしてもうたわ。葭原課長はそこまで孤立してしまったんか。

　「シンガポールで，彼を慕っていた現地の社員たちが，少しずつ彼から離れていく様子を見てきてん。彼は，そのように離れていった社員たちに対し，途端に厳しく当たっていたので，そのことでさらに人望を失ってきてん。悪循環です。

そのストレスや不満が，後から副社長として乗り込んだ私に向かってきてん。昔は仲よくやっていただけに，あれは辛かったわ。」

合弁会社となったのちにシンガポールの副社長兼務となった，杉田茂が続ける。

会議がざわついた。そんなに酷いのか，居場所がなくなっちゃったな，転職すれば目が覚めるんちゃうんか，などいろいろな声が聞こえる。

「ちょっと待ってくれまっしゃろか。」

私は思わずいうてもうた。

「葭原課長，そんなに簡単に会社辞めさせちゃうんですか？」

皆がこっちを向く。

彼の優しさで救われた人はたくさんおる，うちもそうや。それに，「レジェンド」（決していじってるわけちゃうで）が会社を追われると，功労者にちっとも優しくない会社やん，と社員が怖がってまうわ。誰もしんどい仕事を引き受けなくなってまう。それに…

「杉田茂，藤堂さん，お2人は，葭原課長にどんな人事評価をしはったんですか？

怒らせたくないから，優しく平均以上の評価をしはったんちゃうんですか？

どこを改善しなければならないのか，ちゃんと指導しはったんですか？

これはダメだ，と問題ある行動をした直後にちゃんと叱りはりましたか？」

「なんでやねん？　俺に，先輩を叱れ，というのか？　そんなんしたら，もっと傷つくやろう？　しかも，葭原課長は，シンガポールに行く前，相当落ち込んではった。多少，元気になったからって，すっかり元気をなくしていた葭原課長を知ってるねん，叱れるわけないやろがい！　今の葭原課長は，551がないとき状態やねん。」

杉田茂がむくれる（茹でタコのようだ）。さっきたこ焼きを食うたせいか，茹でタコに負ける気はせんかった。

「それはそうやわ，後輩が上司になって，その上司に叱られて，普通の神経なら傷つくし，怒るし，反抗するに決まってるわ。

やけど，それまでと同じ高い人事評価で，宥めすかしながら，少しでも大人しくしてくれ，とごまかしてたんちゃいますか？　葭原課長は，これでも許される，これでいい，と思っちゃうんよ。どこが悪いのか，判断できなくなるねん。今まで優等生だったからこそ，どこからがあかんことなのか，限界がわからんねん。」

　うちと杉田茂のやり取りを，皆が見つめる。藤堂部長は，腕を組んで目を瞑っ
ている。今日の晩御飯でも考えてんのやろか。その隙に話を進めよう。

　うちは，続ける。

　問題のある社員を抱えて，少しでも問題行動を起こさないように，良い人事
考課を与え，文句もいわん。自分たちは我慢してる。その我慢も限界だから首
を切る。これは，社員の管理のできてへん会社に共通する言い訳でっせ。自分
たちは我慢してんねん，という自己満足であり，直接指導し，対決することか
ら逃げてんねん。ちゃんと向き合わずに，誰も責任を取らずに対応を先送りして，
問題から逃げてるねん。せやのに，自分たちは我慢してきてん，我慢の限界だ，
という言い訳は，裁判どころか御堂筋でも通らんわ。

　「解雇権乱用の法理，という言葉があんねん。食い物ちゃうで，『食券』ちゃ
うからな。ちゃんと厳しい評価をつけてフィードバックしたり，ちゃんと懲戒
処分をしたりして，なにが悪いのか理解させ，改善させる機会を与えんと，解
雇は無効になんねん。ほんまやで。」

　それに，誰からも，あかんことをあかんといわれず，突然，解雇と通告され
ることの方が，本人にとってもっと辛いんちゃうか。ちゃんと対決して，厳し
いことを伝えることと，宥めすかして問題を先送りするのと，どちらがまだえ
えねん。これはマイナス対マイナスの比較の問題やで。

　「問題のある社員と対決するのは，大変な仕事やけど，それが管理職の仕事
ちゃうんか。どやねん？　杉田茂はそれができとったんか？　藤堂部長はんは
どうやったんや？」

　腕組みしていた藤堂部長が，目を開けた。ようやく晩御飯が決まったか。

　「せやな，俺逃げとったかもしれんわ。いや，逃げとったわ。葭原君と，向き
合ってなかったわ。葭原君が，こんなに変わってしもうた理由を，俺は全然わ
かっとらん。そういうことやな。」

　藤堂部長は，葭原課長が日本で元気を失くしたときの上司でもある。

　あのときも，頑張らんかい，と気合入れることしかしてなかったわ。落ち込
んでいる人に「頑張れ」はあかんと教えられたんやけど，問題はそれだけちゃ
うかったんやな。機会が必要なんは俺や。俺が，管理者としてやっていけん
のか，やり直す機会が必要やな。ぽそっと呟いて，続けた。

　「俺に，葭原君と対決する機会を与えてくれへんか。対決して，葭原君が元に
戻るかどうか，正直自信がない。やけども，それをやらずに辞めさせるんは，
確かに，無責任やわ。そんなんじゃ堂々と宗右衛門町歩かれへんわ。」

杉田社長が，立ち上がった。

ゆっくりと口を開いた。

「藤堂。優秀な部下ばかり相手してきたから，挫折する人間の気持ちがわからんねん。お前にとってもええ機会や。葭原の苦しみと，ちゃんと向き合え。お前にとっても成長する機会やわ。」

杉田社長は，ニコリともせずにいった。

「だからといって，仕事の手を抜くことは許さんからな。葭原君の教育指導のために仕事ができませんでした，みたいな言い訳は許さんから，そこのところは誤解したらあかんでな。」と，余計な一言も忘れない。

けれども，そこにいる誰もが，それを笑わんかった。杉田茂も黙っている。それぞれが責任を噛みしめているようやった。いつもなら，「小枝はきついわあ」の一言が出てくるはずやのに，会議は静かにお開きとなった（関西人にとって，ツッコミ＝笑いがなく，静かに会議が終わるのはなんか悔しくなってまう）。

〔原作：芦原，関西弁訳：米澤〕

第2章

雇用契約の条件

2-1 日本ケミカル事件

最判平30.7.19 労判1186.5

＜事件概要＞

　薬剤師として勤務していたＸが，会社Ｙに対して時間外労働等に対する賃金ならびに付加金等の支払いを求めたところ，裁判所が，定額残業代の支払いを法定の時間外手当の全部または一部の支払いとみなすことができるのは，雇用契約に基づき，時間外労働等に対する対価として支払われている場合であるとし，時間外手当の全部または一部の支払いを認めた事案。

■判例としての価値

　定額残業代の支払いを法定の時間外手当の全部または一部の支払いとみなすことができる場合について，金額の適格性の判断基準として「対価」性という基準を示した上，具体的な判断要素を挙げて事実認定を行っていることに事案としての価値がある。

◆ 使用例

　社内弁護士Ａは，人事部長Ｑから，定額残業代を導入する際のルール作りについて相談されました。

　そこで，Ａは，まず基本給部分と定額残業代部分を明確に分けた上で，定額残業代部分が何時間分の時間外労働時間となるかを示した上，雇用契約書の締結にあたって社員にその旨を説明した上で，雇用契約書にサインをさせるようアドバイスしました。

　その上で，毎月の労働時間を正確に計算し，割増賃金の額が定額残業代部分を超える場合は，その都度当月の割増賃金額と定額残業代額の差額を計算し，別途割増賃金として支払うよう助言しました。

◆ 分　析

本事案は，薬剤師として勤務していたＸが，時間外労働等に対する賃金なら

びに付加金等の支払いを求めた事案であり，大きな争点は，本事案の「定額残業代」を法定の時間外手当とみなすことができるか，ということでした。

「定額残業代」制度が労基法37条に反しないか否かについては，多くの裁判例で争われており，本事案でも，過去の裁判例で形成されてきた判断を基にルールが示されています。

しかし，本事案では，1審判決，2審判決，本判決（3審判決）それぞれで，「定額残業代」制度の有効性の判断が分かれています。具体的には，2審判決が，「定額残業代」制度を無効としたのに対し，1審判決と本判決は，「定額残業代」制度を有効としたのです。

さらに，本判決では，これまでの裁判例では示されてこなかった「対価」性という判断基準が示されています。

以下では，本事案における「定額残業代」制度の内容，運用状況を確認した上で，過去の裁判例にも言及をしつつ，2審判決と本判決で結論が分かれたポイントと，「対価」性という判断基準の位置付けについて見ていきたいと思います。

1．本事案の「定額残業代」制度
本事案では，賃金に関し，以下のような内容が各文書で明示されていました。

〈雇用契約書〉

月額562,500円（残業手当含む）

給与明細書表示（月額給与461,500円，業務手当101,000円）

〈採用条件確認書（X）〉

月額給与　461,500円／業務手当　101,000円　みなし時間外手当

時間外勤務手当の取扱い　年収に見込み残業代を含む

時間外手当は，みなし残業時間を超えた場合はこの限りではない

〈採用条件確認書（X以外の社員）〉

業務手当は，固定時間外労働賃金（時間外労働30時間分）として毎月支給します。一賃金計算期間における時間外労働がその時間に満たない場合であっても全額支給します。

〈賃金規定〉

業務手当は，一賃金支払期において時間外労働があったものとみなして，時間手当の代わりとして支給する。

　Yでは，タイムカードを用いて社員の労働時間を管理していたものの，タイムカードに打刻されるのは出勤時刻と退勤時刻のみであり，休憩時間についてはタイムカードで管理されていませんでした。さらに，毎月の給与支給明細書には，時間外労働時間や時給単価を記載する欄があるものの，これらの欄はほぼすべての月で空欄となっていました。

2．2審判決の判断

　2審判決は，「定額残業代」の仕組みが有効となるためには，「定額残業代」を上回る金額の時間外手当が法律上発生した場合にその発生の事実を社員が認識して直ちに支払いを請求できる仕組みが備わっていることを必須であるとしました。そして，本事案では，Xが，業務手当が何時間分の時間外手当に当たるのか伝えられていないこと，休憩時間中の時間外労働の発生の有無を管理・調査する仕組みがないためXの時間外労働の合計時間を測定することができないことを認定し，Xは，「定額残業代」を上回る金額の時間外手当が発生しているかどうかを認識できないとして，「定額残業代」制度を無効としました。

　これは，いわゆる「明確区分性」の要件を裁判所として具体化したものであると考えられ，2審判決は，この「明確区分性」が認定できないことを理由に，「定額残業代」制度を無効と判断したものと思われます。

3．本判決の判断

　しかし，本判決は，「明確区分性」の判断について，2審判決が示すような仕組みを必須とせず，端的に，「定額残業代」が，雇用契約に基づき，時間外労働等に対する「対価」として支払われていれば，有効であるとしたのです。

　その上で，「定額残業代」が時間外労働等の「対価」として支払われているか否かは，雇用契約に係る契約書等の記載内容のほか，具体的事案に応じ，会社の社員に対する当該手当や割増賃金に関する説明の内容，社員の実際の労働時間等の勤務状況などの事情を考慮すると判示し，結果として「対価」性を認め，「定額残業代」制を有効としました。

　結論だけを見ると，本判決は，「明確区分性」に関して緩やかな判断基準を用いており，「定額残業代」制度を有効とする範囲を広げたようにも見えます。しかし，本判決が採用した「対価」性という判断基準は，必ずしも緩やかな基準ではありません。

4.「対価」性の意義

　「対価」性の位置付けについて，本判決では具体的に触れられていないものの，明確区分性と併せて必要であるとされる，金額の適格性の判断基準の１つであると考えられます。

　本判決では，「対価」性に関し，問題となる業務手当が１か月あたりの平均所定労働時間（157.3時間）を基に算定すると，約28時間分の割増賃金に相当することを具体的に計算し，これがＸの実際の時間外労働時間（１か月間ごとに見ると，全15か月のうち，１か月あたりの時間外労働の時間が，30時間以上が３回，20時間未満が２回，20時間台が10回）と大きく乖離していないと認定されています。これは，本判決で示された「対価」性の判断要素の１つである「社員の実際の労働時間等の勤務状況」を具体的に判断したものです。

　この判断要素が，「対価」性の判断においてどの程度のウエイトが置かれるのかは，本判決からのみでは明らかではありません。しかし，仮に本事案で，Ｘの実際の時間外労働時間に比較して，「定額残業代」でカバーする時間外労働時間が著しく長時間であったとしたら，それでもなお，裁判所は「対価」性があると認定したでしょうか。

　「対価」性という判断基準は，実態に合致した「定額残業代」制の運用を求めたものと考えることもできます。そうだとすれば，仮に「定額残業代」部分が基本給と明確に区分され，そのことを契約書等に明記し，社員に対して確実に説明していたとしても，「対価」性が否定され，「定額残業代」制が無効と判断される可能性もあることになります。

5.　実務上の応用可能性

　「定額残業代」制は，「残業代を払わなくてもいい制度」と誤認されている節があります。例えば，基本給を最低賃金に設定し，その他の部分を「定額残業代」とすることで，実際に発生する割増賃金額と「定額残業代」の金額が大きく乖離しているケースが散見されます。

　けれども，乖離が大きすぎる場合に，「定額残業代」制度を無効とした裁判例があります。「定額残業代」を導入しても，労務時間の管理を免れるわけでないことに注意して下さい。

（中野）

2－2 ケンタープライズ事件

名古屋高判平30.4.18 労判1186.20

＜事件概要＞

大手居酒屋チェーンＹの店長として就労していた社員Ｘが，Ｙに対し，未払割増賃金を請求したところ，裁判所が，固定残業代の規定を無効であるとし，Ｙに対し約400万円の支払いを命じた事案。

■判例としての価値

いわゆる固定残業代の適法性判断に明確区分性を要求する従来の裁判例の傾向を踏襲している点に目新しさはないが，全国的に見られる飲食チェーン店長の労働実態について詳細に争われており，同様の勤務実態が見られる会社の実務上の対応策を検討する上で判例としての価値がある。また，1審と2審で付加金に関する判断が分かれた点も参考になる。

◆ 使用例

当社は，居酒屋を経営しています。店長が如何せん長時間労働に陥りがちで，労務管理に頭を悩ませています。店長の業務を見ていると，出勤時刻が必要以上に早く，店舗閉店後も他のスタッフと雑談にふけるなどダラダラしています。タイムカードの打刻時間について，一定のルールを設けて労務管理を徹底したいと考えているのですが，その際，気を付けるべき点はありますか。

◆ 分 析

1．本事案で争われた固定残業代制について

まず，固定残業代制が有効か否かについて，裁判例の立場は割増賃金の部分とそれ以外の賃金部分とが明確に区分されている，という明確区分性がポイントとなる点で一致を見ています。

本事案で争われた賃金体系は，基本給14万円，役職手当13万円〜16万円と定められており，この役職手当には，残業時間数26時間分の固定残業手当，深夜

労働80時間分の固定深夜手当，休日出勤３日分の固定休出手当が含まれると定められていました。仮に，所定労働時間を月173.8時間と考えた場合，基礎となる時給額は，約805円となります（基本給14万円÷173.8）。そうすると，残業時間数26時間分は，２万6,162円となります（805円×割増率1.25×26h）。同じように，固定深夜手当や固定休出手当についても計算するとその手当の内容が判明します。

　しかし，固定残業手当，固定深夜手当，固定休出手当（以下，これらをまとめて「固定残業代等」といいます）を合計しても，役職手当として支給されている13万円〜16万円には達しません。そうすると，この賃金は正確には下の図のようになります。割増賃金の算定の基礎となる賃金から除外できる部分は固定残業代等に限定され，純粋な役職手当の部分は基本給に含めて計算することが必要となります（労働基準法37条５項，同施行規則20条参照）。しかし，本判決は，役職手当が純粋な役職手当と固定残業代等とに区分されていなかったことから，結果として，明確区分性を欠いていると判断したのです。

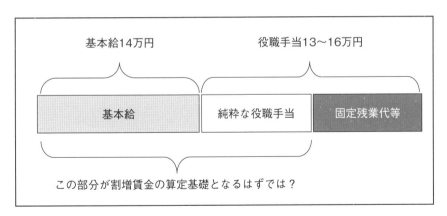

２．労働時間について

　本判決では，Ｘの勤務開始時刻，退勤時間等の労働時間についても問題となりました。

　労働基準法が規制する労働時間は，社員が会社の指揮命令下に置かれている時間をいいます（三菱重工業［会社側上告］事件・最一小判平成12年３月９日等）。Ｙのようにタイムカードによる時間管理がなされている場合，特段の事情のない限り，タイムカード打刻時間をもって実労働時間と推定するのが多く

の裁判例のとる立場です（三晃印刷事件・東京地判平成9年3月13日労判714号21頁，ボス事件・東京地判平成25年5月22日労判1095号63頁参照）。

　本事案で，Yは，社員はタイムカードの時間どおりに勤務しており，労働時間はタイムカードの打刻どおりに算定すべきだと主張しました。これに対し，Xは，労働時間が短くなるように打刻するようYから不当な指示がなされていたから，タイムカードどおりに算定すべきではないと争ったのです。

　本判決は，退勤時刻について，Xのタイムカードの打刻が他の社員の打刻と分単位で概ね共通していること，閉店後の残務からすると閉店時間直後に退勤することは困難であること等から，YからXに対し，店舗の閉店直後に打刻するように指示があったことを認め，実際の退勤時刻はタイムカードどおりではなく，タイムカードの打刻よりも1時間遅く算定すべきとしました。

　また，出勤日について，YからXに対し，タイムカード上は月に6日分，出退勤時間を打刻しない休日を設けるよう指示があったと認定しました。そこで，出勤日についても，タイムカードどおりではなく，Xの作成した日報とシフト表の出勤日の一致する日をもって労働の事実を認めたのです。

　このように，本判決は，Yが実態とは異なる記録を残すよう不当な指示をしていると認定し，Xが主張するタイムカード以外の記録（日報，シフト表，他の社員の証言等）に沿って労働時間の認定を行いました。

3．付加金について

　本事案では，1審が付加金の支払いを命じなかったのに対し，2審がこれを変更して付加金の支払請求を全額認めた点にも特徴があるといえます。

　ここに付加金制度とは，会社が，解雇の際の予告手当（労基法20条），休業手当（同26条），時間外・休日・深夜労働の割増賃金（同37条），年次有給休暇中の賃金（同39条7項）を支払わなかった場合に，裁判所が，未払金と同一額の付加金を支払うよう命ずることができるという制度です。賃金の支払い確保の観点から設けられた制度です。「裁判所は…付加金の支払を命ずることができる。」と規定され，付加金の支払命令は裁判所の裁量に委ねられています。裁判例は，会社の違反態様等を考慮して付加金を課すかどうかを判断する傾向にあり，制裁という要素を重要視しています。

　1審は，割増賃金未払いの原因が固定残業代の有効性という法律的な問題に関する労基法の解釈の相違に起因すること，Xも自身の賃金に固定残業代が含

まれるとの認識を有していたこと等の違反態様等から，付加金を命じることは
相当ではないとしています。

　しかし，2審は，Yがタイムカードの打刻について実際の労働時間より少な
めな打刻をするよう指示していたことや，固定残業代について不合理な主張を
しており賃金規程からもその不合理性は明らかであると判断し，付加金全額の
支払いを肯定しました。

　会社は社員の労働時間を管理する義務を負っています。タイムカードは，そ
の管理のためのツールです。それにもかかわらず，Y自らがXに対し，不当な
操作を加えているのであり，その悪質性は高いといわざるを得ません。また，
Xが給料の内訳を明瞭に理解することができない固定残業代制を設けている点
も悪質性が高いといえます。本判決で，付加金の支払いが命じられたのは，む
しろ当然でしょう。

4．実務への応用可能性

　使用例にあるように，不必要な早出出勤や残業に頭を悩ませる経営者は多い
と思います。このような不必要な早出出勤や残業を放置すれば，労働時間は長
時間にならざるを得ず，残業代請求等のリスクが増大します。もっとも，本判
決にあるように，不必要な早出出勤や残業があることを前提に，何の根拠もな
く実態から乖離した記録を残すべく不当なタイムカードの打刻ルールを設ける
といった手段に逃げれば，残業代請求を免れることはできません。会社として
は，タイムカード上の労働時間が長時間に及んでいることを認識した時点で，
当該社員の働き方を調査し，不必要に早出をしている時間や，業務終了後の無
駄話など，改善点を発見でき次第，その都度当該社員とコミュニケーションを
とり，改善に努めるべきです。

　調査と対話なくして会社が社員の置かれている労働環境を知ることは不可能
です。労働環境を理解できなければ，労務管理は画に描いた餅に過ぎません。
労働実態を無視した一方的なルールを押し付けたとしても現場の労働環境は改
善されません。社員の置かれている環境を精査せずに設けたルールは破綻する
ことが多く，ひいては本判決のように付加金の支払いが命じられる制裁も生じ
かねません。地味ですが，会社が社員の置かれている労働実態と向き合うこと，
これこそが労務管理の出発点です。

（畑山）

2-3　イクヌーザ事件

東京高判平30.10.4　労判1190.5

＜事件概要＞

　社員Xが未払いの割増賃金の支払いを請求したところ，裁判所が，会社Yの固定残業代制度は，長時間の時間外労働を恒常的に社員に行わせることを予定したものであり，基本給のうちの一定額を月間80時間分相当の時間外労働に対する割増賃金とすることは，公序良俗に違反し無効であると判断した事案。

■判例としての価値

　従来の最高裁判所判例の判断基準に基づき固定残業代の定めの存在は認めた上で，いわゆる過労死認定基準に照らし，月間80時間分相当の固定残業代の定めには大きな問題があり，公序良俗に違反して無効であると判断した点に事案としての価値がある。

◆ 使用例

　社内弁護士Aは，人事部長Qから，「固定残業代の定めが有効になるためには，通常の賃金と割増賃金とを明確に区分し，固定残業代を超える時間外労働が発生した場合には超過分を支払うことが必要だと聞いています。しかし，超過分を支払うとすると管理が煩雑ですので，思い切ってよほどのことがない限り超過分が発生しないように80時間相当の固定残業代を支給したいと考えています。問題はありますか。」と相談を受けました。

　Aは，Qに対し，本判決を紹介し，長時間の時間外労働を恒常的に行わせることを予定している場合には，固定残業代の定めが無効になる可能性があることを説明しました。

　その上で，Aは，Qに対し，社員が通常どの程度の残業をしているのかを確認するように指示し，実際に長時間労働が横行している場合には，80時間相当の固定残業代を支給するとの定めは無効になる可能性が高いと説明しました。

◆ 分 析

　本事案は，社員Ｘと会社Ｙとの間に，給与のうち一定額を，月間80時間分相当の時間外労働に対する割増賃金とする旨の合意（以下，「本件固定残業代制度」といいます）があったことを前提に，かかる固定残業代の定めの有効性が争点となった事案です。

１．本件固定残業代制度の有効性

　本判決は，業務上の疾病として取り扱う脳血管疾患及び虚血性心疾患等の認定基準（H22.5.7基発0507.3による改正後のH13.12.13基発1063）において，発症前２か月ないし６か月にわたって１か月あたり概ね80時間を超える時間外労働が認められる場合には，業務と発症との関連性が高いと評価できるとされていること，したがって１か月あたり80時間程度の時間外労働が継続すると脳血管疾患等の疾病を社員に発生させる恐れがあることを摘示した上で，「このような長時間の時間外労働を恒常的に社員に行わせることを予定して，基本給のうち一定額をその対価として定めることは，社員の健康を損なう危険のあるものであって，大きな問題があると言わざるを得ない」と判断しました。

　その上で，「長時間の時間外労働を恒常的に行わせることを予定していたわけでないことを示す特段の事情が認められる場合はさておき，通常は，基本給のうち一定額を月間80時間分相当の時間外労働に対する割増賃金とすることは，公序良俗に違反し」て無効であるとし，本事案では，かかる特別な事情がないとして，本件固定残業代制度を無効としました。

　以上が本判決の示した理論ですが，本事案は，基本給月額23万円のうち８万8,000円が固定残業代であり，実質の基本給が15万円を下回るという給与体系でした。仮に毎月20日８時間ずつ勤務したとすると，実質の基本給の時給が1,000円を下回ることになりますが，そうすると，仮に固定残業代に相当する時間外労働時間を超過して時間外労働をしたとしても，割増賃金の算定の基礎になる基礎賃金が定額の基本給を基準に算定されることになり，Ｘに極めて不利な状況でした。本判決の判断には，このような極めて劣悪な労働環境が影響を与えているのではないかと考えられます。

２．部分的無効

　Ｙは，仮に月間80時間分相当の本件固定残業代制度が公序良俗に反するとし

ても，社員と会社の合理的意思解釈として，労基法36条に定める労働時間の延長の上限である月45時間分相当の固定残業代を支払う旨の合意があったと解すべきであり，これを超える部分のみ無効とする限定解釈をすべきだと主張しました。

　これに対し，本判決は，Y側の主張する部分的無効を認めると，「とりあえずは過大な時間数の固定残業代の定めをした上でそれを上回る場合にのみ残業手当を支払っておくとの取扱いを助長するおそれがある」として，部分的無効を否定し，本件固定残業代制度全体を無効と判断しました。

3．本判決の意義

　固定残業代制度の有効性については，通常の労働時間と固定残業代制度による時間外の割増時間とを判別でき（明確区分性），割増賃金として支給される金額が法定計算以上の金額でなければならない（金額適格）との判断基準が形成されています（高知県観光事件・最二小判平成6年6月12日労判653号12頁など）。本判決は，上記の判断基準に従い，本件固定残業代制度の存在自体は認めました。

　もっとも，本判決は，いわゆる過労死認定基準に照らし，1か月あたり80時間程度の時間外労働を継続することは脳血管疾患等の疾病を社員に発症させる恐れがあり，月間80時間分相当の固定残業代の定めには大きな問題があるとし，上記のとおり，本件固定残業代制度を公序良俗に違反し無効と判断しました。このように，固定残業代の想定する月間労働時間数に着目した上で，長時間の時間外労働が恒常的に行われることを抑止する観点から，固定残業代の定めを無効と判断した点に本判決の特徴があります。

4．実務上の応用可能性

　実は，本判決（2審判決）に先立つ1審判決は，本件固定残業代制度を有効と判断しました。また，本判決も「長時間の時間外労働を恒常的に行わせることを予定していたわけではないことを示す特段の事情」がある場合には，固定残業代の想定する月間労働時間が長時間であったとしても有効になる余地を認めています。

　では，「長時間の時間外労働を恒常的に行わせることを予定していたわけではないこと」を前提に，本判決に従い，長時間の時間外労働に相当する固定残業代の定めを設定することが推奨される事例はあるでしょうか。

　結論としては，「長時間の時間外労働を恒常的に行わせることを予定していたわけではない」としても，このような固定残業代の定めを設定することは避けるべきです。

　まず，本判決は，一見すると長時間の時間外労働に相当する固定残業代の定めを有効にする余地を認めているように見えますが，そもそも本判決は，「特段の事情がある場合はさておき」と述べており，仮に「特段の事情」があったとしても固定残業代の定めが有効となるか否かを明らかにしていないばかりか，その「特別の事情」の内容さえ明らかではありません。

　また，長時間の時間外労働を恒常的に予定していないのであれば，あえて固定残業代の定めが無効となるリスクを負ってまで，規程を設けるメリットは見出だせません。

　さらに，本事案では，1審判決でも，本判決でも，部分的無効の主張は排斥されています。仮に，固定残業代の定めが無効になり，部分的無効が認められないのであれば，固定残業代として設定された手当分も基礎賃金として残業代が計算されることになり，極めてハイリスクです。

　したがって，「長時間の時間外労働を恒常的に行わせることを予定しているわけではない」としても，長時間の時間外労働に相当する固定残業代の定めを設定することは避けるべきです。

　さらに，本事案のように長時間の時間外労働に相当する固定残業代の定めを設定する背景には，面倒な時間管理の手間を省きたい，という思いがあるかもしれません。「管理」のためにあれこれと社員に指示するのは，事務的に見て手間なだけでなく，精神的にも，面倒な仕事を増やす指示を出して，社員の嫌がる様子を見たくない，という気持ちになり，億劫なことなのです。

　けれども，本事案は，固定残業代の設定により，残業代の計算の基礎となる基礎賃金（基本給など）が著しく安価となり，これに伴い，割増賃金の金額も著しく安価となるため，社員にとって極めて不利な条件となった，という背景があります。最低賃金法違反の問題が生じないようにする配慮も必要です。さらに，安全配慮義務や職安法の観点から見ても，社員の勤務状況を，会社は全く把握していません，といって許される時代ではありません。

　したがって，煩雑であるからといって労務管理を怠らず，社員の労働時間の管理を適切に行い，割増賃金を追加で支払わなくていい方法を考えるのではなく，社員の労働時間の短縮などに労力を割くようにしましょう。　　　　　（米澤）

2-4　東京エムケイ事件

東京地判平29.5.15　労判1184.50

<事件概要>

　タクシー運転手ら12名が，Yに対して，未払いの割増賃金がある，賃金計算において不当に控除された金額があるなどとして，未払賃金及び付加金の支払いを求めたところ，裁判所が，Yに対し，未払賃金として合計約1,100万円及び付加金として合計約1,000万円の支払いを命じた事案。

■判例としての価値

　Yは，MKシステムという固定給部分及び出来高給部分で構成される給与形態をとっていたところ，出来高給部分の計算上，基準外労働手当（時間外労働，深夜労働，休日労働に対する割増賃金）を控除することは，労働基準法37条の趣旨に反するとはいえないと判示されたことに裁判例としての価値がある。

◆　使用例

　社内弁護士Aは，総務部長Qから，社員の給与制度の相談を受けました。

　営業部門では，最近，成績が低下しているのに残業代の支払いが増加傾向にあり，人件費もばかになりません。

　そのような中，歩合給から残業代を控除してよいという判決をニュースで聞いた。売上が上がらない社員にこれ以上残業代を支払いたくない。したがって，来月から売上が下がっている者に対する残業代の支払いを止めるために，歩合給から残業代を控除する制度を導入したいという相談です。

　社内弁護士Aは，総務部長が耳にした裁判例には射程などの問題があり，当社に適用できるとは考えにくいこと，残業代の支払いを止めることは後々高額な支払義務を負いかねないことから止めるように説明しました。

◆　分　析

　本事案は，12名ものタクシー運転手Xらが，Yに対し，未払賃金及び付加金

の請求をした事案です。本事案の争点は，細かいものも含めると多岐にわたりますが，ポイントは固定残業代制度の安易な運用が与える影響と，MKシステムと称する給与制度の適法性の２つです。

1．固定給与制度

　Yは，後述するMKシステム以外にも，選択制で，固定給与制度を用意していました。この固定給与制度を選んでいた社員に対しては，「基準外手当」という名目で，人によっては毎月10万2,860円等を支払っていました。

　Yは，この「基準外手当」を「固定残業代」としていたのですが，本判決は，この約10万円の支払いを，固定残業代と認めませんでした。

　その理由は，１つ目として，平成24年頃の導入当初，固定給与制度の規程を作成・周知しておらず，それが導入１年後だった点です。２つ目として，給与明細上「基準外手当」と記載されているだけでは残業代としての内訳が不明で，通常の労働時間に対する賃金との判別ができない点です。

　これにより，残業代が未払いとなっただけでなく，その分が基礎賃金に組み込まれ，割増賃金の計算元となる金額が大きく増えてしまい，支払う金額が大幅に増えてしまいました。

2．MKシステムの問題点

　問題は，MKシステムといわれる，もう１つの給与制度です。その構造ですが，大きく①固定給部分と，②出来高給部分の２つから構成されています。

　②出来高給部分は，要するに，売上に応じて支払われる歩合給です。「出来高」制の賃金も基礎賃金に含まれ，割増賃金が発生します（労基法37条，同規則19条６号）から，②出来高給部分についても割増賃金が加算されます（本事案では配分可能な売上の６割が出来高給で，その0.66（＝40/60）に相当する金額が出来高給の割増賃金となります。そのため，これは法に基づいて計算した出来高給の割増額を上回ります）。

　特に問題なのはここからで，①固定給部分の割増賃金の扱いです。

　MKシステムでは，時間外労働が増えれば「固定給部分」の割増賃金は増加します（次頁の図①）が，その増加分は「出来高給部分」と「出来高給部分の割増分」から差し引く（図②の下線部分）構造になっています（ただし，「経費など」と「固定給部分の割増賃金」が「売上」を上回れば，単にゼロとして

計算し，マイナスにすることはしていなかったようです）。

---

① 　基本給＋諸手当：固定給部分（所定労働時間分）
　　　　　　　　　　　　＋　固定給部分の割増賃金（時間外労働時間分）
② 　利益配分：　　　　出来高給部分（所定労働時間分）
　　　　　　　　　　　　＋　出来高給部分の割増賃金（時間外労働時間分）
〈②出来高給部分の計算方法〉※文字数の関係上，簡略化しています。
　（売上−経費など−固定給部分の割増賃金）×60/100
〈②出来高給部分の割増賃金の計算方法〉
　（売上−経費など−固定給部分の割増賃金）×40/100

「時間をかけた売上は効率が悪く，歩合給を減らす」という発想です。

3．「固定給部分の割増賃金」を控除することの可否

　Xらは，Yに対し，「固定給部分の割増賃金」の控除は無効と主張しました。そのような計算は，労基法37条の趣旨（会社に割増賃金分の経済的な負担を課すことによって時間外，深夜，休日労働を抑制する）に反するというのです。
　ところが，本判決は，次の理由から，当然に労基法37条の趣旨や公序良俗に反するとはいえないとして，社員らの主張を排斥しました。
　① 　労基法37条は，会社から支払われる割増賃金が，労基法37条等に定められた方法により算定された額を下回らないようにすることを義務付けているだけである。
　② 　労基法37条は，通常の労働時間の賃金をどのように定めるかまでは規定していない。
　この理由は，3か月前に出された国際自動車事件判決（最判平成29年2月28日）が挙げた理由と同一です。本判決は，歩合給から割増賃金分を控除する計算方法を有効と評価した点で共通している国際自動車事件判決の判断に続いたものです。

4．本判決の射程について

　では，広く「歩合給からの割増賃金の控除」が認められたのでしょうか。
　残念ながら，本判決の射程はとても限られたもの，と考えられます。
　それは，本事案でMKシステムのような計算方法が無効とならなかったのは，

タクシー業界の特殊性が影響していると思われるからです。

　すなわち，タクシー運転手は，社員ではあっても個人事業主に近い側面を持っています。例えば，客を見つけ，送り届けるルートなどを会社から指示されることは，AI技術の取組実験があるものの，まだ一般的ではありません。また，一般的に売上金額が自身の給与に反映されます。

　このことから，売上を上げるために長時間労働に陥ってしまう，という実態があります（国際自動車事件差戻審判決・平成30年2月15日）が，一方で会社は，長時間労働によって社員の健康が損なわれることがないように配慮しなければなりません。また，疲れた状態での運転は，交通事故が懸念されます。

　そのためタクシー業界では，「時間をかけた売上は効率が悪く，歩合給を減らす」という発想を前提に，労働効率性を歩合給の評価基準の1つとすることで，長時間労働を抑制する合理性があったのです。

　さらに，Yは労働組合と完全ユニオンショップ協定を締結していましたが，全社員が所属する労働組合も，MKシステムを支持していたようです。

　よって，タクシー業界とは別業界の会社が，本判決を拡大解釈し，割増賃金分を控除する給与制度を設けた場合，合理性がなく無効と判断される可能性が高いと考えられます。

5．実務での応用可能性

　まず，MKシステムのような給与制度が，タクシー会社以外では許容される可能性が低いことは上記4項で述べたとおりです。

　次に，上記1項からもわかるとおり，会社が，固定残業代という制度を安易に運用すれば，高額な未払賃金の支払義務を負わされるリスクがあります。

　社員1人あたりの認容金額は少額かもしれません。それでも，社員が複数人集まれば，本判決のように1,000万円を超える金額を即座に支払わなければならず，かつ，付加金（労基法114条）の支払義務まで負いかねないのです。

　そのため，高額な未払賃金などの支払いによって会社のキャッシュがなくなり，倒産に追い込まれる事態も出てくるかもしれません。

　固定残業代の制度設計と運用には，注意が必要です。

※　本稿脱稿後，国際自動車事件の最高裁判決が出され（令和2年3月30日），本事案と同様の給与制度を違法と判断しました。詳細な検討が必要です。

（佐山）

2－5　PMKメディカルラボほか1社事件

東京地判平30.4.18　労判1190.39

＜事件概要＞

　エステティシャンである社員Xらが，会社Yに対し，割増賃金・付加金等の支払いを求めたところ，裁判所が，諸手当を固定残業代として支払うことは労働契約の内容となっておらず，就業規則も周知されていなかったとして，固定残業代として割増賃金等を支払っていたとするYの主張を退けた事案。

■判例としての価値

　労働契約の内容を確定する際の，労働契約の合意内容及び就業規則の周知性についての認定基準を示し，具体的な判断方法を示しながら事実認定を行っていることに事案としての価値がある。

◆ 使用例

　社内弁護士Aは，人事部長Qから，固定残業代について社員と合意をする場合に注意すべきことについて相談されました。

　Aは，本判決を示しながら，まずは採用時の求人情報で，固定残業代制度を導入している旨及びその内容を労働契約書及び労働条件通知書に記載することはもちろん，就職説明会，契約締結時には，書面を交付するなどして確実に説明するようアドバイスしました。

　その上で，就業規則にも固定残業代制度について規定し，これを各事業所へ備え置き，各事業所の社員に対して，就業規則の閲覧がいつでもできる旨及び備置き場所を確実に通知するようアドバイスしました。

◆ 分　析

1．本判決のポイント

　本判決は，エステティシャンである社員Xらが，時間外労働等に対する賃金ならびに付加金等の支払いを求めた事案で，会社Yが，固定残業代制度を導入

し，諸手当を固定残業代として支払っていた旨主張したことに対し，固定残業代制度は労働契約の「合意内容」となっておらず，就業規則としても周知されていなかったことから，労働契約の内容にもなっていないとしてYの主張が退けられた事案です。

固定残業代制度の有効性については，様々な裁判例で問題とされていますが，本判決は，そもそも固定残業代制度が労働契約の内容とはなっていないと判断されたため，有効性の議論に入るまでもなく，Yの主張が門前払いされています。

ここでは，本判決が，固定残業代制度が労働契約の内容となっているか否かを判断するにあたって検討した，①労働契約の「合意内容」及び，②就業規則の周知性の2点に着目して検討します。

2．労働契約の「合意内容」

まず，本判決は，当然のことながら，労働契約の内容の確定の出発点として，労働契約の「合意内容」を認定しています。

具体的には，そもそも本事案では，労働契約書は作成されておらず，労働条件通知書の交付もされていませんでした。そこで本判決は，労働契約の「合意内容」を認定するにあたり，❶XらがYの会社説明会や入社説明会でメモをした内容に，時間外労働時間や固定残業代に関する記載が一切ないこと，❷XらがYに転籍した際のホームページの採用情報に，固定残業代に関する記載がなかったことなどから，YからXらに対して固定残業代に関する説明をしていたことは認められないと認定したのです。

もっとも，本事案では，Y代表取締役やY側証人（管理職）が，固定残業代制度についてXらに説明していた旨の証言をし，Xらと同期入社のX側証人（社員）が，会社説明会で固定残業代の説明を聞いた旨の証言をしていました。しかし，本判決は，証言や供述同士の不整合や，証人の能力（口頭のみの説明で固定残業代に関する規定を正確に理解できたとは考え難い）などを理由に，これらの証言を採用しませんでした。

以上の事情から，本判決は，XらとYとの間に，固定残業代制度に関する合意はなかったと判断しました。

3．就業規則の周知性

しかし，本事案では，Yの就業規則上，固定残業代制度に関する規定が存在していました。具体的には，特殊業務手当3万円につき，これを時間外労働手当とすること，この手当に該当する時間外労働時間を23時間とすること及び技術手当1万円につき，これを時間外労働手当及び深夜勤手当とすること，この手当に該当する時間外労働時間を7時間とすることが規定されていました。仮に，本事案で，就業規則の内容が労働契約の内容になっていたと判断されれば，具体的に，労働契約の内容となっている固定残業代制度の有効性を判断する段階に入ることができます。

そこで，本判決は，労契法7条に基づき，就業規則が社員に周知され，労働条件となっていたといえるかについて検討をしました。

具体的には，本事案では，各店舗に就業規則を備え置いていませんでしたが，Yは，社員に対して，要請があれば郵送，電子メール，FAXなどにより就業規則の取り寄せが可能であることを周知していたと主張し，さらには，社員の1名に，年に1回，就業規則，賃金規定等を閲覧し，内容を確認し承諾したことを確認する承諾書を作成させて署名押印をさせていたことを主張しました。

しかし，本判決は，Yの主張にもかかわらず，Y側の複数の証人が認識している就業規則の閲覧の方法が証人ごとに異なっており，承諾書には郵送による閲覧の方法しか記載されていないという状況そのものや，Y代表者自身が，そもそも各店舗に就業規則を備え置く必要がないと考えていたと証言しているから，各店舗に就業規則を備え置いているものと実質的に評価できる程度に，閲覧方法等を周知していたとは認定できないと判断しました。

4．判断の共通点

本件では，①労働契約の「合意内容」及び，②就業規則の周知性のいずれの判断を見ても，証人の証言がピックアップされており，さらにこの証言の不整合性が浮き彫りになっています。

このような事態が発生したのは，判決が認定するとおり，実際にYからXへの説明がなかったことや，就業規則が周知されていなかったことに起因するものとも考えられますが，もう少し別の見方をするとすれば，会社による対応の統一性のなさが原因であった可能性もあります。

具体的には，会社として，会社説明会での説明方法，労働契約締結時の説明

方法，就業規則の周知方法等が明確にルール化されておらず，これらが行われた時期，担当者等によって，異なる説明や運用がとられていた可能性があるのではないかと考えられます。すなわち，証人ごとに異なる説明を受けていたことが原因となって，矛盾した証言が生まれてしまったのではないか，とも推測されます。

　行き当たりばったりの制度設計をし，運用の統一化を怠った結果が，本件の「門前払い」の結果を生んでしまったのです。

5．実務上の応用可能性

　以上のとおり，本件では，固定残業代制度の有効性の争点に入る余地もなく，固定残業代制度が労働契約の内容となっていないという前段階で，会社の主張が排斥されてしまいました。

　例えば，事業が急成長し，店舗の拡張や支店の開業に伴い，社員も急激に増加しているような会社の場合，社員を雇用する時期ごとに，社員に求める条件が変遷していくことも充分あり得ます。会社には，そもそも労基法上，労働条件の明示義務があり，賃金等重要な条件については，書面で通知をしなければなりませんが，労働条件が変わる度に書面を作り直すことが，やや煩雑であることは否定しません。

　この点について，平成31年4月1日の労基法施行規則改正により，社員が希望すれば，労働条件の通知をFAX，メール，SNS等で行うことができるようになりました。あくまで社員が希望している，という条件付きの方法ではありますが，これにより，会社側の負担はずいぶん軽減されるのではないかと思います。

　そして，労働条件を通知する以外の場面でも，例えば，就業規則の保管場所や閲覧方法，業務指示や連絡を，メールやSNS等を利用して行うことで，社員にとってはアクセスしやすく，会社としても送受信の履歴が確実に残り，管理や検索も容易になることで，会社による運用の統一化も図ることができます。

　社員にとってわかりやすく明確な説明方法は，会社にとっても有益な説明方法なのです。

（中野）

2－6　大島産業ほか（第2）事件

福岡高判令元.6.27　労判1212.5

＜事件概要＞

　元運転手Ⅹらが，会社Ｙに対し，賃金からの退職金積み立て費用等の控除が違法などと主張し，割増賃金を含む未払賃金などの支払いを求めたところ，裁判所が，Ⅹらの請求の一部を認め，Ｙに対し，未払賃金合計約2,800万円，これに対する遅延損害金，付加金約2,000万円の支払いを命じた事案。

■判例としての価値

　労働実態と乖離した就業規則を放置せず就業規則を適切に改定するなど，社内規定整備の重要性を再認識させたことに，価値がある。

◆　使用例

　社内弁護士Ａは，総務部長Ｑから，新たな事業部門を設けて新人を採用する際の労働条件の決定について相談を受けました。

　Ｐ会社では，新たに運送事業部門を立ち上げることとなり，ドライバーを採用することにしました。Ｐではもともと運送事業はやっていなかったので随時準備していくつもりですが，ドライバーの労働条件，特に賃金については，実際の走行距離等に応じた歩合制にしたいと考えており，新規採用者にはその旨説明し，個別に同意してもらいながら採用するつもりです。

　Ａは，Ｐではもともと歩合給を定めた賃金規程が存在しないこと，そのため新規採用するドライバーが歩合給に合意した場合でも，このままでは，現存する就業規則が適用されてしまうリスクがあることなどから，ドライバーについてのみ適用される就業規則を準備する必要がある旨アドバイスしました。

◆　分　析

　本事案は，長距離トラックの運転手であったⅩらが，Ｙ会社に対して，割増

賃金を含む未払賃金などの支払いを求めた事案です。

　本事案では，大まかには，賃金から互助会費や中小企業退職金共済制度の掛金，前借賃金の弁済金などが控除されていたことが全額払いの原則（労基法24条）との関係で違反にならないかという争点と，割増賃金について賃金規程（日給月給制）と実態である出来高払い制のどちらに基づいて算定されるのかという争点が存在します。

　前者については，Xによる賃金前借り分の返済を控除していたものを除き，それ以外の控除についてはそもそも控除の合意を裏付ける書面等がない，要するに証拠がないとして，Yの主張があっさりと切り捨てられています。

　そのため，本稿では主に後者を取り上げます。

1．当事者の主張

　Xらの主張は，実にシンプルなものです。すなわち，Yの就業規則や賃金規程（以下，「本件規程」といいます）は，原則として会社に勤務する全社員に適用する，例外として特別の定めをした場合はその定めによる，としているところ，Xらに適用される特別の定めが存在しないことから，原則どおり，本件規程に定められた割増賃金の計算方法によって割増賃金を算出すべき，というものです。なお，本件規程に定められている割増賃金の計算方法は，労基法の条文を参考にしたものと思われます。

　これに対し，Yは，Xらの賃金の実態は本件規程のような固定給ではなく，運行実績に基づいて支払う出来高払い制であること，そのため割増賃金については本件規程の計算方法ではなく労基規則19条1項6号に基づいて計算すべきであること，賃金を運行実績に基づいて算出することについては採用面接時に説明済みであること，を主張し，争いました。また，Yによると，そもそも本件規程は平成12年に制定されたものの，その当時は長距離運送業務部門自体が存在しておらず，Xらのような長距離トラック運転手に対する適用は想定されていませんでした。そのため，Yは，本件規程について，長距離トラックの運転手の労働実態と乖離するものであって，「合理的な労働条件が定められている就業規則」（労契法7条）ではないとも主張しました。

　一見すると，Yの主張は筋が通っているように思えます。適用が想定されていない規程なのですから，当然，Xらの労働実態に合うようにできていません。そうなれば，Xらとの間の労働条件は，その労働実態に合ったもの，本件でい

えばYがXらの採用時に説明した労働条件を適用させていくことが自然に見えます。会社の中には，実際にYのように考えて，規程の内容にかかわらず，労働実態に沿った労働条件の適用を優先させるという運用をしているところもあると思われます。

2．本判決の判断

　以上のように，本事案ではXとYの主張は真っ向から対立していましたが，本判決はXらの割増賃金の算定方法は本件規程が適用されると判示しました。

　その理由は，Yでは長距離トラック運転手についての特別の定めを用意していない以上，本件規程の文言どおり，Xらに本件規程が適用される，というシンプルなものです。

　また，本判決は，本件規程がXらへの適用を想定していない・労働実態と乖離しているというYの主張について，個別合意によらないで労働条件を規律すべく就業規則を定めたYが，社員との個別合意なく，当該就業規則の労働条件が不合理であることを理由として拘束力を否定することは禁反言（民法1条2項）であると判示し，排斥しました。

　さらに，本判決は，仮にXらとYとの間で賃金が出来高払い制である旨の合意があったとしても，Xらにとって，出来高払い制は本件規程よりも不利であって，就業規則の最低基準効（労契法12条）により無効である旨，駄目押し的に判示しました。

3．本判決の検討

　本判決の結論や理由については，労働法の基本的なルール・条文に基づいて当然のことを述べているもので，妥当です。

　労働法の基本的なルール・条文について具体的に説明すると，まず前提として，就業規則が有効に存在する以上は，社員の労働条件は就業規則によって定まります（労契法7条）。会社が，当該就業規則にもかかわらず，それと異なる労働条件で労働契約を締結したい場合は，その労働条件が就業規則の労働条件よりも社員にとって有利な内容であれば社員との個別合意で可能であり，逆に，社員にとって不利な内容である場合は，社員との個別合意に加えて，不利な内容が記載された就業規則への変更が必要となります（労契法7条，同12条。仮に就業規則を変更しない場合，就業規則の最低基準効によって，せっかくの

個別合意も無効となり，就業規則が適用されます）。

　本判決はこのルール・条文に基づいて，2項のとおり判示しました。

　なお，本事案では，Yの主張からすると平成12年からずっと賃金規程の改定がされていないままだったのではないかと推測されます。しかし，本事案においてXらが採用されたのは平成14年11月頃と平成23年7月頃でした。そうすると，長距離トラック運転手について特別の定めを設ける時間的な余裕はいくらでもあったと推測されますし，本事案でYの主張が排斥されたのも，専らYの落ち度によるものといわざるを得ません。

　本事案からもわかるとおり，会社が思っている以上に，労働条件・就業規則に関するルールは重要で，厳格なのです。

4．実務上の応用可能性

　本判決により，Yは，Xら2名に対して，付加金も合わせると合計で約4,800万円もの支払義務を負うことになりました。会社にとって約4,800万円ものキャッシュをねん出することは，容易ではないどころか一歩間違えれば倒産になりかねない事態です。

　他方，Yがすべきであったことはとても簡単なことでした。

　すなわち，新たに長距離運送事業部門を設ける段階で，長距離トラック運転手向けの賃金規程（出来高払い制）を作ることです。

　この社内規程整備を怠らなければ，少なくとも就業規則と労働実態の乖離などは発生せず，約4,800万円という高額な支払義務を回避する，あるいは金額を減少させることができたと考えられます。

　会社の中には，しばしば，就業規則をそもそも設けないというところもあれば，インターネット上に落ちている就業規則を自社の労働実態と合っているか確認しないまま使用しているところや，本事案のYのように昔に制定した就業規則を見直さないまま就業規則と異なる運用をしているところがあります。このような会社は決して少なくないと考えられますし，本稿を読んでいる方の会社もまた，このような状態になっているかもしれません。

　しかし，そのような社内規程整備を軽視する行動が，どのようなリスクを孕んでいるのか，本判決からよくわかると思います。常日頃から，社内規程を確認し，整備を怠らないことをお勧めします。

（佐山）

2−7　コナミスポーツクラブ事件

東京高判平30.11.22　労判1202.70

<事件概要>
　　支店長職またはマネージャー職にあった社員Xが，会社Yに対し，割増賃金，付加金の支払いを求めたところ，裁判所が，原審の判断を維持し，割増賃金として金311万9,551円，付加金として90万円の支払いを命じた事案。

■判例としての価値

　　本判決は，管理監督者性が否定された点，その際，労務管理以外の事項についても考慮されることを明示した点に価値がある。

◆　使用例

　　社内弁護士Aは，総務部長Qより，職制に関する相談を受けました。

　　会社では，一般職の上にマネージャー職を設けようと考えています。

　　マネージャー職は，一般職の社員の取りまとめを行うポジションで，シフト決定などを行う権限があり，役職手当も1万円を支給する予定ですが，基本的な出退勤務の時間は一般職と変わらず，また社員の採用などには特に携わる予定はなく決定できる事項も限られています。

　　会社は，社員の取りまとめ役であり，いわゆる管理監督者として扱おうと考えているが，その際の問題点がないかアドバイスを求めました。

　　これに対し，Aは，管理監督者性の判断には大きく3つの要素があり，管理監督者に該当するためのハードルは高いこと，当該マネージャー職では権限の範囲や，出退勤の時間管理，役職手当の支給額等から管理監督者に当たらないと考えられること，無理をしてマネージャー職を管理監督者として扱うべき必要性があるのか慎重に検討すべき旨アドバイスしました。

◆　分　析

　　本事案は，支店長職にあった社員Xが，労働基準法41条2号の管理監督者に

該当するかどうかが主たる争点となった事案です。

1．問題点

　労働基準法が定める管理監督者とは，会社と一体的な立場で，労働時間規制を超えて活動することが要請される重要な職務と責任を持った者とされています。労働時間の規制に服していたのでは求められる業務の遂行が果たせないことから，労働時間などに関する規制の適用除外となると考えられています。

　そして，実務上，この管理監督者といえるかどうかについては，①実質的に会社と一体であること（重要な職務，責任，権限の付与の有無），②会社から労働時間の管理を受けていないこと，③給与等において地位にふさわしい待遇を受けていること，という要素から判断されています。

　結論を先にいえば，本判決は，①～③いずれについてもXの管理監督者性を肯定できず，管理監督者に当たらないとしました。

　単に「支店長」という言葉だけに注目すれば，支店のトップであり，一国一城の主です。しかし，Xは，勤務計画の作成やタイムカードの打刻などYから労働時間の管理をされ（②），本給も下手をすれば非管理職を下回り，役職手当も月数万円である（③）など，支店のトップとは思えない扱いを受けていました。

　②，③だけを見ても，Xは管理監督者とはいえない扱いを受けていましたが，本事案で，興味深いのは①に関する本判決の判断です。以下では，①に関する本判決の判断の要点を見つつ，本事案からどのようなことを学ぶべきかについて論じます。

2．会社との一体性（①）

　Xには，施設などの維持管理や顧客サービスの提供，出入金の管理，損益目標達成のための施策の立案・実施といった職責が課せられていました。これらの職務はいずれも支店の運営に大事なもので，Xは，まさに，支店のトップとして重要で広範な職責を担っていたといえます。

　しかし，Xは多くの事項についてYの決裁を取る必要がありました。例えば，提供する商品やサービス内容，営業時間の変更，販売促進活動の実施，はてはアルバイトの採用・解雇や出捐を伴う設備の修繕，備品の購入まで決裁が必要でした。

　さらに，そもそもXの支店の運営管理に関する権限自体，Y本部の運営方針・上長等の指導により制限されており，支店での労務管理はY本部の運営モデルに沿った内容でなければならず，支店の損益目標もYによって管理され，その内容について頻繁な報告（週報等）義務が課され，頻繁に指導が行われていました。さらに，XはYの経営会議（多額の出捐を伴うような重要事項が上程される会議）への参加を原則不要とされていました。

　以上の実態からすれば，Xの「支店長」という肩書は名ばかりのものであり，一社員とほとんど同じだったといえます。「支店長」は上からいわれたことを実行するだけで，自らは会社の舵取りをする立場にはなかったからです。そこで，本判決も会社との一体性（①）を否定しました。

　ここで興味深いのは，本判決が①に関し「労務管理以外の事項（損益管理，施設・設備管理，営業管理など）」に関する権限の広狭も踏まえて判断する，と明示したことです。

　これまで，会社との一体性については，主に，経営への参画の程度や労務管理上の権限の付与の有無という側面から検討されていたことが多いと思われます。労務管理としては，例えば，社員の採用，解雇，シフト決定等の指揮命令権などがあります。

　しかし，本判決は，①として必ずしも経営への参画や労務管理などに限られないものとしつつ，例えば，商品であるプログラムの変更や備品等の購入について決裁を得なければならないという事情を，管理監督者性を否定する方向で考慮しました。

　そもそも，経営への参画，労務管理，その他の事項は，事項ごとに明確に区別できるわけではなく，相互に関連しています。例えば，新規プログラムを取り入れる場合，プログラムに従事させる社員の勤務体制などの労務管理にも影響が出るでしょう。設備の修繕も，例えば，トレーニングルームのエアコンを修繕する場合，特定のスクールを別日に移すなど，時間や講師の変更がされ，やはり，労務管理に影響が出る事情と考えられます。

　このように，会社との一体性を検討する際，経営への参画の程度や労務管理の事項について範囲を厳格に区切って検討することは，必ずしも適切ではありません。本判決のように，経営や労務管理等に影響が出るような事項についても考慮して然るべき，と考えられます。

3．実務上の応用可能性

　本判決を読むと，管理監督者に該当するには極めてハードルが高いこと，がわかります。

　また，本判決は，上記に加え，会社として特定の社員を管理監督者として扱うことに，果たしてどの程度メリットがあるのか，改めてよく考える契機を与えてくれています。

　管理監督者に該当するとなれば，会社は，残業代などを支払わなくてよいため，その意味で金銭的なメリットがあると考えられています。安易に，役職のついた社員を管理監督者として扱っている会社もあるでしょう。

　しかし，管理監督者といえるためには，会社は，当該社員に会社と一体とみなせるような権限・裁量を与え（①），労働時間を管理せず（②），相当な待遇を保証（③）しなければなりません。

　特に，本判決では，会社との一体性（①）について，経営への参画や労務管理以外に，例えば，損益管理，施設・設備管理，営業管理といった事項について権限を与えているかどうかも含めて検討すると明示しています。

　そうすると，会社との一体性が認められるためには，社員に対し，例えば，経営会議について参加をして意見を主張するといった立場を与えるだけでなく，それ以外にも，設備の補修など会社にとって金銭的な負担が伴うような重要な事項についての決定権限の付与が求められる可能性があります。当然，独自の権限が付与されている以上，当該社員は，当該社員の判断で諸々の事項について決定し，実行していくことになります。イメージとしては，会社の中に，もう1つ，独立した会社が存在し，活動しているようなものでしょう。

　これは，会社にとって統一的な組織運営が阻害されるリスクを抱えることになるため，当然，権限を付与するに値する社員は限られてきます。そもそも，会社として，本当に，社員に対してそれだけの権限を付与していいのか，という点から慎重にならざるを得ません。

　また，会社との一体性だけではなく，管理監督者には相当な待遇を保証（③）しなければならないため，本当に金銭的なメリットがあるのかも実は怪しいところです。

　以上のことからすると，会社にとって，特定の社員を管理監督者として扱うことに果たしてどれだけのメリットがあるといえるのか，その必要性を十分に検討すべきでしょう。

（佐山）

2-8　ジブラルタ生命労組 (旧エジソン労組) 事件

東京地判平29.3.28　労判1180.73

<事件概要>

　労働組合Yに勤める専従組合員Xが，休職中の会社合併・労働組合の合同・就業規則の不利益変更が，知らぬ間になされたとしてその違法性を争ったところ，裁判所が，就業規則の不利益変更を違法と判断した上，労働条件変更を巡る強引な説得や退職の勧奨・強要行為についても不法行為に該当するとして，Yに対し慰謝料の支払いを命じた事案。

■判例としての価値

　労働組合の合同の際，当該組合の専従組合員の労働条件は従前の労働組合の労働条件を承継するとされ，就業規則の不利益変更に関する労契法10条に基づき変更の合理性が検討された点で，判例としての価値がある。

◆ 使用例

　この度，当社はA社を吸収合併することになりました。当社とA社の就業規則は異なっており，合併に伴って異なる就業規則が併存する事態が生じます。そのため，就業規則を統一したいと考えています。もっとも，A社には私傷病により長期間休職している社員が複数名存在します。この社員らとの関係で注意すべき点や守るべき手続などはあるのでしょうか。

◆ 分　析

1. 本判決のポイント

　本事案は，複数の労働組合が合併により1つの組合になり，従前の労働条件が，合同後の労働条件統一のために変更されたことが，就業規則の不利益変更による労働条件の変更として違法かどうかが争われた事案です。

　Xは，組合専従の社員としてエジソン労組で働いていました。しかし，Xは，2人の子の出産・子育てのため，約3年半，産休・育休等の制度を利用して長

期間休暇をとっていました。その休暇中に，ジブラルタ社がエジソン社・スター社を吸収合併し，それぞれの会社の労働組合も統合されることになり，エジソン労組はジブラルタ労組に統合されました（「本件統合」といい，統合後の労働組合をYとします）。

　そして，Xの復職時には，Yの労働条件が労働条件統一のために変更されました。休暇後に職場復帰したXは，労働条件の不利益変更を納得できません。

　労働条件がどのように不利益に変更されたのでしょうか。以下の表で比較してみましょう。

	本件統合前	本件統合後
年収	約600万円	約430万円
月例給与	約45万円	約26万円
業績賞与	月例給与年額の10％分⇒約55万円	支給はされているものの具体的な算定基準は判決文から不明

　結果として，Xの年収は約3割減額されたのです。月例給与で比較してみると，Xの生活水準が大幅に下がることが容易に想像できます。

　本判決では，本件統合とそれに伴うXの労働条件変更の有効性がどのように審理判断されたのか，見ていきましょう。

2．判断枠組み（ルール）

　まずは原則ルールです。

　就業規則の変更により，Xの賃金の減少という実質的な不利益が生じていますが，就業規則の変更によって賃金などの労働条件を社員に不利益に変更することは原則として許されていません（労契法9条）。

　しかし，例外ルールとして，2つの場合に不利益変更が可能です。

　1つ目は，就業規則の不利益変更に社員の個別の同意がある場合です（労契法9条反対解釈）。本事案では，Xは不利益変更に同意をしていませんでした。

　2つ目は，就業規則の変更に「合理性」があり，変更後の就業規則が社員に「周知」されている場合です（労契法10条）。本判決では，前者の「合理性」が争われました。

　この「合理性」は，

①　社員の受ける不利益の程度（不利益緩和措置の有無）

　　②　労働条件の変更の必要性
　　③　変更後の就業規則の内容の相当性
　　④　労働組合等との交渉の状況
　　⑤　その他の就業規則の変更に係る事情
を総合的に判断して認定されます。

3．事案のあてはめ

　本判決で重要視されたのは，①Xに生じる不利益の重大さでした。

　上記の表のとおり大幅な賃金カットがされ，年収が約3割も減額され，裁判所は，「その不利益は甚大」と評価しています。なお，このような激変する労働条件の緩和措置として，Yは1年半の間に補給金名目で約200万円支給しているのですが，1年半と短いことや，その間の支払額の減額幅が大き過ぎることを捉え，この措置を過大評価すべきではないと判断されています。

　では，②労働条件の変更の必要性についてはどうでしょうか。

　この点について，Yは，厳しい財政状況の中で組合員らの納得を得る必要があった，と主張しましたが，本判決は，「財政状況如何は，独り原告（X）のみの責任に帰すべき問題ではない」と主張を退けました。

　また，③変更後の就業規則の内容の相当性について，Yは，一般的な給与水準に照らしても妥当な内容だと主張していましたが，「一般的な給与水準というものも，様々な労働条件の下での給与の平均を意味するから，直ちにこれに合わせる必要があるという」ものではないと，主張を退け，就業規則の変更に合理性はないと判断しました。

　さらに，④交渉の経過に関し，Xは，平成25年2月6日に給与の減額が決定されて以来，Yと何度も話し合いましたが，YはXの給与を下げる以外の選択肢はない，本件統合後，異なる給与体系が併存する事態はあり得ないなどと発言しました。この点，本件統合の法的な効果は，労働組合の積極・消極の財産（組合員の契約上の地位も含む）が存続するYに承継されるというものですから，異なる給与体系が併存する事態は統合の当然の帰結です。それにもかかわらず，これをあり得ない事態だ，などと法的に誤った解釈でXに対し執拗な説得をした点などから，Yの発言は説得の範囲を逸脱していると判断されたのです。

　以上の①～④から「合理性」が否定され，就業規則は変更されていないこと

となり，さらに④を理由に慰謝料30万円が認定されました。

4．実務への応用可能性

　本判決は，労働組合の統合に関する場面ですが，これはそのまま会社の吸収合併の際にもあてはまります。つまり，会社が合併すると，消滅会社とその社員との間の労働契約は，存続会社に当然に包括承継されます。

　就業規則の不利益変更の場合，変更に至るプロセスが何よりも重要です。具体的には，上述のとおり，社員の個別同意か，労契法10条の履践が必要です。

　理想的には，社員の個別同意を得ることでしょう（労契法9条反対解釈）。

　しかし，労働条件の不利益変更に関する同意は，変更により社員にもたらされる不利益の内容・程度，社員により同意がされるに至った経緯・態様，同意に先立って行った社員への情報提供・説明の内容等を考慮して，「自由な意思」に基づく同意の「合理性」が「客観的」に存在する必要がある点に注意して下さい（山梨県民信用組合事件・最判平成28年2月19日労判1136号6頁）。

　要するに，書式だけ整えて，内容をろくに説明せず，「ここにサインしておいて下さい」といったような乱暴な手続では，後日無効になる可能性が極めて高いということです。そして，これらの同意が，対象となる全ての社員に必要であることはいうまでもありません。使用例のように，吸収する対象会社の社員に長期間休職中の社員がいる場合，当該社員に対しても，①会社再編の詳細と労働条件の変更の内容を詳細に記載した文書を郵送すること，②個別に説明する機会を設けること，といった手続を履践すべきでしょう。

　個別同意が取得できない場合は，前述したとおり，①就業規則の変更に合理性があり，②変更後の就業規則が社員に周知されているという労契法10条の要件を満たす必要があります。これは，条文に記載された点をポイントに，不利益を受ける社員に対して，どこまで丁寧にかつ具体的に情報提供，説明，話合いを尽くしたのか，というプロセスを重視した手続です。

　このように見ると，個別同意を取る場合も，労契法10条による場合も，いずれも「合理性」が必要であり，簡単ではないことがわかります。したがって，長期間，私傷病で休職している社員を蔑ろにせず，丁寧なプロセスを経るようにしましょう。どのような段取りで労働条件の変更を実行するか，事前に弁護士等の専門家に相談し，具体的なスケジュールを組んだ上で実行に移すことが肝要です。

（畑山）

2−9 東京商工会議所（給与規程変更）事件

東京地判平29.5.8 労判1187.70

＜事件概要＞

会社Ｙの就業規則の変更（年功序列型の賃金体系から成果主義型の賃金体系への変更）に関し，社員Ｘが，当該就業規則変更の無効，変更前の就業規則に基づく賃金を受給する地位の確認，減額された給与等の支払いを求めたところ，裁判所が，就業規則の変更は有効であるとして，Ｘらの訴えを棄却した事案。

■判例としての価値

会社が，年功序列型の給与体系から成果主義型の給与体系に変更する場合，給与の支給総額が減っていない場合には，経営状況の悪化の有無を厳密に判断する必要はなく，経営判断として合理性があると判断される場合があることを示した点に，裁判例としての価値がある。

◆ 使用例

社内弁護士Ａは，人事部長Ｑから給与制度の変更の相談を受けました。

会社は，設立後，永らく給与規程の変更をしていませんが，この度，給与規定を成果主義型の給与形態へ変更することを考えています。というのも，年功序列型の賃金体系のせいか，昨今は，ベテラン社員たちの勤務意欲，成果が低下し，一方で若手社員たちから給与金額に対する不満が噴出しているからです。

そこで，Ｑは，給与規程の変更時に気をつけるべきポイントを聞きたいとのことです。

Ａは，Ｑの相談に対して，労働組合など社員側と何度も説明，協議をする必要があること，その中で人件費削減が目的と捉えられないよう，給与の支給総額を減額しないこと，などとアドバイスしました。

◆ 分 析

本事案では，年功序列型の賃金体系から成果主義型への賃金体系の変更が，

労契法10条の合理性を充たし有効かどうかが争われました。

　賃金体系が変更されると，「給与が上がる」社員もいれば，当然「給与が下がる」社員も現れます。そして，本事案でも，例に漏れず，給与が下がった社員が発生し，当該社員らが，その賃金体系の変更の有効性を争いました。

　一般的に，給与部分の労働条件を変更することは社員に与える影響も大きく，それだけの必要性がなければならないと考えられています。その中でも，本判決は，経営難といった切迫した事情がないにもかかわらず，賃金体系の変更を有効とした裁判例であり，多くの会社にとっても参考となります。

1．賃金体系の変更

　Yでは，それまで年齢給＋職能給＋資格手当の３本建てだったのが，役割給１本へと，賃金体系が変更されました。Xは，この賃金体系の変更によって，変更当初「月額４万8,000円」の減額となりました。この減額幅（月ベースで約11％）からすれば，当該社員が受ける不利益も小さくありません。不満を持つのも当然です。さらにいえば，Yは商工会議所であって営利を目的とした会社でなく，経済状況が切迫していたわけでもありませんでした。

　けれども本判決は，労契法10条に列挙された考慮要素（判断枠組み，ルール）ごとに，次の２～５項のとおり述べて，Xの主張を全て退け，成果主義型の賃金体系への変更について合理性があり，有効としました。

2．労働条件の変更の必要性

　人件費全体で見た場合，Yが実際に支払う人件費はほぼ変わらず，人件費削減目的でないと認定しました（平成26年４月の全職員給与月額合計が１億4,067万3,810円であるのに対し，平成27年４月は１億4,207万3,100円など）。

　その上で，次のような判断枠組みを示しました。

　すなわち，①人件費削減目的で変更する場合，変更がなければ経営を継続できないような危機的状況（経営難）の有無を厳格に考える必要がある，②単に賃金配分を変更する場合，経営難は必要ない，という判断枠組みです。

　さらに，Yが商工会議所であり，営利目的の法人ではない点も問題になりました。しかし，商工会議所が極めて公共的な役割を有すること，近年，相談内容の高度化など求められる水準が上昇しており，人材育成制度として成果主義にも合理性があること，などを根拠に合理性を認めました。

3．社員の受ける不利益の程度

　他方，本判決は，Xの不利益に関し，たしかにその減額幅は低いとはいえない，と一定の理解を示しました。

　しかし，新賃金体系の下では一度減額されても努力次第で増額の余地もあり，人件費削減目的での変更の場合と異なり，変更当初の減額幅をそのまま制度変更による不利益と捉えるべきではない，と評価しました。

4．変更後の就業規則の内容の相当性

　この点は，主に3つのポイントが指摘されています。

　1つ目は，成果主義型の賃金制度の一般的な合理性です。

　本判決は，成果主義型が年功序列型より優れているわけではない，としつつ，企業価値の増進につながり得ること，どの社員にも昇級・昇給の機会があるという意味で公平性があること，等級が上がるごとに徐々にリーダーシップの発揮やマネジメントを行う役割が求められていく点で，一般的な合理性があること，を根拠に，成果主義型の合理性を認めました。

　2つ目は，人事評価制度の合理性です。

　本判決は，成果主義型の賃金制度に先立って導入された人事評価制度につき，当初うまく機能していなかったものの，その運用の不備は即座に理事会で協議され，早急な改正という形で対応されるなど，人事評価制度を公平で適正なものにするよう指向しているとして，合理性を認めました。

　3つ目は，激変緩和措置です。

　本判決は，Yの激変緩和措置（1年目は減額される賃金相当額，2年目はその3分の2，3年目は当初の調整給の3分の1）について，経営難ではなかったことからより柔軟に調整給を支給することも考えられたとしつつ，この支給期間中には2回の昇級・昇給の機会があること等を指摘し，合理性を認めました。

5．労働組合等との交渉状況

　本判決は，労働組合からYに対して複数回意見が示され，Yはその意見も一部反映させながら具体的な制度設計を進めたこと，労働組合は，制度変更それ自体に異議を示していないこと，Yが，変更の1年前には職掌・階層ごとに，8か月前には調整給の支給対象者に対し，説明会を開催したこと，社員代表か

ら就業規則の改正にあたり異論はない旨の意見が提出され，X以外から異論が表明されていないこと，を指摘し，プロセスの合理性を認めました。

6. 実務上の応用可能性

　給与制度の改正の参考のため，少し詳しく本判決を紹介しましたが，特にポイントと思われる点を3点，まとめておきましょう。

　1つ目のポイントは，「給与の支給総額が減っていないこと」です。

　給与の支給総額が変更とならないからこそ，本判決は，賃金体系の変更について高度な必要性を求めていないのです（上記2②）。

　他方，給与の支給総額が減る変更の場合は，会社がどれだけ高尚な目的を掲げても，人件費削減目的と解釈され，経営難かどうかを厳格に検討されることになると考えられます（上記2①参照）。会社としては注意が必要です。

　2つ目のポイントは，成果主義型の賃金体系の導入は，「営利目的」の会社だけに限定されないということです（上記2）。

　本事案の商工会議所のように，そもそも会社自身に高い公共性がある場合もありますが，そうでなくとも，会社には優秀な人材を育成する必要があります。そのため，成果主義型の賃金制度によってその目的達成を図るという一般的な合理性が認められると考えられます。

　3つ目のポイントは，社員らへの説明，協議の大切さです。

　本判決からは，Yが賃金体系の変更をするにあたり，相当慎重に，社員の不満がなるべく出ないように手続を踏んでいたことがわかります。X以外の社員が異議を述べていた形跡がないという事実からも，それが裏付けられるでしょう（上記5）。

　「大多数の社員らが賛同している変更である」ということは，それ自体合理性を推認させる大事な事情となります。そのため，賃金体系の変更に限らず，労働条件を変更しようとする会社は，Yのように社員らに説明を行い，協議をするなどの手続を踏んで，なるべく多くの賛同を得るべきです。

（佐山）

2－10　フーズシステムほか事件

東京地判平30.7.5　労判1200.48

＜事件概要＞

　「事務統括」の無期契約社員Xが，自身の妊娠，出産を理由に降格，退職強要，有期契約への転換，解雇され，いずれも無効であるとして，雇用契約上の地位の確認等の請求をしたところ，裁判所が，有期契約への転換，解雇を無効とし，無期契約社員としての地位を認める等判断した事案。

■判例としての価値

　育児休暇からの復職時に無期契約から有期契約に転換する契約をしたことが育休法23条の2に違反・無効となる判断基準・考慮要素を列挙したこと，有期契約への転換が有効となる場面が極めて限定的である点が示されたこと，に裁判例としての価値がある。

◆ 使用例

　社内弁護士Aは，人事部長Qから，育児休暇からもう間もなく復職する社員Jについて相談を受けました。

　Jは，正社員であり無期契約社員です。間もなく復職しますが，復職前の面談の際，就労時間の短縮を希望しました。

　会社は，正社員であるのに就労時間を短くしては他の正社員に示しがつかないと考え，Jにはパートタイマーに転換してもらおうと考えています。なお，パートタイマーに転換した場合，役職手当などが支給されなくなるため，月数万円以上支給額が下がります。

　Aは，育児休暇を理由とする不利益な取扱いは違法・無効となること，パートタイマーになると給与面での不利益が大きいこと，他の正社員に示しがつかないという理由はパートタイマーに転換させる合理的な理由にならないこと，そもそもJ自身がパートタイマーでの勤務への契約の切り替えを積極的に希望している場合でもない限りパートタイマーへの転換が適法・有効となるケース

は考えにくいこと，などから，例えば正社員のまま，時短勤務での復職を提案するなど，なるべく勤務体制を大きく変えない方法での復職を検討すべきである，等とアドバイスしました。

◆ 分　析

本事案の争点は，そもそも最初に契約した雇用契約が無期契約だったのか，というものから始まり，実に多岐にわたります。

本稿では，無期契約を締結し，事務統括という職位についていた社員Xが育児休暇から復職する際にパート契約書に署名押印しているところ，当該パート契約への転換が有効といえるかどうか，という争点を取り上げます。

1．本事案の概要

H25.6：　　　社員Xは，出産のため休暇に入る
H26.4上旬：Xは取締役及び課長と復職前の面談を行う

| Xの希望：　16〜17時に終業できる時短勤務希望 |
| Yの説明：　時短勤務はパート社員のみ（理由説明はなし） |
| Xの心境：　釈然としなかった |

　　　　　周囲への気兼ね，転職の困難さで，パート契約書に署名押印
同4〜：　　半年ごとに，パート契約更新の面接，パート契約書に署名押印

2．本判決の判断

本判決は，育休法23条の2に違反すると違法無効となる旨の一般論を述べた上で，その判断枠組みについて次のとおり判示しました。

すなわち，「事業主による不利益な取扱い」が同条違反の要件となりますが，ここで，「社員と事業主との合意」により労働条件が不利益に変更される場合には，事業主単独の一方的な措置により社員を不利益に取り扱ったものではないので，直ちに違法・無効とはならない，としました。

そこで，「社員と事業主の合意」の認定が問題になりますが，一般的には，「社員の自由な意思に基づいてされたものと認めるに足りる合理的な理由が客観的に存在する」ことが必要であり，これを判断する具体的な判断枠組みとし

て，次の3点を指摘しました。すなわち，この3つによって，「社員の自由な意思に基づいてされたものと認めるに足りる合理的な理由が客観的に存在する」かどうかが判断されるのです。

判断枠組み

① 当該合意により社員にもたらされる不利益の内容及び程度

② 社員が当該合意をするに至った経緯及びその態様

③ 当該合意に先立つ社員への情報提供または説明の内容

これについて，それぞれ以下のように事実認定・評価がされました。

①について

・期間の定めにより，長期の安定的稼働につき，相当の不利益がある。

・パート契約になると賞与の支給がなくなり，事務統括という職位から外されると事務統括手当1万円の支給がなくなり，経済的に相当な不利益がある。

②について

・Xは釈然としないものを感じながらも，出産により他の社員に迷惑をかけているとの気兼ねなどからパート契約書に署名押印した。

③について

・YはXに対し，時短勤務はパート社員だけと説明したのみで，従前の地位のまま時短勤務できない理由の説明がなかった上，実際には，パート社員でなくても時短勤務可能だった。

・パート契約による上記不利益について十分な説明があったと認められない。

　なお，半年ごとにパート契約の更新時期に面談をし，パート契約書に数回署名押印したという事後の事情は，判断を左右するに足りないとされました。

3．実務上の応用可能性

　育児休暇からの復職に際し，会社が，社員を従前と同様の雇用契約の内容で取り扱わないことでトラブルが生じることがしばしばあります。

　本判決は，育児休暇からの復職に際し，パート契約（有期契約）への転換について，社員の自由な意思に基づく合意（厳密には，「自由な意思」の「合理性」が「客観的」に存在すること）がある場合には許容される余地を示しており，一見すると，会社にとって有利であるかのようにも思えます。

　しかし，本判決が各考慮要素を検討している文脈を読むと，実際に有期契約

に転換できる場合がどの程度存在するのか疑問です。

　例えば，考慮要素②において，「他の社員に気兼ね」していたという事情が，自由な意思を否定する事情として考慮されています。しかし，一般的には育児休暇をとっている間は，本来自分が負担していた仕事が他の社員に割り振られることが多いはずであり，育児休暇を取得した社員がこのような心情になることも多いと思われます。

　また，考慮要素③に関し，そもそも，パート契約に転換しなければ時短勤務が難しいという事情がおよそ存在するのか，疑わしいところです。パート契約かどうかという契約形態と，時短勤務かどうかという勤務形態を結び付けているのは，もっぱら会社側の事情で，両者を結び付けなければならないルールや社会的要請，必然性などないからです。

　しかも，本判決は，事後的な事情として更新手続を厳格にし，実際，複数回厳格な手続を繰り返していても，自由な意思に基づく有期雇用契約への転換であったかどうかの判断には影響がない，としています。自分に不利益な状況を長らく甘受していると，事後承認や追認などと評価され，異論を述べる機会が封じられることがありますが，ここではそのような影響がないとされたのです。そうすると，社員が何度も署名押印しており，一見すると，合意を積極的に許容しているような外見が存在したとしてもほとんど意味がないということです。

　以上のことから，社員自身が，会社に対し，パート等の有期契約への転換を積極的に希望していた場合でもない限り，実際には「自由な意思に基づく有期契約への転換」という条件を充たす場面は，現実にはほとんど存在しないと考えられます。もちろん，出産をした社員が，出産を機に，徐々に勤務時間を減らしていき，いずれ引継等が終われば退職したいと考えているような場合もあり得ますが，そのようなケースは決して多くないでしょう。

　結局のところ，本判決は，会社にとって有利な判断をした裁判例ではなく，むしろ，有期契約に転換する場面が極めて限定されることを示した裁判例であると捉えられるべきです。

　会社としては，後々違法・無効となるような有期契約への転換を進めるのではなく，本判決が示唆したことを参考に，育休明けの社員に対して，時短勤務による復職を認める，などの柔軟な対応をする必要があります。

（佐山）

2−11 長澤運輸事件

最判平30.6.1 労判1179.34

＜事件概要＞

定年退職後に再雇用された有期契約社員であるＸが，無期契約社員との間の労働条件の相違が労契法20条に反する旨主張したところ，裁判所が，当該賃金項目の趣旨を個別に考慮して判断すべきとし，労契法20条違反が認められる場合，これに違反する手当の不支給等は不法行為に当たるとして，Ｘの請求の一部について損害賠償を命じた事案。

■判例としての価値

定年退職後の再雇用であることが，労契法20条の「その他の事情」として考慮されることを明らかにし，同条違反か否かは当該賃金項目の趣旨を個別に判断すべきとしつつ，関連性のある労働条件については，相関的に判断することを示したことに事案としての価値がある。

◆ 使用例

社内弁護士Ａは，人事部長Ｑから，定年退職後の職員を有期契約社員として再雇用する際の労働条件の定め方について相談を受けました。Ｑによれば，会社は，定年退職者を継続雇用するコストを少しでも減らしたいこと，定年退職社員には退職金を支払っているし，さらには長期間の雇用を予定していないため，労働条件に差異を設けたい，とのことです。

Ａは，本判決を紹介しながら，労契法20条により不合理な相違を設けてはいけないことを示し，まずは無期契約社員の労働条件と業務内容等を整理しました。その上で，定年退職後の有期契約社員の業務内容等のほか，定年退職により当該社員が得ている利益（退職金，年金等）についても計算し，これらも考慮して，無期契約社員との業務内容等との差異を検討し，基本給や能率給の支給方法を変更するなどの指導をしました。

他方，精勤手当等，期間の定めや定年退職後という事情とは関係のない手当

は，無期契約社員と同様の条件にするよう助言しました。

◆　分　析

　本判決は，ハマキョウレックス（差戻審）事件（最判平成30年６月１日）と
同日にされた判決であり，労契法20条に関し，ハマキョウレックス（差戻審）
事件（本書120頁）を引用しながら，やや応用的な判断をしました。

　本判決の特徴は，①有期契約社員は定年退職後の再雇用者という事情が，労
契法20条の「その他の事情」として考慮されるとしたこと（後記１，２項），②
賃金体系の制度設計を再雇用者と無期契約社員との間で異なるものとできると
したこと（後記３項），にあります。

　高齢者雇用安定法により，60歳を超えた高年齢者の雇用確保措置が義務付け
られており，近年，定年退職後の再雇用者の雇用コストの増加などの問題に直
面している会社が多いと思います。他方で，職員の能力は，必ずしも年齢のみ
で測れなくなってきており，「定年退職後の再雇用者」というひとくくりでの
制度設計に，無理が出始めています。本判決は，このような問題への対処方法
に，１つのヒントを与えます。

１．定年退職者の評価

　まず，本判決は，ハマキョウレックス（差戻審）事件を引用し，「有期契約
社員が定年退職後の職員であるという事情」は，労契法20条に関して考慮され
る事情の１つである，と判断しています。

　そのポイントは，以下の２点です。

　１つ目は，会社は，再雇用者の長期間雇用を通常予定していないことです。

　２つ目は，再雇用者は，定年退職するまでの間，無期契約社員として処遇さ
れ，定年退職時に退職金が支給され，一定の要件を充たせば老齢年金の支給も
受けられる，など恵まれた状況にあることです。

　このように，定年退職後の再雇用者は，「契約社員」などの一般の有期契約
社員とは前提条件が大きく異なり，この点が特に考慮される事情となるのです。

２．個別判断の特徴

　本判決は，労契法20条に関し，基本的に，ハマキョウレックス（差戻審）事
件と同様，賃金項目それぞれを個別に検討しました。項目ごとに判断する場面

では，その判断構造自体は，ハマキョウレックス（差戻審）事件と変わりません。

　しかし，考慮要素に特徴があります。

　例えば「住宅手当」と「家族手当」の相違は，Xが，正社員として永年勤続した後に定年退職して退職金も受領した者であり，老齢厚生年金の支給が予定され，その報酬比例部分の支給開始までは会社から調整給を支給されることを考慮要素の1つとし，不合理ではないとしています。

　もっとも，「賞与」に関する判断については，注意が必要です。

　本判決は，賞与が支給されないことについて不合理でない，と判断しているため，定年後再雇用の場合には賞与が不要，と思うかもしれません。

　たしかに，本判決は，この点に関して，老齢年金やその調整給の支給があることや，歩合給により，労務の成果が給与に反映しやすい制度設計がされていること（後記3項）を挙げ，賞与が支給されないことについて不合理でないと判断しています。

　しかし，これらの事情は，賞与の金額を低く設定することの説明にこそなれ，全く賞与を支給しないことの理由とはなりません。さらに，本判決は，賞与の趣旨として，賃金後払い，功労報酬，生活費補助，社員の意欲向上等の多様なものが含まれるとしていますが，これらの趣旨は，いずれも定年退職後の再雇用者にも妥当するものであり，賞与を支払うべき根拠となるはずです。

　したがって，再雇用者の処遇条件によっては，本事案とは異なり，賞与を支給しないことが不合理とされる場面はあると考えられます。

3．賃金体系そのものの差異

　さらに，本判決で特筆すべきは，労契法20条違反の有無について，項目ごとの判断をしない場合があることを示した点です。

　すなわち，本判決は，「基本給」「能率給」「職務給」については，それぞれが個別に判断されたわけではなく，これらを一体的に見て判断しています。

　具体的には，本事案で，①有期契約社員は，無期契約社員に比べて基本給がやや高めに設定され，②能率給と職務給が支給されない代わりに，無期契約社員の能率給に掛かる係数よりも2〜3倍に設定した係数による歩合給が支給されるという仕組みがとられていました。本判決は，この仕組みについて，再雇用者が老齢年金とその調整給の支給を受ける者であることを踏まえれば不合理

とはいえないと判断しました。

　このように，本判決は，再雇用者と無期契約社員の間で，各手当の有無のみに限られず，賃金体系そのものに差異を設けることも認めたのです。

4．実務上の応用可能性

　本判決によれば，定年退職後の再雇用者に関し，その業務内容，働き方によって，無期契約社員と異なる賃金体系を導入できることになります。

　現在，会社は，高齢者雇用安定法により，60歳を超えた高年齢者の雇用確保措置を義務付けられており，再雇用者の雇用コストの増加など，問題に直面しています。会社が，コストを減らしたいと考えることは無理からぬことです。

　しかし，本音としては，制度上再雇用の必要があるために，雇用せざるを得ない職員が存在する一方，定年前と全く同じ働き方を継続して欲しい職員がいることも否定できません。その際，定年後の再雇用者の賃金を一律にカットするなどの方法では，特に，定年前と全く同じ働き方をしてもらいたい再雇用者の場合，労契法20条違反であると判断されることは避けられません（同一労働だから）し，会社に必要な人材を流出させてしまう危険もあるでしょう。

　むしろ，近年は，定年退職者向けの就職先のマッチングサービスなど，定年退職者であっても再就職の門戸が広がりつつあるため，会社としては，良い人材はしっかり確保した上，雇用コストを最低限にする制度設計が必要となります。

　具体的には，会社として，定年退職者の能力を見定め，定年退職後も，引き続き在職時と変わらない責任ある仕事を任せたい場合には，定年退職前と差のない賃金体系を適用するなど，再雇用後の職務内容や責任に応じた賃金体系を社員に応じて使い分けるのです。同じ責任，同じ職務内容となる者については，無期契約社員と定年退職後の再雇用者や再雇用者同士で，賃金体系が異なることは避けるべきだからです。

　定年退職後の進路について，様々な選択肢が現れ始めた現在，会社は，必要な人材は確保できるよう，努力をしていかなければなりません。

（中野）

2－12　ハマキョウレックス（差戻審）事件

最判平30.6.1　労判1179.20

＜事件概要＞

　有期契約社員と無期契約社員との労働条件に相違があり得ることを前提に，労働条件の相違が不合理であるか否かを手当ごとに個別に判断した上，相違を設けていることが労契法20条に反している手当については，直ちに無期契約社員の労働条件と同一にならないものの，これらの不支給は不法行為に当たるとして損害賠償請求が認められた事案。

■判例としての価値

　労契法20条の趣旨を明らかにし，同条が私法上の効力を有することを明らかにした上，同条に違反するか否かは，相違がある手当ごと（条件ごと）に判断すべきことを示した点に，判例としての価値がある。

◆　使用例

　社内弁護士Aは，人事部長Qから，有期契約社員の労働条件の定め方について相談を受けました。Qによれば，会社は，無期契約社員と有期契約社員では，予定される勤務年数等も異なることから，労働条件に差異を設けたいとのことでした。

　Aは，本判決を紹介しながら，労契法20条によって，不合理な相違を設けてはいけないことを説明し，まずは無期契約社員の労働条件と業務内容等を整理しました。その上で，有期契約社員の業務内容等を整理し，無期契約社員との業務内容等との差異を検討したところ，勤務時間，勤務内容に差異はないものの，無期契約社員については出向を含む全国規模の広域異動の可能性があるとのことでした。

　そのため，各種手当のうち，転居費を補充する目的で支給する手当については，差異を設けても問題はないものの，他の手当については差異を設けるべきではなく，差異を設けるのであれば，業務内容そのものを見直す必要があるこ

とを助言しました。

◆ 分　析

1．本判決のポイント

　本判決の大きなポイントは，①裁判所が，労契法20条の規定の趣旨を明らかにしたこと，②労契法20条は私法上の効力を有するものの，直ちに有期契約社員の労働条件が無期契約社員と同一にはならないこと，③労契法20条に違反するか否かの判断は，労働条件の相違が期間の定めの有無に関連して生じているか否かを個別に判断すべきであること，④労働条件の相違が労契法20条に違反する場合には不法行為を構成することを明らかにした点です。

　③の点については，本判決と同日に判決がされた長澤運輸事件（本書116頁）も参考になりますが，本判決と長澤運輸事件との相違点については，長澤運輸事件の項で確認して下さい。

　本判決により，合理的な理由なく「なんとなく」正社員（無期契約社員）を優遇するような労働条件は定められなくなり，会社は，有期契約社員の業務内容と労働条件の対応を見直すべき時期にきているといえるでしょう。

2．労契法20条の規定の趣旨と私法上の効力

　まず，裁判所は，労契法20条の趣旨を，「有期契約社員と無期契約社員との間で労働条件に相違があり得ることを前提」に，職務の内容等を考慮して，その相違が不合理と認められるものであってはならないとするものであり，職務の内容等の違いに応じた均衡のとれた処遇を求める規定であるとしました。

　ここでのポイントの1つは，「職務の内容等の違いに応じた均衡のとれた処遇」という点です。

　「職務の内容等」とは，具体的には職務の内容のほか，当該職務の内容及び変更の範囲その他の事情を指します。すなわち本判決は，有期契約社員と無期契約社員との間に絶対的に相違があってはいけないとしているわけでなく，むしろ相違があることを前提に，当該相違が不合理でないか否かを判断することを求めているのです。

　次に，労契法20条の私法上の効力です。

　本判決は，労契法20条の私法上の効力を認め，同条に反する労働条件の相違を設ける部分は無効になるとしながら，同条の効力によっては有期契約社員の

労働条件が無期契約社員と同一にはならないことも示しました。

　これは，無効とされた労働条件については，無期契約社員と同じ労働条件が直ちに認められるとするいわゆる「補充的効力」を否定したものです。

3．労契法20条違反の検討

　本判決は，労契法20条違反の有無を個別に検討し，以下のように判断しました（○：合理性あり，×：合理性なし）。

手当等	無期契約社員	有期契約社員	本判決での判断
基本給	月給制	時給制	争われず
無事故手当	1万円	支給なし	×
作業手当	1万円	支給なし	×
給食手当	3,500円	支給なし	×
住宅手当	2万円	支給なし	○
皆勤手当	1万円	支給なし	×（高裁に差戻し）
家族手当	あり	支給なし	○（本判決では判断されず）
通勤手当	距離，手段に応じて最高5万円まで	3,000円まで	×
定期昇給	原則あり	原則なし	○（本判決では判断されず）
賞与	原則支給あり	原則支給なし	○（本判決では判断されず）
退職金	原則支給あり	原則支給なし	○（本判決では判断されず）

　判断のポイントは，「期間の定めがあることにより」生じている差異といえるかどうかです。これらは，各手当の目的を踏まえて判断がされます。

　例えば，住宅手当については，無期契約社員は，有期契約社員と異なり，出向を含む全国規模の広域異動の可能性があることが予定されているため，この点の相違は不合理ではないとされました。

　一方，無事故手当や作業手当は，職務の内容が同じである以上は「期間の定めがあることにより」生じる差異ではなく，有期契約社員に支給をしない理由はありません。給食手当についても，1日の中で勤務状況や労働時間に差異があるのであれば格別，そうでない以上は有期契約社員へ支給をしない理由はありません。皆勤手当も同様です。

　このように，裁判所は，単に無期契約社員が，会社にとって，会社の中核業

務を担う人材として登用される可能性がある者であること，平たくいえば「期待された人」であることのみによっては，労働条件の相違は正当化できないと判断をしているといえます。

そして，労契法20条違反に当たる相違については，手当の不支給自体が不法行為を構成するとされ，損害賠償請求が認められています。

なお，賞与については，控訴審，上告審では争われなかったことから本判決では言及されていませんが，労契法20条違反の有無については慎重に判断すべきです。この点については，長澤運輸事件の項で確認して下さい。

4．実務上の応用可能性

本判決からは，職務の内容等が同じである場合，無期契約社員と有期契約社員との間に設けることができる労働条件の相違は，当該条件の趣旨に応じて個別具体的に判断される結果，相違が認められない「手当」が多く存在することがわかります。

会社として，短期間の勤務を前提とするいわゆる「契約社員」より，定年まで長く勤務してもらうことを前提とする「正社員」を優遇したいと考えることは自然なことかもしれません。

しかし，「契約社員」は，例えば全国規模の転勤や部署の異動が予定されている「正社員」と異なり，契約期間があるからこそ，特定の部署において特定の仕事を集中して行っている場合もあります。このような「契約社員」は，「正社員」と同様，または，それ以上の成果を上げることも当然想定でき，これにより会社に利益をもたらすのですから，やはり手当等に差異を設けることには慎重であるべきです。

仮に，無期契約社員と有期契約社員との間に労働条件の相違を設けたいのであれば，そもそもの両者の職務の内容等から見直しが必要です。

有期契約社員は，安く使える便利な人材ではないのです。

（中野）

2-13 ハマキョウレックス（第二次差戻後控訴審）事件

大阪高判平30.12.21 労判1198.32

＜事件概要＞

正社員である乗務員に支給される皆勤手当を契約社員である乗務員Xに支給しないという労働条件の相違が，労契法20条にいう「不合理と認められるもの」に該当するとして，XがYに対して，皆勤手当の支給等を請求したところ，裁判所が，Yの皆勤手当の不払いが不法行為に当たるとして，皆勤手当相当額の損害賠償責任を認めた事案。

■判例としての価値

正社員と契約社員の労働条件の相違について，他の賃金項目が労働条件相違に対する合理的な代替措置として評価できる場合には，労働条件の相違が不合理であると評価されない場合があることを示し，代償措置として不十分な場合を示した点に事案としての価値がある。

◆ 使用例

社内弁護士Aは，人事部長Qから，有期契約社員の労働条件の定め方について相談を受けました。Qによれば，会社は，無期契約社員と有期契約社員では，予定される勤務年数等も異なることから，労働条件に差異を設けたいと考えているとのことでした。

Aは，本判決を紹介しながら，労契法20条によって，不合理な相違を設けてはいけないことについて指導をし，職務内容との関係で差異に理由がない場合は，当該差異について合理的な代替措置を設けなければならないことを助言しました。

◆ 分 析

1．本判決のポイント

本判決は，本書120頁で紹介したハマキョウレックス（差戻審）事件（最判

平成30年6月1日労判1179号20頁）で差し戻された後の判決です。

　ハマキョウレックス（差戻審）事件では、裁判所が労契法20条の規定の趣旨を明らかにした上で、労契法20条に違反するか否かの判断は、労働条件の相違が期間の定めの有無に関連して生じているか否かを個別に判断すべきであることを示しました。そして、労契法20条は私法上の効力を有するものの、同条の効力によっては有期契約社員の労働条件が無期契約社員と同一にはならないことを前提に、労働条件の相違が労契法20条に違反する場合には不法行為を構成することが示されました。その上で、皆勤手当については、支給要件を満たしているか否か等についてさらに審理を尽くさせる必要があるとして、原審に差し戻されたのです。

　本判決のポイントは、①本件労働契約に基づく皆勤手当不支給の不合理性の有無と、②会社の故意または過失の有無です。

　①については、ハマキョウレックス（差戻審）事件と同日に出された長澤運輸事件（最判平成30年6月1日、本書116頁）の判示内容も引用しながら、具体的な判断がされています。そして②について、Yは、裁判所の判断の集積がなかったこと等を理由に、故意も過失もなかった旨主張していましたが、本判決はこれを退けています。

　有期契約社員と無期契約社員の業務内容と労働条件の対応を見直さなければならない時期にきていることは、様々なところで述べられていますが、本判決は、有期契約社員と無期契約社員との間で異なる労働条件を定めるか否かを考えるにあたって、1つの参考になるでしょう。

2．合理性

　有期契約社員に対して皆勤手当を支給しないことが、皆勤手当の趣旨に鑑みて合理的な関連性がないものであることは、ハマキョウレックス（差戻審）事件で既に判示されています。しかし本判決は、皆勤手当の不支給が労契法20条に反するか否かについて、長澤運輸事件を参考に、他の賃金項目が労働条件相違に対する合理的な代替措置として評価できる場合には、その相違が不合理とは認められない可能性があるとして、改めて不合理性の検討をしています。

　具体的には、Yは、有期契約社員について、「時間給増減のための評価制度」が設けられており、この評価の中で遅刻や欠勤等も考慮されることから、当該評価制度が、皆勤手当を支給することの合理的な代替措置に当たる、と主張し

ているのです。

　まず，無期契約社員の皆勤手当は，全営業日を出勤した際に，月額1万円が支給されるという内容でした。

　一方，有期契約社員の「時間給増減のための評価制度」では，評価項目を，①仕事の正確性，仕事の速さなどの成績，②遅刻，体調管理などの勤務態度，③車両事故，商品破損などの事故に分けて，合計20点満点で評価するもので，②については4点が割り当てられ，仮に評価点が20点満点の場合は時給単価が15円増額されるという内容でした。

　本判決は，有期契約社員に，雇用契約の更新そのものが法的に保障されていないばかりか，契約社員就業規則上は，昇給は原則として行わないとしており，皆勤の事実をもって時間給の増額が行われることが法的に保障されていないと判断した上で，仮に雇用契約の更新がほぼ確実であり，評価項目が高く皆勤の事実が事実上昇給に反映されている場合であっても，その昇給幅は最大でも月額504円であり，皆勤手当と比較するとわずかの金額であるから，会社が皆勤手当を不支給とする合理的な代替措置を講じていたとはいえないと結論付けました。その上で，Xは皆勤手当の支給要件を充たしているため，皆勤手当の不支給は不合理と認められると判断したのです。

　Yは，皆勤手当を無期契約社員にのみ支給する理由を縷々説明しましたが，結局は，実際に出勤する乗務員を一定数確保する必要性が高い，という運送業務の性質から，この点に関しては有期契約社員と無期契約社員で相違がないという大前提を，覆すことはできませんでした。

3．故意・過失

　Yは，労契法20条について，これまでに多様な解釈が見られたことや，規定の内容が明確でなく，具体的事情によって結論が左右され，裁判所による判断の集積がなかったことから，皆勤手当不支給については過失がなかった旨主張していました。

　しかし，本判決は，次の4つの理由から，会社の過失を認めました。

　まず1つ目は，労契法20条が，規定の内容や趣旨からして，強行法規として私法上の効力を有し，有期労働契約のうち同条に違反する労働条件の相違を設ける部分は無効と解されることです。

　2つ目は，同条違反が不法行為となり得ることが，同条施行時（平成25年4

月1日）よりも前に厚生労働省からの通達や文献で紹介されていたことです。

　3つ目は，Yが東京証券取引所市場第一部に株式を上場する株式会社であり，同条の施行前からYの業績や規模に相応する労務管理能力を有していたと推認されることです。

　4つ目は，Yにおいて，正社員と契約社員の賃金の内容が異なることから，労働組合との交渉において度々組合員である契約社員の待遇改善を要求され，団体交渉の内容ともなっていたことです。

　本判決は，これらの事情によれば，Yが労契法20条の施行前から，有期契約社員と無期契約社員との間の労働条件と均衡のとれた処遇とするように取り組むべき注意義務があったことを基礎付けるとし，さらにこれらの事情が過失を基礎付ける評価根拠事実にもなると判断したのです。

　3つ目の事情は，Yの労務管理能力に関する判示ではありますが，他の3つの事情に鑑みれば，仮に問題となる会社が，Yのように一部上場会社でなかったとしても，労契法20条の施行前とはいわずとも，遅かれ早かれ，裁判例の集積を待つことなく有期契約社員と無期契約社員との間の労働条件と均衡のとれた処遇とするように取り組むべき注意義務があり，これをしなかったことに過失があると認定されたでしょう。

4．実務上の応用可能性

　このように，本判決では，有期契約社員と無期契約社員との間で，異なる労働条件を定めることが許される場合について検討されましたが，手当に関し，労働条件の差異に理由がない場合，「合理的な代替措置」のハードルは相当高いものといえそうです。本事案で問題となった皆勤手当が月額1万円に過ぎないのに，あえて有期契約社員と無期契約社員との間で差異を設けたことで，月額1万円ではすまない時間的金銭的な裁判コストを要したといえるでしょう。

　そこで，Yの経営判断ではあるものの，このようなケースでは，有期契約社員と無期契約社員との間で労働条件にあえて差異を設けず，同様の扱いをした方が，訴訟リスク等を防ぐ観点からも有効な場合もあります。

　裁判例の集積がなかったことが言い訳にならないことがはっきりと明示された今，会社としてどの点にコストを割くかについて，再考すべき時期が来ています。

（中野）

2-14　井関松山製造所事件・井関松山ファクトリー事件

高松高判令元.7.8　労判1208.25

＜事件概要＞

　有期契約社員（1審判決後に無期転換社員となった者）Xらが，無期契約社員との間の賞与や各手当の支給の相違が労契法20条に反すると主張したところ，裁判所が，賞与の支払いに関する相違は不合理な相違ではないとして，違法性を否定した事案。

■判例としての価値

　賞与そのものの性質や，有期契約社員と無期契約社員との間の賞与に関する相違が不合理であるか否かを検討する際に考慮すべき事情を具体的に判示した点に事案としての価値がある。

◆ 使用例

　社内弁護士Aは，人事部のQより，有期契約社員に対する賞与の支払いに関して相談を受けました。具体的には，会社としては，賞与は当該社員の業績等のみによるものではなく，長期雇用を前提とする職員に対して支払うことで，優秀な人材を獲得し定着を図ることをその趣旨としていることから，有期契約社員と無期契約社員との間では差異を設けたいとの意向があるとのことでした。そして，Aが，無期契約社員の賞与を確認すると，たしかに無期契約社員についても，賞与の金額は当該社員の業績等とは完全には連動していないようでした。

　そこでAは，本判決を紹介し，有期契約社員と無期契約社員との間の賞与の支払いにつき差異を設けることはできるが，ただ差異を設けるのではなく，賞与を支給しないのであれば一律に別途寸志を支給し，有期契約社員であっても業績によって役職者への昇進の途を開いておくなど，人事上の施策を講じておくことが必要である旨助言しました。

◆ 分 析

　本判決は，有期契約社員であるXらが，無期契約社員との間で賞与及び各手当の支給の相違が労契法20条に反すると主張して，会社Yに対し，主位的には無期契約社員と同様の条件による賞与及び各手当の支給を請求し，予備的に，当該金員相当額の不法行為に基づく損害賠償を請求した事案です。

　有期契約社員と無期契約社員との間の労働条件の相違が不合理か否かに関しては，ハマキョウレックス事件と長澤運輸事件の最高裁判決によって判断の枠組みが示され，裁判例も蓄積されていますが，長澤運輸事件の分析でも指摘をしたように，賞与に関する差異の不合理性をあっさりと否定した裁判所の考え方については，疑問が残るところでした。そして，平成30年12月に厚生労働省が出した「短時間・有期雇用労働者及び派遣労働者に対する不合理な待遇の禁止等に関する指針」（平成30年厚生労働省告示第430号，以下，「同一労働同一賃金ガイドライン」といいます）では，賞与についての考え方が示されており，これらを受けて裁判所が，有期契約社員と無期契約社員との間の賞与の条件の差異をどのように判断するかが注目されていました。

　この点，本判決の判断は，一見すると厚労省の見解とは異なる見解を示すものでした。

　そこで，本稿では，有期契約社員と無期契約社員との間の賞与の差異に関して，本判決がどのような判断をしたかについて検討した上，この判断と厚労省の見解との関係についても見ていきます。

　なお，井関松山製造所事件（以下，「①事件」といいます）と，井関松山ファクトリー事件（以下，「②事件」といいます）は，それぞれ別事件ではあるものの，事案，争点，判示内容がほとんど一致するため，まとめて検討をします。

1．有期契約社員と無期契約社員との間の賞与の差異についての考え方

　まず，①事件と②事件の有期契約社員に対し，いずれも無期契約社員に比して低い賞与や，賞与ではなく一律の寸志を支払っており，有期契約社員と無期契約社員との間に，金額面で大きな差異がありました。そのため，Xらは，職務の内容等の違いに応じた均衡のとれた処遇がとられていないとして，賞与の条件の差異が労契法20条に違反する旨主張していました。

　この点に関しては，同一労働同一賃金ガイドライン8条と9条で，「賞与で

あって，会社の業績等への社員の貢献に応じて支給するものについて，通常の社員と同一の貢献である短時間・有期雇用社員には，貢献に応じた部分につき，通常の社員と同一の賞与を支給しなければならない。また，貢献に一定の相違がある場合においては，その相違に応じた賞与を支給しなければならない。」と規定されています。

このガイドラインを前提にすると，有期契約社員に対しても，少なくとも無期契約社員の職務と重なる範囲においては，同額の賞与を認めなければ，労契法20条に違反することになりそうです。

しかし，本判決は，結論として，①事件と②事件のいずれでも，有期契約社員と無期契約社員との間の賞与の差異は，不合理ではないと判断したのです。

その前提となる本判決の考え方は，賞与には，労務の対価の後払い，功労報酬といった，職務と連動する性質のみならず，生活費の補助，社員の意欲向上等といった多様な趣旨が含まれ得る，というものです。つまり，そもそも賞与を支給するか否かは，会社が就業規則や労働契約の中で支給の定めを置くかどうかの裁量判断によるものであり，その多様な趣旨の中に，長期雇用を前提とする無期契約社員に対し賞与の支給を手厚くすることにより有為な人材の獲得・定着を図るという目的が含まれることも，相応の合理性が認められることが示されたのです。

これまで，特に賞与の目的として，有為な人材の獲得のような抽象的な目的は，認めるべきではない，もしこれを認めれば有期契約社員と無期契約社員の処遇の違いの合理性を安易に認めることになってしまう，という見解があります。

この中で，本判決は「有為な人材の獲得」のような目的での処遇の違いを認めたことになるのです。

そして，本事案では，無期契約社員の賞与の額について，業績を中心として支給しているというよりは，社員の意欲向上策等の目的など，人事施策上の性質も有していることがうかがわれました。その上で，Ｙが有期契約社員に対して，一定額の賞与や寸志を支給していたこと，業績によっては役職者への昇進も予定していたこと，中途採用制度により，無期契約社員と有期契約社員との地位に一定の流動性があったことなどを踏まえ，本事案における有期契約社員と無期契約社員との間の賞与の条件の差異は，不合理ではないと判断したのです。

2．同一労働同一賃金ガイドラインとの関係について

　結論だけを見ると，本事案における賞与の額は，同一労働同一賃金ガイドラインが示すような均衡な処遇とは言い難いものです。

　しかし，本判決は，同一労働同一賃金ガイドラインを無視しているわけではありません。すなわち，同一労働同一賃金ガイドラインは，「賞与であって，会社の業績等への社員の貢献に応じて支給するもの」について，均衡な処遇を求めているのであり，本判決が示すとおり，賞与が必ずしも当該社員の業績，会社への貢献のみに着目したものでない場合には，有期契約社員に対して他の人事上の施策等がとられていれば，無期契約社員と同様の賞与を支給しない取扱いも，労契法20条に違反しないと考えているのです。

　これを翻せば，もし，会社の支給している賞与が，完全に「会社の業績等への社員の貢献に応じて支給するもの」であったとしたら，本件のような会社の対応は労契法20条に反していたということになり得ます。賞与の趣旨を，このような業績との連動に限定している会社は少ないかもしれませんが，本判決がその点を無視することなく，会社の実際の運用を認定しているところを見ると，ないがしろにはできない点であると考えられます。

3．実務上の応用可能性

　本判決は，同一労働同一賃金ガイドラインや，長澤運輸事件以降の学説の見解から見ると，意外なものであったようにも見えます。しかし，本判決は，「会社の業績」「社員の貢献」など，賃金ガイドラインの表現に配慮した判断を示しており，賃金ガイドラインを否定したり修正したりしたものではない，という評価も可能です。

　さらに，賞与の趣旨を会社の実際の運用から評価しているところを見れば，会社がいくら建前上の趣旨や目的を整えても，実態が伴わなければ合理性が否定される可能性がある，と評価できます。

　したがって，会社としては，賞与制度について，本判決によって，有期契約社員に対する賞与が不要と判断された，同一労働同一賃金ガイドラインに縛られずに自由に設計できる，などと短絡的に判断するのではなく，賞与本来の機能を冷静に分析し，均衡な処遇という視点を持った上で賞与規程を策定，運用していく必要があります。

（中野）

2-15 日本郵便（時給制契約社員ら）事件

東京高判平30.12.13 労判1198.45

＜事件概要＞

　有期契約社員Ⅹらが，無期契約社員である正社員との間での労働条件の差異が労契法20条に違反するとして，会社Ｙに対し，正社員の給与規程等が適用される地位の確認，労働条件の差異による差額について労契法20条の補充効・不法行為に基づく支払いを求めたところ，裁判所が，一部の労働条件の差異について労契法違反を認め，不法行為に基づく損害賠償請求を認めた事案。

■判例としての価値

　1審と2審で，住居手当及び年末年始勤務手当の判断が分かれ，2審が，契約社員らに対し住居手当及び年末年始勤務手当を支給しないことが不合理であると判断した点に，裁判例としての価値がある。

◆ 使用例

　Ｙの社内弁護士Ａは，総務部長Ｑから，正社員と契約社員の労働条件の差異について次のとおり相談を受けました。

　Ｑによれば，Ｙでは，正社員に対してのみ住宅手当などを支給し，契約社員には支給していないそうです。Ｑとしては，昨今，労契法20条に基づいて，正社員と契約社員の間の労働条件の差異が違法とされる例が相次いでいることから，契約社員にも正社員と全く同様の手当を支給しなければならないのか悩んでいるとのことでした。

　これに対し，Ａは，必ずしも同様の手当を支給する必要はないこと，契約社員の給与体系の中に，当該手当に当たる部分が既に支払われている場合は不要とされる可能性があること，各手当が支給されている趣旨が契約社員にも妥当するかどうかを整理する必要があることなどについてアドバイスしました。

◆ 分 析

本事案は，日本郵便（Y）との間で有期労働契約を締結している契約社員X らが，無期労働契約を締結している正社員との間で，労働条件に不合理な差異 があるとして争った事案です。

Xらは，次の10項目について，正社員との間で差異があり，これが労契法20 条違反に当たると主張しました。

---

①住居手当，②年末年始勤務手当，③祝日給，④夏期冬期休暇，⑤病気休暇， ⑥外務業務手当，⑦郵便外務・内務業務精通手当，⑧早出出勤手当，⑨夏期年 末手当，⑩夜間特別勤務手当

本稿では，紙幅の関係上，1審と2審で判断に差異の出た，①住居手当と② 年末年始勤務手当について詳しく検討します。

厳密にいえば，1審は，①住居手当と②年末年始勤務手当を「全く支給しな い」ことは不合理だが，正社員と同額でなければ不合理であるとまではいえな い，としています。他方，2審はいずれも，同額でなければ不合理としました。

なぜ，1審と2審で判断が分かれたのでしょうか。

1. ①住居手当

1審は，正社員に交付される①住居手当の6割が損害，と判断しました。

本事案で契約社員らは，転居を伴う人事異動がされていません。

とはいうものの，比較対象となる新一般職は，転居を伴う人事異動等が予定 されていないにもかかわらず，①住居手当が支給されており，転居可能性は， ①住居手当に違いを設ける合理的な理由になりません。したがって，契約社員 らに①住居手当が支給されないことは，合理的ではありません。

けれども，①住居手当には，「福利厚生」「長期雇用に対する動機付け」とい う正社員固有の意味もあります。そこで，新一般職に支給している金額と同額 でなければ不合理というわけではなく，損害額は①住居手当全額の6割，と認 定したのです。

これに対して，2審は，正社員と同じ補償が必要，と判断しました。

そこでのポイントは，正社員固有の意味として1審が指摘した，「福利厚生」 「長期雇用に対する動機付け」という理由が削除されている点です。

すなわち，1審判決の前半部分の，住居手当の趣旨は，社員の住宅に要する

費用を補助することである⇒新一般職も契約社員も，転居を伴う配置転換等が予定されておらず，転居可能性に差がない⇒両者の，住宅に要する費用は同程度であるため，契約社員に支給しないことは不合理である，という判断だけが採用されたのです。

2．②年末年始勤務手当

　1審は，正社員に交付される②年末年始勤務手当の8割が損害，と判断しました。

　すなわち，②年末年始勤務手当の趣旨について，1審は多くの国民が休日の中で最繁忙時期の労働に従事したことに対する対価と認定し，勤務の内実は問われていないとしました。そうすると，有期と無期で差を設ける理由がありませんから，契約社員に対して支給しないことは不合理となります。

　けれども，②年末年始勤務手当には，正社員固有の問題として，定年までの長期間にわたり年末年始に家族等と一緒に過ごすことができないことに配慮するという，「長期雇用に対する動機付け」という意味もあります。そこで，新一般職に支給している金額と同額でなければ不合理というわけではなく，損害額は②年末年始勤務手当全額の8割，と認定したのです。

　これに対して，2審は，正社員と同じ補償が必要，と判断しました。

　そこでのポイントは，正社員固有の意味として1審が指摘した，「長期雇用に対する動機付け」という理由が削除されている点です。

　すなわち，契約社員は年末年始の期間に必要な労働力を補充・確保するための臨時的な労働力であるとはいえない⇒契約社員に②年末年始勤務手当の趣旨が妥当しないとはいえず，契約社員に対する不支給は不合理である，と判断されたのです。

3．1審判決と2審判決の違い

　以上のとおり，1審判決と2審判決の差は，①住居手当と②年末年始勤務手当に正社員の「長期雇用に対する動機付け」という趣旨を含むかどうか，という点に関する判断の違いによるものと思われます。同趣旨の適用を安易に認めると，どのような正社員への優遇（手当，休暇など）にも，この趣旨が含まれると解釈されかねません。そのため，「長期雇用に対する動機付け」という趣旨が本当に含まれているかどうかは，手当創設の経緯や支給要件，実態などか

ら厳格に判断する必要があります。

　そして，安易にこのような抽象的な趣旨を認めるべきではない，という実務上の傾向に照らせば，２審判決が，住居手当，年末年始勤務手当に長期雇用への動機付けという趣旨を含めなかったことは，その流れに一致するものとして理解できます。

４．実務上の応用可能性

　２審判決も他の論点で肯定しているとおり，有期契約社員と無期契約社員が全く同一の内容の労働条件でなければならない，というわけではなく，両者に一定の賃金制度上の違いがあること自体は許容されています。その意味で，厳格な「同一労働同一賃金」ではないのです。

　労契法20条が問題としているのは，その違いが，不合理な理由によってはならないということです。極めて簡潔にいえば，無期契約社員に対する優遇措置の趣旨が有期契約社員にも妥当するのであれば，有期契約社員に対しても同様に優遇していなければならないことになるでしょう。

　その上で，本判決から学べるポイントは，正社員に対する優遇措置に関し「長期雇用に対する動機付け」という趣旨がそう簡単には認められないということです。

　上記３項でも述べたとおり，この趣旨が簡単に認められてしまうと，正社員に対して優遇している手当のほとんど全てに，この趣旨が妥当しかねません。また，後付けとして説明しやすい趣旨でもあります。

　そのため，これを安易に認めては，労契法20条で不合理な労働条件の差異を禁止している意味がなくなってしまいます。

　もちろん，具体的な理由があれば，労働条件の差異が認められる可能性はあるのですが，まず基本的な視点として確認すべき点は，抽象的な「長期雇用に対する動機付け」等の理由だけでは，合理性が認められない可能性が高い，したがって，抽象的な理由だけで条件等の差異を設けることは避けなければいけない，という点です。

　なお，②年末年始勤務手当については，同じ頃に出された大阪高裁判決と異なる判断がされていて，非常に注目されますが，ここでは検討を省略します。
※　本稿脱稿後，最高裁判決が出されています。（令和２年10月15日）。

（佐山）

2-16 学校法人中央学院事件

東京地判令元.5.30 労判1211.59

<事件概要>

　Y大学の非常勤講師Xが，Y大学に対し，無期契約社員である専任教員との間の給与，手当に関する労働条件の差異が労契法20条に違反するとして，賃金の差額の支払い等を請求したところ，裁判所がXの請求をいずれも棄却した事案。

■判例としての価値

　Y大学の非常勤講師と専任教員との間の賃金に関する労働条件の差異について，職務の内容等の違いを詳細に検討し，いずれの差異も不合理ではないとした点に裁判例としての価値がある。

◆ 使用例

　社内弁護士Aは，総務部長Qから，契約社員と正社員の給与の格差について質問を受けました。

　会社では，契約社員から，基本給の金額差や住宅手当，家族手当の支給の有無について労契法20条に違反しているのではないか，という追及が来ているそうです。Qとしては，正社員の方が大事なのだから，手厚い待遇にしても差異に不合理さはないと考えているようです。

　Aは，差異の合理性は，正社員が大事だからという漠然とした理由では認められないこと，各支給項目の趣旨が正社員のみにあてはまるのか，契約社員にもあてはまるのかといった点から検討する必要があり，趣旨からして契約社員にも支給すべきものについては適切に支給をすべきであること，少なくとも家族手当に関しては基本給の補完や生活保障といった趣旨から，契約社員にも支給すべき可能性が高いことをアドバイスしました。

◆ 分 析

　本事案は，Y大学の非常勤講師であるXが，Y大学の専任教員（例えば教授
など）の本俸とXに支払われた本俸の差が約3倍存在することや諸手当の有無
が，不合理な差異であって労契法20条に違反するとして，その差額の支払いを
求めた事案です。

1. 本判決の判断

	X	専
本俸	年228万3,173円	年666万5,200円
賞与・年度末	なし	294万4,178円
住宅手当	なし	1万円～1万7,500円
家族手当	なし	3,000円～1万6,000円

　本判決は，差異の合理性
について，次のとおり判断
しています。

　1つ目は，本俸です。

　本事案では，Y大学の非
常勤講師と専任教員の間に
職務内容の違いがありまし
た。具体的には，非常勤講
師は一定期間，担当する授
業を持つだけである一方で，専任教員は，一部の例外を除いてゼミ形式の授業
を担当し，担当専攻分野の研究活動（例えば，大学における3年に1回の論文
発表）をしていました。また，専任教員は，教授会での審議，学校組織上の役
職，入試委員会などの各種委員会，任命された事項の対応，オフィスアワーな
どの学生への修学指導，課外活動の指導といった大学運営に関する多くの業務
も義務付けられています。要するに，専任教員の方が，非常勤講師よりも課せ
られている職務が非常に多いのです。

　さらに，専任教員と非常勤講師とでは，私立大学が受給できる補助金の額に
相当大きな開きがありました。また，Y大学の非常勤講師の賃金水準は，他の
大学と比較して低いわけではなく，しかもY大学では，団体交渉により，非常
勤講師の給与についてさらに高水準となる方向で見直しが続けられています。

　以上のことから，本判決は，本俸の差異は不合理とはいえないとしました。

　2つ目は，賞与・年度末手当です。

　Y大学では，賞与・年度末手当はY大学の財政状況と勤務成績に応じて支給
されるものとされています。

　その上で，Y大学の専任教員はY大学の財政状況に直結する学生募集や入学

試験に関する業務を含む大学運営に関する幅広い業務を担当し，重要な職責を負う立場にあり，Y大学の専任教員には職務専念義務が課せられ，兼職も許されていません。さらに，上記のように専任教員と非常勤講師とで職務内容等の事情が大きく異なっていることも併せて考慮し，本判決は，専任教員に対してのみ賞与，年度末手当を支給することが不合理とはいえないとしました。

　3つ目は，家族手当と住宅手当です。

　本判決は，Y大学における家族・住宅手当は福利厚生と生活保障の趣旨で支給されていると評価しました。

　その上で，Y大学では，上記の職務のように，大学運営に関する幅広い業務と，重い責任を負う専任教員を安定的に確保する必要があり（大学設置基準13条は，一定数以上の専任教員の確保が必要としています），専任教員に手厚い処遇をする合理性がありました。しかし，Y大学の専任教員は，職務専念義務を負い，原則として兼業が禁止され，Y大学からの賃金に収入を依存しています（非常勤講師は兼業可能）。以上のことから，本判決は，専任教員だけに家族・住宅手当を支給することも不合理とはいえないとしました。

2．本判決の検討

　本判決で興味深いのは，家族・住宅手当についても不合理な差異はないとした点です。

　すなわち，一般的には，正社員と有期契約社員とで家族の扶養の必要性に差はない，と評価され，また，本事案では専任教員だけ転勤があるといった事情もなさそうです。そうすると，この2つの手当について差異を設けることは不合理な差異となりそうです。

　しかし，上記のとおり，手厚い処遇による人材確保の必要性や，専任教員に兼業が禁止されていることをもって，不合理な差異ではないとしました。

　ここで注目されるのは，手厚い処遇による人材確保という理由です。

　多くの事案で否定されるこの理由を本判決が肯定したのは，大学設置基準により専任教員の一定数以上の確保が必要，つまり専任教員の一定数の確保が経営そのものの前提だった，という事情があったからです。そのため，優秀な人材確保という理由が有効となる場面は非常に限られてくるでしょう。

3．実務での応用可能性

　本判決から学べるポイントは2つです。

　1つ目は，有期契約社員と無期契約社員との間で，本俸・基本給の差異を設けることに，会社が委縮しすぎる必要はない，ということです。

　本来，会社は，有期契約社員を，特定の期間・特定の仕事を任せるという一時的な雇用を目的として，雇用します。そのため，基本給は，仕事の種類に応じた対価としての「職務給」「時間給」などにすることが多いと思われます。一方，無期契約社員には，任せる仕事の範囲を限定せず，役職などの責任ある立場を務めてもらったり，長期間の貢献を期待したりして雇用します。そうすると，基本給は，勤務経験に基づく能力や有期契約社員には任せられない責任ある立場を負わせている，といった様々な事項に対する評価を含み，単純に仕事に対する対価といえなくなります。そのためポテンシャルも含めた「職能給」などにする傾向にあると考えられます。

　このように，有期契約社員と無期契約社員とで会社から求められるものが違う以上，給与体系自体から異なりますので，それによって金額に差異が生じるのも当然のことです。注意すべきなのは，上記のような趣旨できちんと給与制度を定めたのに，会社が，自らその制度趣旨に反して，例えば，有期契約社員を無期契約社員のように労働させる実態を作ってしまうことです。

　2つ目は，基本給とは異なり，家族・住宅手当の支給の有無に差異を設ける場合には，手当の趣旨が合理的で，本当に差異を設ける理由になるものか，慎重に見極める必要がある，ということです。

　上記2項でも述べましたが，本事案で家族・住宅手当について差異が不合理でないとされたのは，本事案の特殊な事情（人材の確保が法律上必要）が影響しています。そのため，本判決が挙げた理由はあまり参考になりません。住宅手当に差異を設けるには，例えば無期契約社員にだけ，転勤に伴う転居が予定されているといった理由が必要です。

　一方で，家族手当については，どういった場合に差異を設けることができるのかあまり判然としません。本判決の理由があまり参考にならないのは既に述べたとおりですが，そうすると，家族手当支給の趣旨は多くの場合，有期契約社員にもあてはまるように思われます。

　したがって，会社は，家族手当を廃止するか，その分，基本給自体を増額する，といった方法をとる必要があると考えられます。　　　　　　　　　　（佐山）

2−17 学校法人産業医科大学事件

福岡高判平30.11.29 労判1198.63

＜事件概要＞

1か月〜1年の短期という条件で臨時職員として雇用されたにもかかわらず30年以上もの長期にわたり雇用され続けた臨時職員Ｘが，正規職員との間の基本給の相違が，労契法20条にいう「期間の定めがあることにより」相違している場合に当たるとして，学校Ｙに対して損害賠償等を請求したところ，裁判所が，労契法20条違反を認定した事案。

■判例としての価値

臨時職員と正規職員は，業務内容や責任の程度に差があることを認めつつ，その違いだけでは基本給の格差に不合理性を認められないとし，労契法20条にいう「その他の事情」として考慮される事情を具体的に示した点と，独特な損害額の認定方法を採用した点に，事案としての価値がある。

◆ 使用例

社内弁護士Ａは，人事部のＱより，臨時職員の労働条件を決める上での注意点について質問を受けました。

Ａは，臨時職員と正規職員の間に，業務内容や責任に明らかに差があれば，例えば時給制と月給制のように，基本給の制度自体に差を設けることも可能ではあるものの，これは臨時職員をあくまでも一定期間に限定して雇用する場合であり，仮に臨時職員として雇用した者を，長期間雇用するような事情変更があった場合には，臨時職員の給与が正規職員の給与と比較して不合理とされる可能性があることから，正規職員に転換するか，または，臨時職員のままであっても，労働条件の見直しを行うべきことを助言しました。

◆ 分 析

本判決（2審）は，臨時職員Ｘと正規職員の基本給の相違が，労契法20条に

いう「期間の定めがあることにより」相違している場合に当たるとして争われ，実際に労契法20条違反が認められた事案です。労契法20条違反に関する裁判例の集積は進んできているものの，基本給の相違を労契法20条違反と認定した裁判例は珍しく，事案として注目されます。

　また，１審は労契法20条違反がないと判断したところ，２審は１審とほとんど同じ事実を認定しながら，労契法20条違反を認定しています。

　以下では，２審が労契法20条違反を認定した理由を，１審と比較しながら検討します。

1．1審の判断

　本事案では，２審と１審で，認定されている事実はほとんど同じです。

　具体的には，Ｘは，任期を長くても１年とする，有期契約で雇用された臨時職員であったものの，30年以上にわたって雇用され続けてきた者であり，Ｘがほぼ同じ勤続年数の正規職員として挙げる５名の対照職員との間では，基本給に２倍近い差がありました。

　しかし，Ｘが比較対象と主張する対照職員は，いずれもＸとは業務内容が異なるほか，業務の範囲，業務量，責任等に差があり，配置の各変更の範囲等にも相違がありました。

　これらの事情をもって，１審は，Ｘと対照職員を単純に比較することはできず，Ｘと正規職員との間の賃金の定めが，労契法20条違反であるとまではいうことはできないとし，Ｘの主張を全て排斥したのです。

2．2審の判断

　一方，２審は，同様の事実を認めながらも，Ｘの特殊な事情が，労契法20条にいう「その他の事情」に当たるとし，労契法20条違反を認定しました。

　すなわち，本判決は，労契法20条が，有期契約社員と無期契約社員との労働条件の相違が不合理と認められるものであるか否かを判断する際に考慮する事情として，「その他の事情」を挙げていることに触れ，長澤運輸事件（最判平成30年６月１日労判1179号34頁）を引用し，この「その他の事情」は，職務内容及び変更範囲に関する事情に限定されないとしました。

　そして，「その他の事情」として考慮すべき事情として，Ｘが元々，大学病院開院当初の４年間の限定的な措置として，当時の人員不足を補う目的のため

に，1か月～1年の短期という条件で採用されたにもかかわらず，30年以上もの長期にわたり雇止めもなく雇用されるという採用当時に予定していなかった雇用状態が生じたことを挙げ，その上で，Xと正規職員との間の基本給の差異が不合理であるか否かを検討することを示しました。長くとも4年間の雇用と想定されていた職員の場合には，賃金を低く抑えたり，昇給を想定しないなど，長期間雇用される職員と様々な面で労働条件が異なったとしても，合理性が認められる可能性はありますが，結果的に長期間雇用された場合には，その前提が欠けてしまうからです。

　このような事情を「その他の事情」として考慮することで，原判決と同様の事情を認定しながら，結論の相違が生まれることになったのです。

3．不合理の範囲

　では，本判決は，どの範囲で不合理性を認定したのでしょうか。損害額の認定方法の問題です。

　まず，本判決は，既に認定されているように，Xが主張する現在の対照職員である正規職員とXは，その業務内容，業務量，責任等に相違があることから，単純に比較することはできないとしています。その上で，専門的技術的業務に携わっていなかった教務職員を含む一般職研究補助員については，採用から6年ないし10年で主任として管理業務に携わる地位に昇格したものの，採用当初はXと類似した業務に携わっていたことから，主任に昇格する前の正規職員の賃金水準とXの賃金を比較することを示しました。

　比較対象をどのように設定するのか，という点について，最近，いくつかの下級審裁判例が，原告社員が指定する者（メトロコマース事件・東京高判平成31年2月20日労判1198号5頁，日本ビューホテル事件・東京地判平成30年11月21日労判1197号55頁）としていますが，本判決は，これと異なり，Xの指定する者と異なる者を比較対象としています。本判決が，これらの裁判例と異なるルールを示したのか，それともこれらの裁判例のルールが原則ルールだが，それが適切でない場合の例外ルールを示したのか，今のところ判然としません。今後の展開が注目されます。

　その結果，Xの賃金は，現在管理職にある対照職員とは2倍近くの差があるだけでなく，Xと学歴もほぼ同様の正規職員の，主任昇格前の賃金水準よりも低かったのです。

　ここでは，主任に昇格した社員との比較をする方法も，理論的には考えられます。実際，例えば，女性社員が昇進で差別された，と争われた裁判などもありますから，Ｘにとっても，昇格の機会を逃した点についてまで含めて「不公平」と評価することも可能なように思われます。

　そのような認定にならなかった事情は明白ではありませんが，Ｘが30年以上も補助的な業務を受け入れていたことなどを考えれば，仕事の内容が高度になったり変わったりするよりも，同じ仕事をし続けることの方が好ましいと考えており，したがって，その補助的な業務を前提とした「不公平」だけが，現実的な損害である，と評価されたのでしょうか。

　そのため，本判決は，現在のＸの賃金と，同学歴の正規職員の主任昇格前の賃金水準とを比較し，これを下回る３万円の限度において不合理であると評価されるとし，労契法20条違反を認定しました。これは裁判所が，Ｘが元々期限付きの臨時職員として雇用されたにもかかわらず，雇用が長期に及んだという特殊事情の下ではあるものの，全く同じ業務内容，業務量等の正規職員でなくとも，学歴，職務内容等が類似した時期のある正規職員であれば，対照職員として不合理性の判断の基礎にできることを示したものといえます。

4．実務上の応用可能性

　臨時職員として，短期間の雇用であることを前提として採用をするような場合には，正規職員との業務内容等の差が明らかである場合が多く，通常は賃金水準に差があっても不合理とはいえません。

　しかし，当初は短期間の臨時職員のつもりで雇用をしたとしても，長期間継続して雇用する予定であった正規職員の退職，求人等の難航，経営状況の変化等により，事情が変化し，臨時職員を雇用し続けるといったことは珍しいことではありません。そのような場合に，当初設定した賃金水準のままで，なし崩し的に臨時職員を雇用し続けていれば，当然正規職員との間で賃金の大きな差異が浮き彫りになり，本事案のような紛争を招くことは必至です。

　そのため，会社としては，臨時職員として雇用したのであれば，当初の目的に従ってこれを運用するか，事情が変更し，雇用を継続したいのであれば，正規職員への転換または有期契約社員のままであったとしても，ある程度の期間の雇用を念頭に置いた新たな賃金体系を検討すべきでしょう。

（中野）

2−18 地方独立行政法人岡山市立総合医療センター（抗告）事件

広島高判平31.1.10 労判1201.5

＜事件概要＞

医師Ｘが，医療法人Ｙに対し，Ｘに対して出された配置転換命令及び診療禁止命令の無効を主張し，仮の地位を求める仮処分命令を申し立てたところ，裁判所が，配置転換命令及び診療禁止命令の無効を認めた事案。

■判例としての価値

明示的合意がされていない職種限定合意の有無及び内容について判断した点，外科医師に対する配置転換命令の有効性について，外科医師のキャリアモデル，当該外科医師の専門性等に配慮した上で判断した点に，判例としての価値がある。

◆ 使用例

社内弁護士Ａは，人事部長Ｑから，「腕は良いのですが，協調性に欠ける外科医がおり，手術にも影響が出ています。今度がんセンターを設立するので，そこに配置転換して，診療や手術からは外そうと思っているのですが，何か法的な問題はあるでしょうか。」と相談を受けました。

そこで，Ａは，Ｑに対し，本決定を紹介した上で，配置転換が難しいことを説明し，地道に改善指導を重ねましょうと伝えました。

◆ 分 析

医療法人Ｙが，同法人の運営する病院の消化器科外科部長及び消化器疾患センター副センター長を務めていたＸに対し，同職を解任し，がん治療サポートセンター長に任命する旨の配置転換命令（以下，「本件配置転換命令」といいます）及びがん治療サポートセンター長就任以降の外科の一切の診療に関与することを禁止する命令（以下，「本件診療禁止命令」といいます）を出しました。

　これに対し，Xが，本件配置転換命令及び本件診療禁止命令は無効であるとして，がん治療サポートセンター長として勤務する雇用上の義務がないこと及び本件診療禁止命令に従う義務がないことの仮の定め等を求めた事案です。

　本事案の主たる争点は，①XY間にはXの職種を限定する合意があるか（本配置転換命令が職種限定合意に反するか），②職種限定合意がないとしても，本件配置転換命令が権利濫用で無効となるか，③本件診療禁止命令が権利濫用で無効となるかという点です。

1．原決定の判断

　原決定は，①について，黙示的にはXを「医師」として雇用する職種限定合意があるが，「外科医師」については，明示的合意がなく，就業規則上も兼務を命じられることがある旨定められているなどとして，職務内容を「外科医師」に限定する職種限定合意があったとは認められないと判断しました。

　次に，②について，本件配置転換命令は業務上の必要性があり，不当な動機・目的も認められない一方で，業務上の必要性を上回る著しい不利益がXに存しないとして本件配置転換命令は有効と判断しました。

　他方で，③について，がん治療サポートセンター長の職務に診療行為が含まれていないため，本件配置転換命令に加えて本件診療禁止命令を発令することに具体的な業務上の必要性が認められないとして，本件診療禁止命令は権利濫用であり無効と判断しました。

2．本決定の判断

　一方，本決定は，まず①について，外科医師という職業は極めて専門的で高度の技能・技術・資格を要するものであること，熟練度や経験が労務遂行上重要な意味を持つものであり，その意に反して外科医師としての臨床に従事しないという労務形態はおよそ想定できないなどとして，「外科医師」としての職種限定合意を認めました。職種限定合意がある以上，本件配置転換命令と本件診療禁止命令は，職種限定合意に反するため，無効であると判断しました。

　そのため②及び③についてはもはや判断は不要でしたが，本決定は，これらについても「念のため」として判断しています。

　まず②については，「本件配置転換命令による変更前の職務から変更後の職務に移動させる高度の必要性が必要である」との判断基準を示した上，「業務

上の必要性」について，その必要性を否定しています。具体的には，⑦Xの異動後に外科の売上が激減したことから，むしろ，Xを外科医師として勤務させる必要性があった，⑦Xが協調性に欠けることはあったが，パワハラ等の問題行動に及び続けたとはいえず，むしろ本件配置転換命令を正当化するための後付けの主張である，⑦外科医師として臨床に従事できないことで，外科医師としての技能・技術の質を低下させられ，専門医等の資格を失うことにより外科医師としての専門性を著しく毀損されるため，Xが通常甘受すべき程度を著しく超える不利益を被る，と判断しています。

③については，Xを外科の診療に従事させることについて，Yの病院の運営上支障となるものは，人的組織面においても，医療面においてもなんら存在せず，本件診療禁止命令については業務上の必要性は認められないと判断しました。

3．実務上の応用可能性

本事案では，Xを窓際に追いやろうという意図が推測されます。結果，その目論見が見事に失敗したわけですが，どの点に問題があったのでしょうか。以下，個別に検討します。

(1)　職種限定合意について

Xは，Yと雇用契約を締結した当時，医師歴20年を超え，一般社団法人日本外科学会の認定する外科専門医，一般社団法人日本消化器外科学会が認定する専門医，日本内視鏡外科学会が認定する技術取得者でした。

本決定も指摘するとおり，このような資格，専門性を有する外科医師を，外科医師以外の労務形態で勤務させることはおよそ想定できません。Yとしても，採用当初は外科医師以外の労務形態は想定していなかったでしょう。

したがって，本事案では，明示的に職種を限定しない旨の合意がない限り，外科医師としての職種限定合意があると判断されて然るべきと考えます。

仮に，採用当初から，外科医師以外の職務に従事させる可能性があるのであれば，明示的に職種を限定しない旨を合意しておくべきでしょう。

(2)　配置転換命令について

原決定では，本件配置転換命令の業務上の必要性が認められましたが，本決

定では業務上の必要性が全く認められませんでした。

　ここで，本決定は結果的にＹ側の人事上の判断を根本から否定する判断をしましたが，原決定はＹ側の人事上の判断にそれなりの合理性があったはずである，という前提で判断している様子があります。これは，原決定が，本事案を迅速性が要求される保全手続であることを重視した結果ではないかと考えられ，この点が，両決定の差異につながったと思われます。

　また，がん治療サポートセンターの主たる業務は，がん治療について院内外との連携をすること程度で，執務場所も特別に設けられていませんでした。がん治療を専門とする部署の必要性は否定できませんが，少なくとも，外科医師として治療行為を行えるＸをその部署に配属する必要性は到底認められません。

　そうすると，本事案では，仮に職種限定合意がなかったとしても，本件配置転換命令を有効とすることは困難であったといわざるを得ません。

(3)　診療禁止命令について

　本事案では，原決定でも指摘されているように，配置転換が有効であれば，Ｘが診療業務に携わることはありませんでした。それにもかかわらず，あえて，診療を禁止する命令を出したのは，Ｘを診療業務から積極的に排除する嫌がらせ目的を推測せざるを得ません。

　前記(2)のとおり，本件配置転換命令を有効とするのは困難な状況ですが，Ｙとしては，例えば「退職部屋」のように，自主退職に追い込むために（肩書だけもっともらしい肩書を残し）仕事や権限を剥奪するような方法をとるべきではありません。本件診療禁止命令は，まさに権限を剥奪して，退職に追い込もうとしたのではないか，と疑われてもやむを得ない措置だったといわざるを得ません。

(4)　まとめ

　以上のとおり，本事案では，Ｘを外科の診療業務から排除することは難しい状況でした。Ｙとしては，Ｘの態度に対して，その都度懲戒処分をするなど，適切なプロセスを経た上で，配置転換等を検討するべきだったでしょう。

（米澤）

2-19 ジャパンレンタカーほか（配転）事件

津地判平31.4.24 労判1202.58

＜事件概要＞

会社Ｙによる社員Ｘの雇止めが前訴で違法無効とされた結果，Ｙに職場復帰したＸをＹが配転したことが違法無効であると，Ｘが主張したところ，裁判所が，当該配転命令を違法無効と判断した事案。

■判例としての価値

問題社員を排除すべく試みた雇止めが違法無効と判断され，次の一手として講じた配転命令についても違法無効とされた裁判例である。この裁判例を通して，会社が問題社員と認識している社員とどのように向き合うことが重要であるかを学ぶことができる点で，判例としての価値がある。

◆ 使用例

社内弁護士Ａは，人事部のＱより，契約期間を半年とするパートタイム社員の中に，休憩室で大声をあげ，突然他の社員に対して奇声をあげて怒鳴るなど職場を混乱させる社員Ｐがいて，対処に困っている旨の相談を受けました。会社は，Ｐについて契約期間の満了をもって雇止めにするか，環境を変えるために，別の勤務地に配置転換したいと考えているとのことです。

Ｐの契約の更新状況を確認したところ，半年間の契約期間は，雇用を柔軟に調整できるように考えて設定したものの，実際には当然のように更新されており，更新手続は更新時に雇用期間のみを修正した雇用契約書を交付するという形だけのものになっており，既に勤続は10年になっているとのことでした。

そのため，Ａは，本判決を紹介し，このような状態での雇止めや配置転換は権利の濫用と判断される可能性が高いため，まずは当該社員との面談を十分に行うよう伝えました。その上で，休憩室で大声をあげ，同僚に大声で怒鳴るなどの状態からは，メンタル不調の可能性が懸念されることから面談において，最近の体調面に関して事情を聴き，医師の診断を勧めるなど，会社として，社

員の状態を真摯に受け止め，可能な対策を一緒に考えるところから始めるよう
助言しました。

◆ 分　析

　Xは，平成4年3月，Yに，有期契約社員であるパートタイマー社員として
雇用され，平成20年頃までは6か月の契約期間，それ以後は2か月の契約期間
で契約更新を繰り返し，結果として23年間，Yで稼働しました。

　しかし，平成26年10月頃，カラオケ店で勤務していたXは，利用客が忘れた
携帯電話を拾ったにもかかわらず，保管場所に置くことを失念し，着ていたユ
ニホームのジャンパーに入れてそのまま帰宅してしまいました。Xは帰宅後，
自家用車内にジャンパーを置きっ放しにしていたところ，2日間の休日があっ
たことから，休み明けまで携帯電話のことを忘れていました。携帯電話に気付
いたXは，自分が盗んだと疑われるのではないかと怖くなり，携帯電話を拾っ
て4日経ってから警察に届け出てはじめて，Yに対して，拾った携帯電話を警
察に届けたと報告したのです。そこからXは，体調を崩してYを休み，医師の
診断を受けたところ，軽度のうつ状態等と診断され2週間休みました。Yは，
Xが携帯電話を警察に届け出るまでの間，携帯を紛失した客が窃盗事案として
警察に届け出ていたことから，警察の事情聴取を受けるなど対応に追われまし
た。

　復帰後，Yから自宅待機を命じられたことから，稼働ができなくなったXは
雇用を継続できるか不安になり，労働局に相談し，さらに，最終的には労働組
合に加入し，雇用継続を求めて団体交渉を行いました。しかし，Yから，雇用
継続が拒否され，契約期間満了による労働契約の終了との扱いを受けたことか
ら，社員の地位を確認する前訴を提起したのです。

　前訴で裁判所は，23年間，契約更新の手続は1回あたり5分以内で完了する
形骸化されたものであり，これまで，契約期間満了により雇止めになった社員
はいなかったこと等から，Xの雇用契約は無期労働契約とほぼ同視できると認
定しました（労契法19条1号）。その上で，Xの携帯電話の報告遅延はたしか
に不適切であったものの，Xが携帯電話を窃盗した訳ではないし，警察に届け
出るとの次善策も講じていること等から雇止めの合理的な理由には当たらない
と評価しました。また，Yは，雇止めの理由として，Xの睡眠障害等の健康面
を指摘していましたが，裁判所は，治癒して復帰しているし，治癒後，契約期

間満了までの間，Y自身が稼働を認めているのであるから，健康面に不安があることを雇止めの合理的な理由とすることもできないと判断しました。

　結果として，Yの雇止めには理由がなく，XのYにおける社員としての地位があるとの結論が確定したのです。

１．本判決（配置転換の有効性と権利濫用該当性）について

　以上の経緯を経て，Xは元の職場に復帰することになりました。

　しかし，前訴の判決が確定したのと同じ月の内に，YはXに対し，三重県鈴鹿市にある元の職場A5店から離れた愛知県名古屋市のA6店を就業場所とする配転命令（以下，「本件配転命令」）を出したのです。このようなYの処置が，Xに対する報復的措置にほかならないとして，本件配転命令の無効を主張したのが，本事案です。

　争点は，①XとYとの間における勤務地限定合意の有無，②仮に①がないとした場合，本件配転命令が権利濫用に該当するかどうか，という点です。

　まず，①勤務地限定合意の有無について，Yのパートタイマー等就業規則には，配置転換が可能であるとの根拠規定があるほか，前訴を提起する前から約2年間は，雇用契約書に「A5店及び当社が指定する場所」と勤務地に限定がないかのような記載がされ，さらに，Xは，A5店以外の店舗で勤務した実績がありました。

　しかし，本判決は，採用当初の雇用契約書に，Xの就業場所が「A5店」とのみ記載されていたこと，契約更新における手続は，雇用契約書に署名押印するようにと渡されるだけであり，記載内容に変更があっても説明されることなく，1回あたり5分以内で終わるような簡易なものであり，時には就業期間が過ぎてから雇用契約書が渡されることがあるなど形骸化したものであったこと，XがA5店以外で勤務したのは，近接店舗への応援のみであったこと等から，YとXとの間では，Xの勤務地が必ずしもA5店のみに限定されていないとしても，少なくともそれと近接店舗に限定する旨の合意があったとして，勤務地限定合意があったものと判断したのです。

　その上で，本判決は，仮に勤務地限定合意がない場合としても，②本件配転命令は権利濫用に当たると判断しています。具体的には，仮に勤務地限定合意がないとしても，Yには，Xの勤務先がA5店又は近接店舗に限定するようにできるだけ配慮すべき信義則上の義務があり，権利濫用該当性もこの趣旨を

十分考慮すべきとの規範を立て，Xをわざわざ名古屋のA6店に配転しなければならない事情は認められないこと，Xの問題行動に対して，Yが正式に指導をした形跡がなく，異動させなければならない事態には至っていないこと，上記信義則上の義務を踏まえると，Xの自宅から1時間以上を要する勤務地に異動を命じることはXにとって不利益であること，などと認定した上で，本件配転命令が権利濫用に該当すると判断しました。

　本判決の2つ目の論点に対する判断のように，理論的には判断を示す必要がない論点であっても「念のため」に判断を示す例は，最近の裁判例で多く見かける判断方法です。処理すべき事件数が恒常的に多い日本の裁判所で，忙しいのに手間をかけて，必要のない判断をわざわざ明確に示しているのは，それだけ裁判官として強い思いがあってのことでしょう。本事案では，勤務地限定合意の部分さえクリアーすればよい，と安易に受け止められたくない，本当は，配転命令の合理性が重要な問題なのだ，という思いが強かったのではないでしょうか。

2．実務への応用可能性

　本事案からは，とにかくXを辞めさせたいというYの意向がよく伝わってきます。しかし，本判決においても，前訴においても，Xの雇止めを正当化したり，配置転換を正当化したりするような具体的な事情は見られません。

　本事案のように，長年契約更新を続けてきた社員を，近年扱いづらくなったことから，なんとかして辞めさせたいと考える会社は多いと思います。しかし，本事案のように，排斥ありきで手段を講じると，どうしても当該社員に対して真正面から向き合うという姿勢が希薄になり，結果として，裁判所が最も重視している当該処分を下すに至ったプロセスの適正を欠く事態になり，トラブルが激化してしまいます。

　長年契約更新を続けてきた契約社員は，これまで，会社に貢献してきた人であり，問題がなかったからこそ契約更新が繰り返されたはずです。一時期の問題行動を捉えて，速やかに排斥しようとする言動はご法度です。会社が社員のことを真摯に受け止め，可能な対策を一緒に考える姿勢が何より重要となるでしょう。

（畑山）

2-20　相鉄ホールディングス事件

最判平30.4.19　労判1185.5

＜事件概要＞

　会社Yが，在籍出向中の社員Xらの在職出向を解除し，バス運転業務ではなく清掃業務等を命じた（復職命令）ことにつき，これが権利濫用・無効として，バス運転業務以外の業務に勤務する義務の不存在確認と，精神的苦痛に対する慰謝料を請求したところ，裁判所が，権利の濫用に当たらないと判断した事案。

■判例としての価値

　出向先からの復職命令が職務内容の変更を伴う場合の合理性判断基準を具体的に示した点，業務上の必要性・合理性について高度な業務上の必要性・合理性は不要とした点，職種限定合意がない場合の保護は限定的として，著しい不利益の有無を判断した点，等に事案としての価値がある。

◆ 使用例

　社内弁護士Aは，人事部長Qから，グループ会社へ在籍出向中の多くの社員Jらに対して，出向補填費の削減のために復職させる際の注意点について相談されました。

　Aは，本判決を示した上で，復職命令には，原則として同意は不要であるものの，復職後の処遇への不満などのトラブルを防ぐために，周到な準備を行った上で復職命令を出すように助言しました。

◆ 分 析

1．本判決のポイント

　本判決は，当該復職命令の業務上の必要性・合理性の存在を肯定した上，バス運転業務以外の業務に勤務することが著しい不利益を生じるものでもないことから，Yが命じた在籍出向は権利の濫用に当たらないとして，Xらの請求を棄却しました。

　本事案では，在籍出向が定年まで継続されるという労働協約があったか否か，バス運転業務以外の業務はさせないという職種限定合意があったか否か，労働委員会の勧告に反して復職を実施したことが支配介入行為とされるか否かなど，争点は多岐に亘っていましたが，いずれも不合理性が否定され，Ｙの主張が認められています。

　本稿では，これらの事実認定を前提とした上で，職務内容の変更を伴う復職命令がどのような場合に違法になるかについて，本判決で示された判断基準を整理し，具体的な判断を見ていきます。

2．判断基準

　本事案では，グループ会社に在籍出向していたＸらを，Ｙに復帰させる方法が問題となっています。通常，在籍出向をしていた社員を復帰させる場合，復帰を予定しない出向であった場合等を除き，原則として社員の同意は不要とされています（古河電気工業・原子燃料工業事件・最判昭和60年4月5日労判450号48頁）。社員が，出向元との本来の雇用関係に戻るだけだからです。

　このように，在籍出向からの復帰については，本来，出向元である会社に広範な裁量があるのです。

　もっとも，出向元への復帰により，出向前と異なる職務を命じる場合は，話が別です。雇用契約の内容等によっては，出向前の職務内容と復帰後の職務内容が異なることが，雇用契約に違反する場合もあり得るからです。

　この点本判決は，復職命令が社員の職務内容を変更する場合，①業務上の必要性・合理性の有無，②他の不当な動機・目的，社員に対し通常甘受すべき程度を著しく超える不利益を負わせる，など，特段の事情がある場合には，復職命令が権利の濫用に当たると判示しました。

3．業務上の必要性・合理性

　本判決は，東亜ペイント事件（最判昭和61年7月14日労判477号6頁）を引用し，業務上の必要性・合理性は，高度の必要性に限定せず，労働力の適正配置，業務の能率増進，社員の能力開発，勤務意欲の高揚，業務運営の円滑化など会社の合理的運営に寄与する点が認められればよいと判示しました。

　具体的には，バス事業の収支改善のために出向補償費を削減することに合理性があること，在籍出向者と出向先のプロパー社員との間の給与格差を解消し

労務管理を効率化するために，在籍出向を解消する必要性があること，復職者はグループ内で必要性がある会社に再出向しており，余剰人員となっていないことなどから，少なくとも業務上の必要性・合理性はあると認定したのです。

　もっとも，このような緩やかな業務上の必要性・合理性に当たる事情が一切ないにもかかわらず，出向先からの復帰を命じるようなケースは，容易には想定し難いことから（少なくとも，何らかの理由を提示して復帰を命じることが通常でしょう），実質的には，②他の不当な動機・目的，社員に対し通常甘受すべき程度を著しく超える不利益を負わせる，という点が重要となります。

4．不当な動機・目的

　本事案では，復職命令によって，バス運転業務に従事してきた社員を清掃業務等に就かせたことが，Xらを狙い撃ちにした，いわゆる「追い出し部屋」的な処遇であり，不当な動機・目的ではないかが問題となっています。

　しかし，本判決は，多数の在籍出向者について，本給の高い者から復職命令を発しており，さらに和解協議中は復職希望者のみに復職を命じるなどしており，人選に問題はなく，清掃業務についてもYがXの再出向先を選定，調整するため，能力や適性を把握するまでの一時的な期間，空き時間に清掃業務に従事させていただけであり，「追い出し部屋」的な処遇はなかったと認定しました。

　これらは，Yが，「出向補償費の削減」という目的を，Xとの間でのトラブルを可能な限り回避しつつ達成するため，周到な計画の下，復職命令を発していたことから，自ずと一貫した方針をとることができていたということでしょう。

5．通常甘受すべき程度を著しく超える不利益

　本事案では，本件復職命令により，Xが，長年携わってきたバス運転士の業務から離れなければならなくなること，時間外労働の減少により時間外賃金が減額したことが，Xにとって著しい不利益を課すものであると主張されました。

　しかし，本判決は，職種をバス運転士とする旨の職種限定合意は認められず，契約上，異業種への配転が予定されていたことから，バスの運転士から離れたくないという主観的な利益は限定的にしか保護されないとし，ことさらに過酷な処遇が行われたこともないため，Xに著しい不利益が生じたとはいえないと

認定しました。また，本判決は，Xには，時間外労働を行う権利はないことから，時間外賃金の減少については，法的に保護された利益が害されているとはいえないと判断しました。

以上の事実から，本件復職命令は，業務上の必要性・合理性が存在し，他の不当な動機・目的を持ってなされたり，社員に対し通常甘受すべき程度を著しく超える不利益を負わせるものであるなど，特段の事情もない場合であるから，権利の濫用はないと結論付けられました。

6．実務上の応用可能性

本事案では，Yが，Yとして決めた「出向補償費の削減」という目的を，Xとの間でのトラブルを回避しながら達成するため，一貫した方針に基づいて復職命令を含む様々な行動をとっています。具体的には，在籍出向中の社員に対して，まずは復職を含めた3つの案を提示（完全なる転籍をすること，退職をすること，復職をすること）し，希望を募った上，転籍や退職を希望しなかった社員に対しては，社員説明会や労働組合との協議を通じて説明を尽くし，実際の復職命令は，本給の高い者から行うことで「出向補償費の削減」の効果をより高いものにしようとするなど，非常に一貫しています。

本判決そのものは，在籍出向の解消の場面における復職命令の適法性という，やや限定された場面に関する裁判例であったものの，会社として多数の社員に対し，何らかの人事権を行使するような場合には，このような一貫した態度をとることは，当該人事権の行使の合理性を高めるものとなります。

会社としては，その場しのぎでの対応をするのではなく，社員とのトラブルを回避した上で目的を達成するためにどのような手段が考えられるか（本件では3つの手段を社員に提示），その際に起こり得る問題はどのようなものがあるか（いずれの手段にも同意しない社員が存在すること），その問題が起こった場合に，どのような対処をすれば目的が達成できるか（説明と協議を尽くした上で，同意をとらずに，目的に沿った順序で復職命令を出すこと）などを，緻密に計画しておくことが重要です。

(中野)

2-21 国立研究開発法人国立循環器病研究センター事件

大阪地判平30.3.7　労判1177.5

＜事件概要＞

　社員Ｘが，被告法人Ｙと国立病院機構との間で個別の同意なく行われた人事異動命令に従わなかったことを理由とする懲戒解雇の効力を争ったところ，裁判所が，懲戒解雇事由がないと判断し，Ｙによる懲戒解雇を無効とした事案。

■判例としての価値

　人事異動の性質が，転籍出向となるか在籍出向となるかの判断方法を示して，転籍出向の場合には社員の個別の同意が必要であることを示した上で，在籍出向の場合でも，人事異動命令が権限の濫用に当たり得ることを示したことに事案としての価値がある。

◆ 使用例

　社内弁護士Ａは，人事部長Ｑから，社員について，グループ会社間での出向の際，注意すべきポイントについて質問を受けました。

　Ａは，本判決を紹介しながら，人事異動が無制限に認められるわけではないことを指摘した上，その必要性，当該社員を選定した理由等については，人事部等での会議録や検討資料に記録を残し，異動に関して勤務時間帯や勤務場所に変更がある場合には，本人に事前に且つ具体的に説明をし，本人の家庭の状況等についても聴取し，最後に，人事異動にかかる同意書を個別にとっておくようアドバイスをしました。

　その上で，人事異動命令違反を理由にする解雇には慎重であるべきことを説明し，人事異動の段取りに時間がかかり得ることを想定し，急な余剰人員や欠員が発生しないよう，人事管理をきめ細やかに行うよう助言しました。

◆ 分 析

　人事異動命令は，時に社員の生活環境を大きく変えてしまいます。その一方，

会社としては，様々な事情から必要となる人事異動を，適切な時期に柔軟に行いたいものです。

　本判決の大きなポイントは，①主たる判断として，本件人事異動の性質を転籍出向であるとして，懲戒解雇処分の無効を判示したのみならず，②「なお念のため」として，本件人事異動の性質を在籍出向と考えた場合の，人事異動命令の権限濫用の有無について検討し，いずれにしても本件解雇を無効と判断した点です。

　①に関する先例には，新日本製鐵事件（最判平成15年4月18日判時1826号158頁）があり，制度設計の方法次第では，会社が社員に対し，その個別的同意なしにいわゆる在籍出向を命ずることができる場合があるとされています。

　本判決では，本件人事異動命令が転籍出向であると認定されたため，もはや権利の濫用の有無にかかわらず違法であると認定されています。なぜなら，転籍出向の場合は社員の同意が必要であり，Xの同意がない以上，出向命令の効力がなく，命令違反を問えないからです。

　そこで，本稿では，まず①について，新日本製鐵事件での事実関係と対比しながら，本件の人事異動命令が転籍出向であるとされた理由を確認し，その上で，本判決があえて「念のため」に言及した②についても，特に「その他の事情」に焦点を当てて，検討しましょう。

1．個別同意の必要性

　Yは，本件人事異動命令について，厚生労働省の組織内で行われた人事異動や人事交流に過ぎない旨（すなわち「在籍出向」である旨）主張しましたが，裁判所はこの主張を退けました。

　ここではまず，人事異動が在籍出向であると判断された新日本製鐵事件で認定された事実を見てみましょう。新日本製鐵事件自体は，在籍出向を命ずることができる場合について，何らかの規範を示したわけではありません。しかし，以下のような事情の下で，当該人事異動を在籍出向であると判断しています。

❶　就業規則・労働協約に，「業務上の必要によって社外勤務をさせることがある。」とする規定があったこと。

❷　労働協約（社外職務協定）に，社外勤務の定義，出向期間，出向中の社員の地位，賃金，退職金，各種の出向手当，昇格・昇級等の査定その他処遇等に関して出向する社員の利益に配慮した詳細な規定を設けていたこと。

一方，本判決が，本件人事異動を転籍出向とした理由は次の点です。

すなわち，本判決は，Yと国立病院機構間の人事異動では，異動元Yの退職手続と異動先の採用手続が同時にとられており，人事異動後では異動先の就業規則が適用され，懲戒権等も異動先が有することから，異動元Yに対しXは何も権利を有していないと認定したのです。

新日本製鐵事件と本件を比較すると，人事異動が在籍出向か否かを判断するポイントは，異動元が，社員の異動先での業務に関し，どの程度の権利関係を有していたかどうかという点であると思われます。本判決では，異動元である当該法人が，出向後の社員に対し，何らの権利関係も有していないという判断がされたことにより，転籍出向であると判断されたのです。

このような理由から，本判決は，本件人事異動を転籍出向と評価した上で，転籍出向は転籍元に対する労働契約上の権利の放棄という重大な効果を伴うことから社員の個別の同意が必要であるとし，当該社員の個別の同意のない本件人事異動命令を無効と判断したのです。本件人事異動命令が無効である以上は，これに従わないことを理由とした諭旨解雇及び諭旨解雇に応じないことを理由とした懲戒解雇も当然無効になります。

2．本件人事異動命令の権利の濫用について

本判決は，「仮に，被告が主張するとおり，本件人事異動が，在籍出向に類似する」場合について，本件人事異動命令・本件解雇が権限濫用となるか否かについて判断をしています。

本判決は，人事異動命令の必要性，対象社員の選定に係る事情，その他の事情を考慮して，本件人事異動命令が権限濫用に当たるか否かを検討する，としています。

その中でも特に，「その他の事情」の中で，Xの妻の病状が大きく考慮されています。

具体的には，Xの妻は，強迫性障害，パニック障害，うつ状態であり，診断書によると，「現在夫の手厚い支援がなければ家庭生活は成り立たない状態となっており，夫の支援がなくなってしまうと夫に対する自責感などから抑うつ状態が悪化し，自殺などの重大な行動が生じる可能性が高い」状態でした。Xは，Yに対し，妻の診断書を添付した上で，「人事異動の内示をお断りした理由について」と題する書面を提出し，その中で，Xの妻が精神的に不安定で環

境の変化に対応できず，異動により症状が悪化する可能性が高いこと等を具体的に伝えていました。それにもかかわらず，改めて人事異動命令の内示がされたため，それを知ったXの妻が自殺未遂をし，これを受けてまたXの妻の主治医から環境変化を禁ずる旨の診断書が出され，さらにその後また人事異動命令の内示が出，また診断書が出されるということが繰り返されていたのです。

　その一方，本件人事異動は，単なるジョブローテーションの一環として定期的に行われるものに過ぎず，人事異動の必要性は高くありませんでした。

　これらを比較衡量した結果，人事異動命令は権利の濫用とされたのです。

3．実務上の応用可能性

　人事異動は，解雇とは異なり，会社の人事権の行使として，基本的には会社の裁量で行えるものです。会社としても，多くの場合，人事異動は会社経営や人事管理上必須であり，それ自体を過度に控えることは適切とはいえませんし，例えば，職員の急な退職等により欠員が生じ，人事異動の高度な必要性や緊急性がある場合もあります。

　そのような場合に，人事異動が解雇と同視され，職員の個別同意が必要だということになれば，適切な人事異動ができなくなってしまいます。

　そこで，グループ会社間で，緊急の人事異動等が必要な場合には，職員が異動元に対し権利関係を残す，具体的には，異動元において，異動先での労働条件を決めたり，出向中に手当を設定したりするなど，異動元が当該社員に対して何らかの権利関係を有している状態を残しておくことが必要となるでしょう。

　その上で，人事異動命令は，会社に裁量があっても無制限に認められるわけではなく，本判決でも判断されているとおり，人事異動命令の必要性，当該社員の選定に係る事情，その他の事情を考慮した上で行う必要があります。本事案のように，人事異動の必要性が高くない一方，社員の生活に大きな影響を与える場合に，これに何も配慮せずに人事異動させるのはさすがに権威的に過ぎ，権限の濫用だと判断されてもやむを得ないでしょう。

　会社としては，人事異動が解雇と同視される場合があり得ることを理解し，まずは出向に関する制度設計を見直し，その上で，単なるルーティーンでの人事異動に固執せず，当該社員の事情にも目を配るようにしましょう。

（中野）

2－22 学校法人原田学園事件

広島高岡山支判平30.3.29 労判1185.27

＜事件概要＞

　短期大学Yの准教授Xが，Yに対し，授業を担当させず学科事務のみを担当させる変更，研究室の変更が違法無効として，授業を担当し研究室を使用する地位にあることなどの確認，慰藉料の支払いを求めたところ，裁判所が，Yの変更命令を無効とし，Yに対し慰藉料金100万円の支払いを命じた事案。

■判例としての価値

　本件は，短期大学による変更命令の必要性などについて詳細に検討した上で権利濫用に当たると判断したこと，短期大学に対し高額な慰藉料の支払いを命じたことに裁判例としての価値がある。

◆ 使用例

　社内弁護士Aは，人事部長Qから社員Jの異動について相談を受けました。

　Qによれば，Jは営業課長であり，Jの担当する班は，営業成績こそ社内で平均を多少上回っていますが，部下の仕事上のミスが多かったり，たびたび仕事をさぼっていたりといった問題がありました。これまで社内で管理不備が問題になりませんでしたが，今般，社長が上記事態を知るに至り，Jを営業課長の役職から外して職務変更し，雑務だけを処理させる意向です。Jは，事態を重く受け止め，今後は，指導を徹底していくことを誓約しています。

　Aは，これまでに社内で問題としていなかったこと，Jが改善に意欲を有していることなどから，そもそも職務変更までする必要性がないとされる可能性があるため，まずはJの改善状況を見守るべきとアドバイスしました。

◆ 分 析

　本事案は，幼児教育学科に所属する准教授Xと，短期大学Yとの間で，YのXに対する職務及び研究室の変更命令が違法無効といえるか，XのYに対する

慰藉料請求が認められるか，が主たる争点となったものです。

1．Yによる変更命令の内容と理由

本事案で，YがX対して命じた内容は次の2つです。

① 授業を担当させず，学科事務のみを担当させる（職務変更命令）

② 現在使用している研究室から，キャリア支援室へ移動させる（研究室変更命令）

なお，この「キャリア支援室」は，Yの研究室に存在する備品や書籍等を全て運び入れることが不可能な部屋であり，また，Yが研究を行うには到底適さない場所だったようです。

Yが，Xに対して酷な変更命令を出した経緯は，Yによれば次のような理由によります。

・Xは，動植物の飼育・栽培（本事案ではミニトマトとサツマイモの栽培）について十分な授業が行えず，最低限の教育能力を欠いていた（教育能力の欠如）。

・Xの授業内容が，鬼ごっこなどの遊びに終始し，理論的なフィードバックなどがない（授業内容の問題）。

・Xの授業では，学生の雑談，読書，睡眠，無断退出，飲食などが横行していた（授業運営の問題）。

では，本判決がYの主張をどのように評価したかを見ていきましょう。

2．判断構造

本判決は，①職務変更命令と②研究室変更命令について，その性質を「配転命令」であるとしました。

そして，まずは，①職務変更命令と②研究室変更命令を個別に検討します。

それを踏まえて，最後に，①職務変更命令と②研究室変更命令を一連の「配転命令」とし，全体として検討します。

その結果，配転命令には必要性と合理性が欠け，Xに通常甘受すべき程度を著しく超える精神的苦痛を負わせるものであって権利濫用に当たる，と判断しました。

3．①職務変更命令

1つ目の①職務変更命令について，本判決は，必要性なしと評価しました。

その理由は，次のとおりです。

　1つ目は，教育能力の欠如についての評価です。

　仮に，授業に不十分な点があったとしても，Y内で実施されているPDCAサイクルや教員による授業相互参観等のチェックの下で，改善の検討を行い，是正されればよい，としました。

　2つ目は，授業内容の問題についての評価です。

　単なる「遊び」としてやっていたのではなく，幼児に対する保育手法等を学ぶ目的があり，仮に学習効果に乏しい部分があっても，教授会等で指摘されておらず，授業アンケートによれば，学生からの一定程度の支持もあったことから，学習効果が不十分とまではいえない，としました。

　3つ目は，授業運営の問題についての評価です。

　Xは再発防止を誓っており，補佐員の視覚補助を受ける（Xは視覚障害を有していました）等すれば改善が見込めないとはいえない，そもそも短大生は十分に事理弁識能力を有しているのであって，問題行動の全てをXに帰責させるべきではない，としました。

4．②研究室変更命令

　2つ目の②研究室変更命令についても，本判決は，合理性なしと評価しました。その理由は以下のとおりです。
- キャリア支援室は，主に，学生の就職支援業務のために使用され，多数の学生が出入りしている。
- キャリア支援室は，イベントの看板や印刷物等の作成・保管のため使用されている。
- 過去，別の教授が使用したこともあったが，その時も，キャリア支援室に備品等を移すことができなかったため，別途，研究室が与えられていた。

5．慰藉料

　本判決は，一連の変更命令が，Xに対し通常甘受すべき程度を著しく超える精神的苦痛を負わせるとして，損害額について金100万円を相当額としました。

　本判決の「Xを全ての担当職務から外し，研究室として利用することが不適当なキャリア支援室での就業を命じるもの」という判示からは，Yによる追い出し行為・圧力に対する強い非難が見えます。

　Yの教員はなによりも「研究」が主たる業務です。そのため，それすらできないような部屋を割り当てたことからしても，Yによる「嫌がらせ」の意図が透けて見えます。本判決が，精神的苦痛に対する慰藉料としては比較的高額な金額を認定したのも，このようなYの意図が影響していると考えられます。

6．実務上の応用可能性

　会社が社員に対して嫌がらせ目的で業務命令をしてはならないことは，いわずもがなです。教訓以前の問題です。

　本判決から得られる教訓は，社員の帰責性を理由とする配転命令では，改善の余地という要素が「配転命令の必要性」の有無・程度に影響を与える，ということです。

　これまでに，改善の余地という要素は，解雇の有効性を争われる場面で，「社員に対する改善の機会の付与」の有無という形でたびたび登場してきました。

　しかし，本判決は，①職務変更命令に関して述べているとおり，職種変更の「必要性」の程度を判断する場面で，Xに未だ改善の余地があることを考慮し，職務変更の「必要性」が不十分としています。

　なぜ，改善の余地が考慮されたのでしょう。

　これは，Yによる職務変更命令が「社員が債務の本旨に従った履行をしていない」ことを理由としているためだと考えられます（上記1項）。労働法は，社員の保護を目的としています。そのため，労働法の下では，「社員が債務の本旨に従った履行をしていない」といえるかどうかについて，対等な契約関係にある当事者の場合以上に，厳格に判断されるのです。

　本事案でYは，①Xの授業等について，Xとともに改善計画を策定する，②改善の状況のモニタリング，③改善の進捗状況に不備がある場合の指摘，修正の検討，といった（PDCAのような）手続を踏むべきでした。

　このような手続を踏んでもなお，改善が芳しくない場合であれば，職務変更命令をすることが可能だったと考えられます。

　以上のような考え方は，短期大学に限らず，一般企業にも妥当します。会社は，社員の債務不履行を主たる理由として配転命令をしようとする場合，権利濫用により無効とならないよう，改善の余地がないことから職種変更の必要性が十分に認められるといった裏付けを準備しておくべきです。

（佐山）

⬤ おまけ小説　法務の小枝ちゃん ⬤

第2章　雇用契約の条件

（※今回は，副音声（関西弁）でお送りします）

　桜子に呼び出された。行きつけの新世界の串カツではない（原作者注：渋谷のイタリアン）。インド料理屋。
　「インド料理なんて，桜子には珍しいな。」
　「せやねん。小枝にビリヤニ食べさせたくて。ビリヤニって，知っとるか？」
　ビリヤニは，インド風の炊き込みご飯らしい。そういえば，シンガポールでも，そんなメニューを何度か目にした気がする。チャーハンのパチモンやろと思って，一度も試したことがなかった。
　「小枝さ，わざわざインド風の炊き込みご飯なんて，と思ってるやろ？　ま，食べてみてよ。おいしいから。知らんけど。」

　ところでさ。
　乾杯して，サラダを突っついているときに，桜子が切り出した。
　「うち，結婚しよかな，と思ってるねん。」
　あまりにびっくりしすぎて，いつもの新喜劇のズッコケができなかった。そういえば，こうやって桜子と食事に行くのも久しぶり。うちが，3つの会社に関わるようになって，時間が合わなくなったこともあるんやけど，桜子も桜子なりに忙しかったんやな。
　ほんまかいな？　ええやん，最高やな！　誰？　福山雅治か？
　お相手のことやなれ初めを説明してくれた（うちはいつ福山雅治ボケが出てくるか待っていたが，結局最後まで福山雅治ボケはなかった）。
　彼は，うちの大学時代の先輩やねん。うちは，最初から受験なんて考えてへんかったけど，彼は，まじめに受験勉強して，今は，ええ感じの事務所の公認会計士さん。会社の顧問先の事務所でさ，仕事の打ち合わせで会ってお互いびっくりしてん。え？　3年前やで。それから，時々会っててん。え？　なんでいわんかってんって？　だって，小枝が何も聞いてこーへんから。小枝は，そういうことに興味薄いやん。ん？　プロポーズはつい最近。このお店やで。
　なんと，今日はのろけ話がメインやったんかい。ご馳走さま。
　ビリヤニは恋の味やねんな。この後コッテコテのお好み焼きでも食べて帰ろ

かな。

　そこで，相談があるねん。
　フムフム，どうぞ，なんでも聞いて下さい。
　ビリヤニはまだ来ない。タンドリーチキンを，甘酸っぱいソースと一緒にナンで包んでほおばりながら，赤ワイン。旨いやんけ。
　「結婚しても仕事続けたいし，子育てもしたいんやけど，働き方，どうなるんやろ。」
　やっぱり，仕事のこと。
　財務とか経理には女性が多くて，結婚して子育てしながら仕事をしている人もいるけど，契約社員になって，手伝いのような仕事専門になってもうてる。ほんまに子育てが大変になると，その方がええんかな，とも思うけど，せっかく仕事にやりがいを感じるようになってきてんから，それじゃもったいないわ。
　あと，お金のこと。
　仕事が楽になることで給料が下がるのは仕方ないけど，いろんな手当はどうなるんやろう。うちの会社，いろんな手当があるねん，それが全然もらえんくなると，結構痛手かな，と思うねん（お好み焼きの具に，今まではタコとイカと豚入れてたけど，タコかイカどっちかにせなあかんくなるわ）。退職金ももらえんし，ボーナスもきっとなくなるんやろ。彼，いずれ独立したい，っていうてるから，私の収入も確保しときたいねん。
　えらいなあ，桜子は。相変わらずよく考えてるなあ。感心して聞いてたけど，ちゃんと答えてあげんとな。
　「なるほど，最新の労働判例の論点だらけやな。出版社の回しもんちゃうか。」
　うちも，会社の制度がどうなっているのかよくわからへんけど，桜子が人事部に人事制度を確認する前に，ポイントを確認しておかんとな。

　「1つ目は，職種変更。
　桜子は正社員だから無期契約やけど，これを有期契約に変えることになるねん。わかる？
　このときのポイントは，『自由な意思』『合理性』『客観性』やで。
　会社の側からいうと，社員から，有期契約の契約書にサインとハンコもらえばそれでお仕舞い，ちゃうくて，有期契約にはどんな不利益があるんか，それでもわざわざ有期契約に変えることのメリットは何か，をちゃんと理解させと

かなあかんっちゅうことや」

「私の側から見ると，当たり前のことのように思うねんけど？　有期契約になると，そのデメリットとメリットが何なのか，当然考えんとあかんやろ？」

「やけど，そこの部分が，ちゃんと説明されへんかったり，記録に残ってへんかったりして，後でもめるねん。こんなはずちゃうかった，って。あるあるやで。うちの人事も最近はしっかりしてきたから，ちゃんと説明してくれると思うけど，どんなデメリットがあるんか，それでももし桜子が有期契約に変えるならなんでそう判断したんか，箇条書きでもいいから残しておいて，会社と共有しておくとええと思う。両方のために。不安やったら探偵ナイトスクープに頼みー。」

あ，ビリヤニが来た！

注意してな，木の破片のようなスパイスや木の実のようなスパイスがそのまま入ってるし，肉にも骨がついとるけど，どれも食べられへんから，ちゃんと出しながら食べてな。

と，桜子。

チャーハンの見た目の凶器やん。私も嫌な上司の口の中を血だらけにしたいときはビリヤニ食べさそう。

随分とワイルドやな。ほんまや，この木の実，間違えて噛んでもうた。随分とスースーするな。え，そのまま入れっぱなしにすんの。なんで。

と，うち。

お米は，本当に細長くて膨らみがない形で，お素麺のように細いパスタを短く刻んだ感じ（まるでスタイル抜群の私のよう）。色も，赤，黄，オレンジに，何も色がついていない真っ白まで，ムラがある。

ほら，硬くて匂いがするイメージなのに，いやな感じはしなくて，ふっくらとして，甘みもあるやろ？　色にムラがあるところが，またええねん。お好み焼きのソースとマヨネーズみたいな感じや，ちゃんと普通に炊くと，自然とムラが出ちゃうねんて。味も，お肉やスパイスの香りが，しっかりとお米に染みて，甘みに深みを与えてるねん。

と，桜子。嬉しそうにうんちくを垂れている。

あなたは，このビリヤニに，彼氏との「愛のスパイス」もトッピングしたんか，そらさぞかし美味しいやろな。けれども，「愛のスパイス」のトッピングのないうちでも，めっちゃ美味しい。もっとベタベタしたイメージやったけど，さっぱりといくらでも食べられる。

お店によって，ムラなくよく混ざっているところ，スパイスや骨が丁寧に取り除かれてるところ，などいろいろなバリエーションがあるらしい。桜子は，この店のビリヤニがワイルドだから好きや，と力説している。今度，折った爪楊枝を練り込んだたこ焼きでもごちそうしようかな。

　せや，まだ話の途中やった。
　「2つ目は，手当。
　もともとは労働契約法20条だったのが，パートタイム法8条・9条に移ったんやけど，『同一労働同一賃金』って言葉，聞いたことあるやろ？　それのことやわ。
　昔は，正社員は会社に忠誠誓っている人たちだから大切にせなあかん，みたいなざっくりとした感覚で，住居手当，家族手当，通勤手当，寒冷地手当，その他いろんな手当や，退職金，ボーナスが，正社員にだけ支給されるって会社，多いやろ。
　やけど，最近の最高裁判例（ハマキョウレックスと長澤運輸）で，そんなざっくりした感覚はあかんくて，手当1つずつ，何のための手当なのか，その目的や趣旨に照らして正社員にだけ支給することや，正社員の金額の大きいことが合理的なのかを丁寧に検証せなあかんことになってん。」
　「うちの会社，検証したんかな？」
　「やったよ，うちも手伝ったから。だから，大丈夫やと思うんやけど，実際にいろんな人にあてはめてみると，問題が出てきたりするから，桜子の場合に問題ないか，確認したいねん。」
　うちの説明に，桜子も納得してくれた様子。
　せやね，財務や経理でも，有期契約の人が，何か手当が増えたっていってたけど，このことやわ，と呟きながら，桜子もビリヤニを口に運ぶ。

　桜子が結婚かぁ。優しく子供を見守る素敵なお母さんになるんやろうな。
　ふと，杉田茂の顔が浮かぶ。
　ち，ちょっと待たんかい，こんな時は藤堂部長の顔が浮かぶはずや。あんな生意気な奴が思い浮かぶなんて。
　頭から杉田茂を追い払うために，頭をブンブン振ってみた。桜子が，不思議そうに私を見つめていた。

〔原作：芦原，関西弁訳：米澤〕

第3章

健康問題

3－1　国・宮崎労基署長（宮交ショップアンドレストラン）事件

福岡高宮崎支判平29.8.23　労判1172.26

＜事件概要＞

　基礎疾患を有する営業社員の心停止（心臓性突然死）の業務起因性が争われ，裁判所が，①営業社員の労働時間の算定方法のほか，②業務起因性の判断には労働時間の多寡のみならず業務内容の質的な側面も踏まえて判断する必要があることを示した事案。

■判例としての価値

　①営業社員の労働時間の算定方法の例を示したほか，②業務起因性は，労働時間のみでなく，業務内容という質的な側面を総合考慮して判断されることを示し，質的な側面では，身体的負荷のみならず精神的負荷の度合いも重視され得ることを示した点に，事例判決としての価値がある。

◆　使用例

　社内弁護士Aは，労務管理を担当するQから，営業社員の労務管理について相談されました。

　現在の営業社員の労務状況は，タイムカードで管理をしておらず，社員によっては週に3回程度，片道4時間以上の公共交通機関を利用した出張をしている者もおり，突発的なクレーム対応などが入ることもあるとのことでした。

　Aは，タイムカードによる労務時間管理が困難な場合には，終業時刻に業務終了の日報をメールで送らせることで，実働時間に近い時間を把握できるように提案しました。さらに「ストレスチェック」制度を導入し，特にストレスの多い社員には「ストレスチェック」受験を義務付け，社員同士で懸案事項等を共有・相談するシステム（メーリングリスト，SNS上でのグループ，など）を導入するなど，社員のストレス軽減策が必要である，と伝えました。

◆ 分　析

1．本判決のポイント

　本判決は，社員Kの心停止（心臓性突発死）につき，過重な業務負荷に業務起因性を認め，労災の対象と認定した事案です。

　この事案は，社員・遺族が会社を相手に損害賠償を請求する事案ではなく，社員・遺族が「労災認定」の不支給処分の取消しを求める事案，すなわち行政を相手にする判断ですが，「労災認定」は損害賠償請求の前提となりますから，「労災認定」は，損害賠償請求に大きな影響を与えます。

　本判決で実務上注目すべきポイントとしては，①時間外労働時間の算定方法，②負荷要因の認定における考慮要素の2点が挙げられます。

2．①時間外労働時間の算定方法

　本件の直接の争点は，労災認定の要件である業務起因性であり，労働時間は，業務起因性を判断する上での間接的な事情の1つに過ぎません。

　しかし，間接的とはいえ，これまでの労働時間を重視する裁判例に沿った判断をしているため，労働時間の算定の参考になる裁判例です。

　第1に，本判決では，勤務表に記載されている時間については，本事案の場合，実態から乖離していることから基礎にできないとした上，社内で割り振られているパソコンのログイン・ログオフ記録の時間を基礎に労働時間を算定しました。これは，現実に拘束されていた時間を認定する，という労働法の一貫した基本ルールを具体化したものといえます。もっとも，本判決では，自宅や出張先で，しかも業務時間外にメールチェックをしたような場合，その時間を労働時間と評価するかどうかについては，ルールを明らかにしていません。これまでの裁判例等を前提に考えれば，社員が当該期間に拘束されていたかどうか，がポイントになると思われます。

　第2に，出張の際の移動時間です。労働時間としてはカウントしないが，ストレスを評価する一要因として考慮する，という位置付けが明確に示されています。ここでも，移動中に業務することが必要であり，拘束されていると評価できる場合には，労働時間としてカウントされる可能性が示唆されています。

3．②負荷要因の認定における考慮要素

　本判決では，Kが，心停止発症前6か月間の労働により相応の疲労の蓄積が

あったことに加え，苦情対応などで出張が重なったことなどを重く見て，仕事のストレスを過重と評価し，業務起因性を認めた1審判決を維持しています。

　本判決が認定するところでは，Kは，クレーム対応のために，発症前1週間に，高速バスでの日帰り出張が福岡2回（午前6時43分発，午後9時54分着），鉄道での日帰り出張が鹿児島1回（午前6時1分発，午後6時22分着）の計3回あったとのことであり，このような業務について相当な身体的負荷があったことは否定できません。

　しかし，❶Kが，営業担当者として，クレームの有無にかかわらず通常月2回程度の県外出張があったことや，❷営業担当者の業務にクレーム対応がつきものであること，❸残業時間も6か月平均で1か月あたり56時間15分（しかも，1日あたり7時間を超える部分なのか，8時間を超える部分なのか，判決文からは判明しない）であり，1か月を20日として見て，1日あたり3時間に達していないこと，などを考慮すれば，このような身体的負荷のみをもって，一般的な営業担当者よりもことさらに過重な業務であったと評価することは，非常に疑問です。

　この観点から本判決を読むと，裁判所が身体的負荷のみでストレスの程度を評価していないことがわかります。

　すなわち，本判決では，ストレスの程度を認定するにあたって，「通常業務に加えた本件クレーム対応は，相当な精神的負荷を伴う業務であったと考えられ」ること，「本件発症前の1週間に行われた」3回の出張が，Kにとって「強度の精神的，身体的負荷となったこと」などに言及されており，出張による過密なスケジュールに係る身体的負荷のみならず，クレーム対応等における精神的負荷にスポットを当てていることがわかります。

　具体的には，Kがクレーム対応の経験があったか否かが認定できず（第1審判決では，Kの上司が，Kにクレーム対応の経験があったか否かにつき，極めてあいまいな供述をしていることを取り上げています），仮に経験があったとしても直接の担当者として対応したことで相当な精神的負荷を受けたと認定しています。そして，上司がクレーム先の顧客に謝罪したことは認定したものの，それ以外に，K以外の社員が一緒にクレーム対応にあたったり，Kが本件クレーム対応に関して相談をし，助言を受けたような事情がうかがえません。このようなKの精神的負荷が，上記の身体的負荷と相まって，業務起因性を認定する根拠となったものと考えられます。

4．実務上の応用可能性

　このように，本判決からは，会社Ｙが，Ｋの労働時間やクレーム対応のための出張やこれに伴う身体的負荷の軽減のみならず，Ｋの精神的負荷を軽減するための措置を講じていなかったことが，業務起因性を認定する根拠の１つとなっていることがうかがえます。

　実際には，営業担当者という立場に配属をした以上，本判決で認定される程度の出張やクレーム対応は，会社で働く以上，事実上やむを得ない部分もあるかもしれません。

　しかし，社員の精神的負荷については，軽減する方策があります。

　例えば，社内で，社員に対し，定期的に「ストレスチェック」を実施することにより，精神的負荷の状態を把握することが考えられます。「ストレスチェック」自体は，労働安全衛生法により50名以上の事業所に義務付けられているものですが，50名未満の事業所で実施することにも意義があると考えられます。「ストレスチェック」を制度化し，まずは営業担当者等，対外的な仕事によりストレスを抱えやすいと思われる部署から中心に実施をしていくことで，会社としても，社内のストレスの総量が把握できるようになり，対策を立てることが可能となります。

　具体的には，ストレスチェックの結果，特定の部署や特定の時期に強いストレスがかかっていること，あるいは，特定の人物が強いストレスを訴えていることなどが判明すれば，これに基づいて相談窓口を設置したり，上司との面談を実施したり，場合によっては，部署内やプロジェクト，案件ごとに，情報や問題を共有できるような仕組みとしてメーリングリストやSNSを導入するなど，様々な対策をとることが可能です。

　近年，簡易にストレスチェックを行うことができるようになり，グループ内で情報等の共有ができる様々なアプリケーションも開発されていますから，ストレス社会といわれる昨今，会社がこれらの導入を検討することも，リスクマネジメントとしては必要になってくるでしょう。

（中野）

3−2　サニックス事件

広島地福山支判平30.2.22　労判1183.29

＜事件概要＞

中途入社の社員Xが，新人研修で行った歩行訓練により右足関節離断性骨軟骨炎と後遺障害を発症したとして，主位的には会社Yの不法行為に基づいて，予備的には債務不履行に基づいて損害賠償等の支払いを請求したところ，裁判所が，歩行訓練と負傷との間の因果関係を認定し，Yの安全配慮義務違反を認め，Yに損害賠償を命じた事案。

■判例としての価値

新人研修を導入する会社において，新人研修中の負傷等につき，どのような場合に安全配慮義務違反が認定されるかを具体的に示した点に，事例判決としての価値がある。

◆　使用例

企業内弁護士Aは，人事担当Qより，新人研修のカリキュラムについて相談を受けました。Qによれば，新人研修は，営業内容・方法等についての座学，試験，課題提出のほか，社員同士の結束力を培うために，身体を使った訓練をすることにしており，新入社員には原則全員参加を義務付けています。

Aは，身体を使った訓練では，それぞれの新入社員の年齢，能力，体調等を把握しながら毎日の経過をきめ細やかに見るようにし，体調不良等の訴えがあった場合には速やかに病院を受診させたり，訓練を中止したりするようにアドバイスしました。また，身体を使った訓練を必須であると考えるのであれば，全員均一にするのではなく，複数のカリキュラムを用意し，新入社員の状況に応じたカリキュラムを受講させるようアドバイスしました。

◆ 分 析

1．本判決のポイント

　本判決は，中途入社のＸが，Ｙで毎年行われている新人研修の歩行訓練の際に，両足を負傷し，結果的に右足関節離断性骨軟骨炎及び後遺障害を発症したとして，主位的にはＹの不法行為に基づいて，予備的には債務不履行に基づいて損害賠償等の支払いを請求した事案です。

　Ｙは，新入社員に対し，13日間に亘る宿泊施設での新人研修を実施していました。新人研修の内容は，営業内容・方法等についての座学，試験，課題提出及び「歩行訓練」であり，「歩行訓練」は，宿泊施設の同部屋10人ほどの社員が１班となって，一定速度で一定の距離を歩く練習を繰り返した上で，最終的には「サニックススピリッツ」という名称で，24キロメートルを制限時間５時間で完歩するというものでした。

　本事案は，かなり特殊な新人研修の例かもしれませんが，新人研修に限らずとも，会社では，業務以外で，運動会等，身体的な活動を伴う様々な行事が行われることがあります。このような場合に，社員の年齢，能力，体調等を考慮せずに，会社からの指示で強制的に行わせ，そこで事故等が発生した場合には，会社としての責任を免れることができません。

　本判決は，後遺障害が残ったという事情もあり，1,500万円を超える損害賠償金を認定しました。しかし，事実経過を見ると，いくつも損害の拡大に歯止めをかけられるポイントがあったように思われます。以下では，そのポイントに着目しながら，事実経過について検討します。

　また，Ｘは，主位的にはＹの不法行為に基づいて，予備的には債務不履行に基づいて損害賠償等の支払いを請求していましたが，Ｙは不法行為の成立を否定し，債務不履行に基づく損害賠償請求を認めました。

　不法行為責任と債務不履行責任は，多くの場合に競合し，（消滅時効，弁護士費用等のほかは）成立要件等について大きな差はない，といわれます。

　そこで，ここでは，なぜ不法行為責任が否定され，債務不履行責任が認められたのかという点についても，触れることにします。

2．本件の事実経過と問題点

　事後的に見ると，Ｙとして，損害の発生を未然に防ぐことができるか，少なくとも損害の拡大を防ぐことができたポイントが散見されます。以下で，その

ポイントを見ていきたいと思います。

　本事案では，Xと同期で新人研修を受けたのは28人であり，そのうち，Xよりも年長者が12人おり，Xと同じ班にも3人の年長者がいました。しかし，班の平均年齢は43.6歳とXよりも5歳程度若く，Xよりも年長者がいるにもかかわらずこのような平均年齢となっていることから，同班には少なくとも40歳以下の参加者が3名以上いたことがわかります。

---

①　Xの年齢及び体格
　　Xは，新人研修時48歳であり，身長171センチメートル，体重101.3キログラムという，いわゆる肥満体であった。
②　新人研修入所初日の訴え
　　Xは，新人研修入所日に，息苦しさやめまいを訴えていた。
③　研修中の転倒
　　Xは，研修中の歩行訓練で，歩道と車道の段差の部分を足で踏んだ際に右足首をひねり，転倒した。
④　③の際のXからの訴え
　　Xは，歩行訓練の班に随行していた講師に対して，右足の痛みがひどく，休ませて欲しい，病院に行かせて欲しいと頼んだにもかかわらず，歩行訓練からの離脱及び中断を許可されなかった。

　すなわち，新人研修といっても，裁判所も認定するとおり，参加者の年齢が幅広く，体力的にも大きな差があったということです。

　このような場合に，個人差や運動経験の有無等を全く考慮せず，同様のプログラムを受講させようとしたことが，まず大きな問題であったといえます。

　そして，Xは実際に，足の痛み以外の体調不良を訴えたり，実際に転倒し，休ませて欲しいと訴えるなど，Yにも把握できる形で，プログラムの受講に無理があることを主張しています。しかし，ここまでわかっていたなら，Yとして，安全配慮義務違反を問われることはやむを得なかったといえるでしょう。

　すなわち，Yは，遅くとも③・④の時点で，Xに，病院の受診や「サニックススピリッツ」への参加中止などの対処をしていれば，損害の発生を未然に防ぐことができるか，少なくとも損害の拡大を防ぐことができたと思われます。

3．安全配慮義務違反の法的構成

　本事案でXは，主位的にはYの不法行為に基づいて，予備的には債務不履行に基づいて損害賠償等の支払いを請求していましたが，本判決は不法行為の成立を否定し，債務不履行に基づく損害賠償請求を認めました。Xの主張としては，不法行為責任における過失も，債務不履行責任における債務不履行も，いずれも同様の安全配慮義務違反を根拠としていました。

　その中で，本判決が主位的請求である不法行為責任を否定し，債務不履行責任を認めた理由としては，雇用契約に基づく安全配慮義務は，個々の社員の状況に応じた高度な配慮義務であり，不法行為責任において求められる安全配慮義務よりも厳しいものであると考えたからであると思われます。

　もっとも，令和2年4月の民法改正により，不法行為責任と債務不履行責任における消滅時効に関する差異はなくなったことから，それほど大きな問題ではないかもしれません。

4．実務上の応用可能性

　本事案では，Xの損害の発生・拡大を未然に防ぐことができたかもしれないにもかかわらず，新人研修を完遂させることに固執し過ぎたために，Yは大きな損害を被ることになりました。

　会社として会社員に最後までやり通す精神をつけて欲しいとの理念の下，新人研修をプログラムすること自体は推奨されるべきことですが，大学を卒業したばかりで体力もある，いわゆる「新卒」社員であればともかく，既に就業の経験があるものの体力が衰え始めている40歳を超えた新入社員にも同様のカリキュラムを適用すべきであったかという点については，甚だ疑問です。

　近年，転職等が比較的容易に行える情勢となっており，今後一口に「新入社員」といっても，様々な年齢，キャリアを持った人が入社してくることになるでしょう。

　このように多様性が現実的に広がってきた現在，会社にとって，会社の考え方等を研修によって指導していくことが重要である一方，様々な年齢や体力等に応じて，特に身体的な行動を伴う研修については，むしろそれぞれの個性に応じた役割を与えるなどして，多様性と統一性を両立できる研修を行えるよう，カリキュラムを再検討しましょう。

（中野）

3-3　化学メーカーC社（有機溶剤中毒等）事件

東京地判平30.7.2　労判1195.64

＜事件概要＞

　化学物質の検査分析業務に従事していたXが、劣悪な就労環境で業務を強いられたことにより有機溶剤中毒等に罹患し、退職を余儀なくされたとして、雇用契約上の安全配慮義務違反を理由として損害賠償を請求したところ、裁判所が、業務による上記疾病への罹患を認定した上、Yの安全配慮義務違反を認めた事案。

■判例としての価値

　原因、病態、治療法等が完全に解明されていない疾病であっても、検査基準や診断基準に合致した検査がされ、複数の医療機関からこれに沿った診断がされていれば業務と疾病の因果関係が肯定されること、具体的な状況下では、公法的規制も安全配慮義務の内容となり得ると示したこと、に事案としての価値がある。

◆ 使用例

　化学物質を扱っている会社Yの社内弁護士Aは、Qより、社内での安全対策をどの程度徹底すればいいかについて質問を受けました。

　そこで、Aは、化学物質に曝露されることでどのような影響が発生するかは将来的にわからないことから、まずは公法的規制を遵守した上、社員から何らかの体調不良等の訴えがあった場合には、無碍にすることなく原因の調査解明に努める必要がある旨助言しました。

◆ 分　析

　本判決は、化学物質を扱う検査分析業務に従事していたXが、劣悪な就労環境で業務を強いられたことにより有機溶剤中毒・化学物質過敏症に罹患し、その後も就労環境の改善を繰り返し求めたにもかかわらず聞き入れられず、最終的に退職を余儀なくされたとして、雇用契約上の安全配慮義務違反を理由として、債務不履行または不法行為に基づく損害賠償を請求した事案です。

複数の争点がありましたが，主な争点となったのは，①Xの症状と業務との因果関係及び②Yの安全配慮義務違反の有無です。

すなわち，①化学物質が身体へ及ぼす影響は様々であり，未だに原理が解明されない疾病もあります。厳密に見れば，原因がはっきりわからない以上，業務と症状との間の因果関係は疑わしいともいえます。しかし，社員に，仮に化学物質との関係が疑われるような疾病が発生した場合，その正確な原理が解明されていないからといって，会社が責任を免れられるとは限りません。

また，②会社が社員に対し，化学物質等，身体に有害な物質を扱う業務を行わせる場合には，労働安全衛生法（以下，「労安法」といいます），有機溶剤中毒予防規則（以下，「本規則」といいます）など，様々な法令を遵守する義務があります。もっとも，この義務自体は，行政法令上の義務であり，これがイコール会社の社員に対する義務となるわけではありません。

本稿では，この2つの争点について，本判決が示した判断枠組みと具体的な事実認定を見ていきます。

1．因果関係

Xは，以下のような診断がされています。なお，以下の診断をした医師は，すべて異なる医師です。

H18.5.26	化学物質過敏症に罹患している疑い
H22.7.22	化学物質過敏症に罹患している疑い
同 9.26	化学物質過敏症に罹患
H26.1.8	職場で取り扱っていたクロロホルム，メタノールその他の有機溶剤の繰り返す曝露に起因する有機溶剤中毒及び化学物質過敏症に罹患
H28.5.30	揮発性有機化合物中毒の後遺障害に基づく化学物質過敏症及び中枢神経機能障害

これらに先立ち，Xは，ガトクロマトグラフィー検査業務及びアニオン界面活性剤含量測定業務に従事していた平成5年9月から平成13年6月までの間，頭痛，微熱，嘔吐，咳などの症状を，Yの診療所へ訴えていました。そして，Xが，Yの産業医に対し，平成13年6月15日，後鼻漏が続いており，平成12年秋からアニオン界面活性剤の取扱量が増え，症状が悪化したこと，微熱や蕁麻疹も出ており，異動希望を出したことなどを訴えたことから，同医師が耳鼻咽

喉科を紹介し，検査の結果，アニオン界面活性剤についてのリンパ刺激試験で陽性反応が出ていました。

さらにXは，平成13年6月にこれらの業務を外れた後も体調不良が続き，平成18年6月から平成18年8月まで私傷病特別休暇を取得した上，Yに対し同月から平成18年9月にかけて，下痢，嘔吐，全身の痺れ，発熱，全身の倦怠，頭痛等の症状があり，職場の変更を打診するなどしていました。

Yは，Xが産業医に対して，平成6年から平成12年の定期健康診断の際，有機溶剤中毒や化学物質過敏症の申告をしなかったことや，これらに罹患していることと矛盾するような発言をしていたことをから，Xはそもそも有機溶剤中毒や化学物質過敏症に罹患しておらず，業務との因果関係もない旨主張していました。

しかし，本判決は，Xが複数の医師から，有機溶剤中毒や化学物質過敏症に罹患したと診断されていることや，診断が，厚生省長期慢性疾患総合研究事業アレルギー研究班が提示した診断基準の検査所見に対応する検査方法を用いたものであることから，XがYの業務により，有機溶剤中毒に罹患し，その後，化学物質過敏症を発症したと認めるのが相当としました。

完全に因果関係が証明できるかというと，化学物質過敏症の病態等が未だ完全に解明されていないので，証明できない，という結論になります。

けれども，裁判所は，法的な観点から因果関係を判断します。すなわち，現時点での最新の知見に基づけば，因果関係があると推認される状況で，十分合理的・医学的な検討を行った状況で，本判決は，法的判断として因果関係を認められる，という判断を示したのです。

2．安全配慮義務違反

Xは，Yには労安法，同施行令，本規則をはじめとした各法令を遵守する義務があり，具体的には，❶〜❽のような義務がある旨主張していました。

❶	局所排気装置等設置義務	❺	温度管理義務
❷	保護具支給義務	❻	安全衛生教育義務
❸	作業環境測定義務	❼	貯蔵管理義務
❹	外気面積確保義務	❽	健康管理義務

本判決は，労安法，同施行令，本規則等の規制は，公法的規制であり，これ

らが直ちに安全配慮義務の内容になるものではないものの，当該規制が設けられた趣旨や具体的な状況下で，これら規制が安全配慮義務の内容となる場合があるとしました。そして，それぞれの義務について，安全配慮義務違反の内容になるか否かを判断した上で，安全配慮義務違反の有無を判断した結果，❶ないし❸の安全配慮義務違反が認められました。

　注目すべきは，本判決が，これらの義務の趣旨が作業従事者の健康被害の防止であることから，これらの違反がなければXが有機溶剤及び有害化学物質への曝露を回避できたと推認でき，Xの安全配慮義務違反とXが化学物質過敏症に罹患したこととの間には相当因果関係があると認めているところです。

　ここで，行政上の義務違反と結果との間の因果関係の不存在を裏付ける事実について，裁判所が，「本件全証拠」から否定的な判断をしているところから見れば，因果関係を否定し，あるいは行政上の義務が私法上の義務ではないと評価するために有効な証拠や事実をY側が提出できなかったように思えます。

3．実務上の応用可能性

　化学物質は，既に人体への影響が科学的に判明しているものもあれば，アスベストのように，当時はその影響が解明されないまま被害が放置され，将来的に病態が解明された際，大きな事件となってしまうこともあります。

　しかも，現在は問題視されていなかったものが，将来的に問題視され，会社の責任が問われるケースは，化学物質を扱う会社だけに限りません。

　例えば，厚生労働省のホームページの安全衛生法に関するページを見ると，建設作業，伐木作業，小売業，社会福祉施設など，様々な業種に対して安全衛生に関するリーフレットが作られています。はじめは，行政上の義務として予防的な対応が求められていたものが，具体的な事象の蓄積や医学の進歩などで，会社が負う具体的な義務となり，社会のスタンダードとなっていくのです。

　行政上の義務に過ぎないと高をくくり，社員からの訴えを，根拠のないものとして放置していると，将来大きなしっぺ返しをくらうかもしれません。

（中野）

3－4　フルカワほか事件

福岡地判平30.11.30　労判1196.5

＜事件概要＞

　長時間労働等が原因で脳梗塞を発症し後遺障害が残ったとして，社員Ｘが，会社Ｙに対しては民法415条，代表取締役Ｚに対しては会社法429条1項に基づき損害賠償を請求したところ，裁判所が，Ｘが過去に役員であったという事情は，現在のＹの安全配慮義務を失わせるものではなく，Ｙの規模からは，Ｚにも損害賠償責任がある旨を認定した事案。

■判例としての価値

　業務起因性の判断については，本件疾病発症前6か月間における業務の遂行状況を見るのであって，役員に就任していたという過去の事情は重要でないこと，代表取締役は，会社が安全配慮義務を遵守する体制を整備すべき義務を負い，会社の規模によっては会社とは別途損害賠償義務を負うことを示したことに，事例判決としての価値がある。

◆ 使用例

　Ｘ会社の社内弁護士Ａは，Ｘ会社より，社員の労務管理について，店長等の管理職者に対し，会社がどの程度の安全配慮義務を負うかについて質問を受けました。

　Ａは，当該社員が何らかの役職を有していたとしても，会社としては他の社員と同様に安全配慮義務があり，社員の健康状況の把握等をしなければならないことから，他の社員と同様の労務管理を行うべきであることをアドバイスした上，当該社員が長時間労働等になっていることを認識しながら放置していた場合，業務起因性のある疾病や事故が発生すると，代表取締役個人も責任が問われ得る旨助言しました。

◆ 分　析

本判決は，長時間労働等が原因で脳梗塞を発症し後遺障害が残ったとして，

社員Xが，会社Yに対しては民法415条，代表取締役Zに対しては会社法429条
1項に基づき損害賠償を請求した事案です。

　本判決が認定した事実を見ると，Xは脳梗塞の発症前6か月間に，最低で
150時間程度，最大で188時間にも及ぶ時間外労働に従事しており，業務と脳梗
塞の発症の関連性があることは明らかな状況でした。これだけを見れば，Yの
安全配慮義務違反は明らかであるように見えます。

　しかし，本判決のポイントは，XがYの監査役や取締役に就任していた時期
があり，自らの労働環境を改善できる立場にあったとして，安全配慮義務違反
はないと，Y側が主張したところにあります。

　平成31年4月より，労働安全衛生法が改正され，今まで労働時間の制限がな
いとされてきた管理監督者に対しても勤怠管理が義務化されたように，管理職
等の過重労働が問題となっています。本事案では，Xが管理監督者であるとい
う主張がされていたわけではありませんが，「会社側の人間である」というY
らの主張を裁判所がどのように判断するかについて，参考になるケースです。

　また，代表取締役等の役員は，会社法上第三者に対する責任を負いますが
（会社法429条），本事案は，Yによる安全配慮義務違反に関し，代表取締役に
よるZが責任を負う場合について判断がされており，注目されます。

　本判決では，労働時間の計算も精緻にされていますが，本稿ではこの点につ
いては取り上げず，①Yの安全配慮義務違反が認められるか否か，②Zの責任
が別途認められるか否かの論点に絞って検討します。

1．①Yの安全配慮義務違反

　本事案でのYの主張は，XはYの経営側の立場で安全管理体制を構築し，ま
た，労働環境における問題の把握，改善を容易に行うことができる立場にあっ
たから，YはXに対し，信義則上の安全配慮義務を負わないというものです。

　具体的には，Yによれば，Xは，Yの監査役や取締役に就任して経営に関与
し，Zに次いでナンバー2の立場で経営に関与していたから，他の社員に対し
て影響力を行使できる地位にあったというのです。実際にXは，Yの決算報告
会や，四半期報告会に出席するなどしていました。

　この点に関し，本判決は，そもそも安全配慮義務は，雇用契約の信義則上の
付随義務として一般的に認められるべきものであるから，XがYの社員である
以上，役員であったというXの経歴は，直ちに安全配慮義務を失わせるもので

はないと判断しました。その上で，本判決は，具体的にXが，Yの「経営側」にいたかどうかを検討していますが，その際に「元々役員であった」という事情は考慮されていません。例えば，Xが，Yの決算報告会や，四半期報告会に出席していたことについては，「元々役員であった」という事情からすると，役員の肩書が外れても，経営側の人間として出席していたと見ることもできます。しかし本判決は，これらの会議がYの経営状況や部門別の業績について検討を行うものである，と経営側の会議と評価しつつ，Xが店舗の「店長」，すなわち一社員の立場で出席していたとしても何ら不自然ではないと認定したのです。

　他にも本判決は，「元々役員であった」という事情にはとらわれず，Xの実際の勤務内容等を認定し，Yの安全配慮義務違反を認めています。労働法の基本である，「形式ではなく実体を見る」という態度が，はっきりと表れたといえます。

　なお，本事案は，既にXが役員の地位にはなかった，というケースではありますが，本判決が，Xの肩書ではなく実質的な働き方からYの安全配慮義務違反を認めている点や，次項で説明するようなYの指示形態からすると，仮にXが脳梗塞の発症時に，Yの役員の地位にあったとしても，同様の判断がされた可能性が高いでしょう。

2．②代表取締役の責任

　本事案では，Yだけではなく，Z個人に対しても責任追及がされました。会社法429条1項は，役員がその職務を行うについて「悪意又は重大な過失」があった時に損害賠償責任を負うというものですが，大和銀行ニューヨーク支店損失事件（大阪地判平成12年9月20日判タ1047号86頁）などでも示されるように，ある程度の規模の会社であれば，各取締役が個々の業務についてつぶさに監督することは，困難・不可能です。そのため，役員間で役割分担され，各担当取締役がその責任で適切な業務執行を行うことを予定して組織が構成されているのであれば，他の取締役は原則として責任を負いません。

　本判決の判断を見てみましょう。

　まず，本判決は，労使関係は企業経営について不可欠なものであり，株式会社の社員に対する安全配慮義務は，各労働法令から導かれるものであることからすると，株式会社の取締役は，会社に対する善管注意義務違反として，会社

が安全配慮義務を遵守する体制を整備すべき義務を負うとしました。

　その上で，本事案では，以下のような特徴から，Z自身が，各社員に対する業務指示を行い，さらに各社員からの業務報告を受けていたと認定されました。

①　Yの社員数が25名程度。
②　Xが働いていた店舗が本店から自動車で5分程度の距離にあった。
③　Zが毎朝，Yの社員全員が出席する朝礼に出席していた。
④　Zが，Xが働いていた店舗の社員の日誌の提出を受け，各部門長の日誌を確認していた。

　このような事情の下では，ZはXの勤務状況，すなわち長時間労働となっていることを明らかに認識しており，少なくとも極めて容易に認識できた状況にあったにもかかわらず，Xの過重労働等を防止するための適切な労務管理をしなかったと認定され，会社法429条1項の責任が認められたのです。

　上記の大和銀行の事件で，役員は自ら担当していない部門の業務に関し責任を負わない，とされたことと比較すると，本事案では，Zが労務管理業務を担当していた，という認定をしたと評価できるでしょう。このことは，YがZのいわゆるワンマン会社であると評価したといえるもので，会社Yだけでなく，Yを実際に仕切っているZにも安全配慮義務違反を認めた点は，会社の実態とも整合するものです。

3．実務上の応用可能性

　会社は，全ての社員に対し，安全配慮義務の内容として，社員の健康状態の把握や管理の義務があり，これはどんな経歴のある者であっても，管理監督者等の管理職であっても変わるところはありません。したがって，管理監督者等だからといって，労働時間を管理せず，長時間労働を黙認していれば，未払残業代等のリスクだけでなく，これに伴って起きた傷病により安全配慮義務違反を追及され，多額の損害賠償義務を負うことになります。

　特に，長時間労働が懸念される中小企業では，社員が少数であり，代表取締役が業務全てにおいて指揮を担っていることも珍しくありません。そのような場合には，会社だけでなく，代表取締役の責任も免れられないことを肝に銘じ，会社として長時間労働を是正するよう対策を講じなければなりません。

（中野）

3－5　太陽家具百貨店事件

広島高判平31.3.7　労判1211.137

＜事件概要＞

　勤務中に急性大動脈解離によって死亡した店長代理Ｋの死因が，過重労働にあるとして，遺族らＸがＹに対し，注意義務違反及び労働法上の安全配慮義務違反に基づく損害賠償を請求したところ，裁判所がＫの死亡が過重労働によるものであることを認め，Ｙに対する損害賠償請求を認めた事案。

■判例としての価値

　会社が社員に対して負う具体的な注意義務の内容を事案に即して明らかにした上，労働時間の算出方法を具体的に示した点に事案としての価値がある。

◆　使用例

　Ｐ会社は，県内に複数の店舗を出店しているが，Ｐの社内弁護士Ａは，Ｐの人事部員Ｑより，各店舗の店長の労務管理の方法について相談を受けました。

　Ｑによれば，各店舗の店長は，販売業務，商品管理，店舗の環境整備等を各店舗の社員に指示するほか，各社員への売上目標の割当を決めたり，朝礼等を主催したりする権限は有していたものの，店長の労働時間はタイムカードで管理し，日常業務も他の社員と同様に担当し，経験に応じて決まる給与も他の社員と大きく変わらない者がいるとのことでした。人事部には，各店舗の店長を管理監督者として，労務管理を簡易化したいという考えもあるようですが，他方で，人手不足でパートやアルバイトが思ったよりも集まらず，店長の勤務時間が長時間化している現状に不安を抱く声もあるようです。

　Ａは，Ｐの運用では，そもそも各店舗の店長が管理監督者と認められることはないし，仮に，各店長が管理監督者であっても，会社として安全配慮義務を免れることはないことから，もし労務管理を怠って各店舗の店長の長時間労働が長期化していた場合などには，会社は知らなかったでは済まされず，損害賠

償責任を負い得ることを注意し，仮に長時間労働等の労務状況が改善されない場合には，役職変更も視野に入れて会社として対策をとる必要があることを助言しました。

◆ 分　析

本事案は，店長代理Kが，勤務中に急性大動脈解離によって死亡し，遺族らXが，Kの死亡の原因が過重労働にあったとして，Yに対し，注意義務違反及び労働法上の安全配慮義務違反に基づく損害賠償を請求した事案です。

1．背　景

本判決では，全体を通して，YによるKの労務管理不足が取り上げられていますが，その大きな原因は，Yが，Kが管理監督者であった旨主張し，その主張を前提とした労務管理をしていたからです。一社員が管理監督者と認められるためには，経営者と一体的な立場にあること，具体的には，職務内容，責任，権限等の重要性に加え，一般の社員に比して相応の賃金を受け取るなど，多くの要素が必要であり，そのような社員は取締役を兼務でもしていない限りほとんどいないといってもよいでしょう。さらには，管理監督者であるか否かにかかわらず，当該社員が社員である以上，会社として安全配慮義務違反を免れることはできません。しかし，多くの裁判例の集積がありながら，一定の役職を有する社員を「管理監督者である」と主張し，労務管理の不備を肯定しようとする会社は後を絶ちません。その原因の1つには，近年の働き方改革などによって一般の社員の長時間労働が緩和されたり，人材不足で現場の担当者が減ったりする一方，会社全体の業務量が変わらない結果，いわゆる管理職にそのツケを回さざるを得ない現状があります。

本判決では，過重労働と急性大動脈解離との因果関係に既往症が及ぼす影響などについても判断されていますが，本稿では，本事案においてYが負うとされた注意義務の内容及びその違反の具体的な認定について検討します。

2．Yの注意義務（判断枠組み）

Kは，A店の店長代理の地位にあり，Yは，Kが管理監督者であることを前提として，以下①ないし③のような主張をしていました。

すなわち，Yは，管理監督者と位置付けるKについて，勤務状況を把握して

おらず，業務負担の軽減等の方策もとっていないという状況を自ら認めていました。

> ①　Yは，Kのタイムカード上の出勤時刻が，ある時期から早くなっていたことについて，あまり追い詰めるような聞き方はしなかった。
> ②　Yは，Kに対して，業務の効率化に向けた具体的な指示等はしていなかった。
> ③　A店は売上が少ないから，Kの仕事量は少なかった。

　これに対して，本判決は，そもそも管理監督者であるか否かにかかわらず，会社は，業務の遂行に伴う疲労や心理的負荷等が過度に蓄積して社員の心身の健康を損なうことがないよう注意する義務を負うことを確認しました。

　その上で，具体的な義務として，❶KやK以外のA店社員に対し具体的な聴取を実施するなどして，休日出勤を含むより実態に即した労働時間の状況を把握すべき義務，❷Kに対する業務の効率化に向けた具体的な指示や，❸他店の社員をA店の店長に異動させることを含む人員体制の見直し等，Kの業務負担を軽減する措置をとる義務があったと認定しています。

　このうち，❶が予見可能性（予見義務），❷❸が回避可能性（回避義務）に相当する，と整理できますが，特に注目されるのは❸です。

　この❸には，Kが店長代理としてその能力があるかどうかを判断し，場合によっては，K自体の異動等も含めて検討することが含まれており，かなり具体的且つ厳しい注意義務を設定していることがわかります。

3．Yによる注意義務違反（あてはめ）

　前項のとおり，YにはKに対して，労務管理及びKの業務負担を軽減する措置をとる義務があったと認定されています。

　しかし，Yは，タイムカードにより，Kの労働時間が長時間に及んでいたことを把握したにもかかわらず，労働時間を短縮させるような指導をほとんどしていないことを自ら認め，さらには，Kの業務の状況を，「A店の売上」というファクターのみからしか認識していませんでした。これは，ありていにいえば「あの店は売上が低いから，どうせ暇だろう」といっているだけであって，業務状況を把握しようとする意識が全く欠如していたといわざるを得ません。実際，Kは，業務時間外において，自らダイレクトメールの送信やフライヤー作成を行い，売上をあげるための業務に勤しんでいました。

このようなKの業務状況は，K本人，または，A店の他の社員に確認すれば，すぐにわかることです。それにもかかわらず，Yは，Kのこのような営業努力を全く把握しておらず，そればかりか，「知らなかったから，過失がない」などと主張をしていたのです。裁判所が，このような「見ざる，聞かざる」のようなYの主張を受け入れるはずはありません。

結果として，Kには，急性大動脈解離の発症前2か月ないし6か月にわたって，1月当たり概ね80時間を超える時間外労働が認められ，これを放置していたYに注意義務違反が認められたのです。

本判決の厳しい態度は，Yが，Kに店長代理という過大な責任を負わせ，「管理監督者」と位置付けて，何らの労務管理もしなかったことを糾弾するものといえるかもしれません。

4．実務上の応用可能性

会社は，管理監督者に対して，通常の社員と同様，深夜割増賃金の支払い及び年次有給休暇の付与・取得をさせる義務があります。つまり，労働時間を把握しておかないと，深夜割増賃金の未払いや有給休暇未取得により，労働基準法違反となってしまうのです。さらに，平成31年4月に働き方改革関連法の1つである労働安全衛生法が改正され，社員と同様に管理職の労働時間を把握することが義務化されました。

それにもかかわらず，現在でも，管理職に対しては，手当や割増賃金等を支払う必要がないと考えている会社が後を絶ちません。本事案でも，Yは，Kが管理監督者であることを基礎付けようとするあまり，逆に安全配慮義務違反を基礎付ける事実を自ら主張してしまっているのです。

本事案は，法的に管理監督者とは認定されない社員に対して，会社が管理監督者であるとの主張を貫いてしまった結果，より厳しい責任が問われたとも考えられる事案です。

そもそも，管理監督者であっても労務管理が求められる今，管理監督者でない社員であればなおさらのこと，本判決で認定されたように，具体的且つ厳しい注意義務が課されることになります。安易な主張に逃げるのではなく，全ての社員に対して労務管理を行う意識を徹底しましょう。

（中野）

3-6 国・大阪中央労基署長 (La Tortuga) 事件

大阪地判令元.5.15　労判1203.5

<事件概要>

　劇症型心筋炎で死亡した社員Kの遺族XがKの発症が長時間労働に起因するとして遺族補償給付等の支給を請求したが，労基署Yが，業務起因性を否定して不支給の処分をしたことから，当該処分の取消しを求めたところ，裁判所が，長時間労働による免疫機能の低下等が当該疾病の原因であったと認定し，業務起因性を認めた事案。

■判例としての価値

　業務起因性を認定するにあたって，具体的な疾病と長時間労働による免疫力低下との間の関連が医学的に明らかでなかったとしても，極めて長時間労働した場合には，免疫力の低下により感染症に罹患しやすくなる点を重視し，長時間労働と症状の重篤化の関係を否定できない，として業務起因性を認めた点に，事例判決としての価値がある。

◆ 使用例

　社内弁護士Aは，人事部長Qより，極めて長時間働いている社員Jの健康状態が心配になって聞いたところ，Jは，つい最近受けた人間ドックの診断結果を見せ，異常が全く指摘されない健康体であることを誇らしげに話していた。ところがJは，その数日後に突然職場で倒れてしまい，現在入院中である，Jに万が一のことがあった場合，会社は責任を負うのだろうか，という質問でした。Qは，本音をいわせてもらうと，人間ドックの結果で健康体であることまで確認しているから，長時間労働は無関係だといいたい，とのことです。

　Aは，本判決を紹介しながら，長時間労働による疲労の蓄積によって免疫機能が低下し，これにより，まだ医学的に因果関係が確立していない疾病への罹患や，疾病の重篤化が認められることがあるため，会社として長時間労働を把握している以上は速やかにその是正を行うようアドバイスしました。

◆ 分　析

　本判決は，劇症型心筋炎で死亡した社員Kの遺族Xが，Kの劇症型心筋炎の発症が長時間労働に起因するとして遺族補償給付等の支給を請求したにもかかわらず，労基署Yが業務起因性が認められないとして不支給の処分がされたため，当該処分の取消しを求めた事案です。

　本判決は，Kの発症前12か月の１か月あたりの平均時間外労働時間は約250時間と認定し，これはH13.12.12基発1063（H22.5.7基発0507.3により改正）「脳血管疾患及び虚血性心疾患等（負傷に起因するものを除く。）の認定基準について」（以下，「認定基準」といいます）で，業務関連性が強いとしている時間をはるかに超えていました。すなわち，認定基準では，発症前１か月間に概ね100時間等の時間外労働（いわゆる「過労死ライン」）があった場合，業務関連性が強いと評価されますが，Kは，その2.5倍もの時間外労働を１年以上続けてきたのです。一見すると，当然疾病の業務起因性は認められそうです。

　しかし，本事案で問題となったのは，Kが罹患した劇症型心筋炎が，ウイルス感染によって発症する心筋炎が重篤化したものであり，認定基準が対象とする疾病に含まれず，いわば認定基準から外れていたことです。Yは，この事情を根拠とし，業務起因性がない，と主張したのです。

　そこで，本稿では，認定基準の対象疾病に含まれていない劇症型心筋炎と，長時間労働との間の因果関係に関する本判決の判断について検討します。

1. 業務起因性に関する基本的な枠組み

　まず，本判決は，先例を引用し，業務起因性は，疾病が当該業務に内在する危険が現実化したものか否かによって決せられると判示しました。

　これは，業務と疾病との間の因果関係が，第一次的には形式的な認定基準が尊重されるとしても，最終的には危険が現実化したか否かという実体面で決せられることを示したものです。

2. 因果関係の判断

　本判決は，この枠組みを前提に，本事案における劇症型心筋炎と業務の因果関係を認定しました。

　ポイントは，劇症型心筋炎が，①心筋炎への罹患と②心筋炎の重篤化という２段階によって発症している点です。そして，医学的に，長時間労働が①②に

直結するとの知見は確立していなかったことから，本判決は，長時間労働と①
②の間に「疲労の蓄積」による「免疫力の異常」という段階を加え，これをか
すがいとして因果関係が認定されるか否かを検討しました。

　具体的には，睡眠不足，疲労の蓄積，ストレスにより免疫力が低下したとす
る複数の研究報告や医師の意見，免疫力の低下は感染症への罹患リスクの増加
だけでなく，病状の進行を早め，重篤化させるとする複数の医師の意見を基に，
長時間労働が有する危険が①②として現実化した，と認定したのです。

　これを図にすると，以下のようなイメージです。

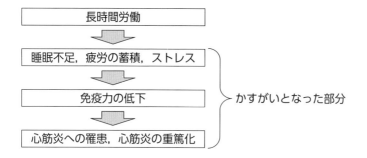

　本判決の判断構造を前提に従前の裁判例を検討すると，一般的に，過重労働
から免疫力の低下までの因果関係の認定は比較的容易だが，他方，免疫力の低
下から最終的な疾病までの因果関係の認定は非常に難しい，と評価できます。

　例えば，外国（ブラジル）への出張後に発症した脳梗塞の業務起因性を否定
した裁判例（東京地判平成29年7月14日労経速2339号16頁）は，半年の間に片
道約30時間を超えるブラジル出張が3回もあり，出張時の時間外労働数も相当
時間あったものの，発症の前に9連休をとり，発症前6か月までの時間外労働
時間の平均も30時間前後であったという事情から，疲労の蓄積は徐々に解消さ
れていたとして，脳梗塞の有力な原因にならないと判断しました。また，過重
な業務によるストレスと敗血症の発症による死亡（東京地判平成28年2月5日
労経速2270号14頁），ヘルペス脳炎への罹患（東京地判平成15年9月24日判タ
1181号225頁）の業務起因性を否定した事案では，いずれも過重業務によるス
トレスが感染症やその悪化の一要因になり得ること，免疫機能を低下させるこ
とは認めたものの，業務との起因性は否定されています。業務自体の過重の程
度がそれほど大きくないことが，その主な理由です。

　これに対して本事案では，発症前12か月の１か月あたりの平均時間外労働時間が約250時間という，認定基準を著しく上回る長時間・長期間の時間外労働が認定されています。これでは，健康を害して当たり前です。このことが，一般的には立証が難しい免疫機能の低下と疾病の因果関係についても，認めた判断につながったといえるでしょう。

3．実務上の応用可能性

　会社には，安全配慮義務の内容として，社員の健康を管理する義務があることはいうまでもありませんが，長時間労働はその最もわかりやすい指標です。長時間労働と，個別の疾病との間の因果関係の認定にあたって，具体的な基準が設けられ，あるいは直接の医学的知見が存在する疾病は多くありませんが，基準や直接の医学的知見がないからといって，直ちに因果関係が否定されるものではありません。むしろ，本件のように，異常なほどの長時間労働であれば，医学的に因果関係のないことの立証が求められる場合があるのです。

　Kは，レストランの調理師という立場であり，開店している間のみならず，仕込み等の準備が必然的に必要になる業種でした。ただでさえ業種自体が激務である上，Kは他の調理師の指導や店舗の管理業務も行っており，明らかに過重業務でした。

　業種が何であろうと，会社が安全配慮義務を免れることはありません。本判決は，料理人の業務の過重さと，異常なほどの長時間勤務の両方から，医学的に十分証明されたとはいえない領域で，因果関係を推定し，会社の責任を認定しました。

　たしかに，これだけ不都合な事情が重なる場合ばかりではありませんが，逆に医学の進歩に伴い，職場でのストレスと疾病の間の因果関係が直接証明される場面も増えていくでしょう。

　このように，社員に激務を強いた責任は，全て会社へ返ってくるのです。

（中野）

3-7　グリーンディスプレイ (和解勧告) 事件

横浜地川崎支和平30.2.8　労判1180.6

＜事件概要＞

　24歳の社員Kが，原付バイクで帰宅中，過労により運転を誤って電柱に激突して死亡し，Kの遺族Xが，会社Yに対し，安全配慮義務違反を理由とする債務不履行または不法行為責任に基づく損害賠償請求をしたところ，裁判所は，Yに対し，和解金を7,591万5,412円とする和解勧告をした事案。

■判例としての価値

　社員の帰宅途中の交通事故について，会社の支配が及ばなくとも，会社には，社員の心身の状態に配慮し，過労状態にならないように措置を講じる，または過労状態の社員が原付バイクで帰宅しようとしている場合には交通事故の起きないような帰宅方法を指示すべき義務があるとした点に，事例判決としての価値がある。

◆　使用例

　社内弁護士Aは，総務部長Qから，社員Jが帰宅中に交通事故で死亡したことについて相談を受けました。

　今回交通事故死したJは，毎日深夜まで残って仕事をしていました。会社も将来を期待していました。ただ最近は，勤務時間中に居眠りをするなど，上司から見ても，明らかに疲れているようでした。Jは，郊外の住宅地に家を買ったばかりで，家族と暮らしています。ただ，公共交通機関でのアクセスが悪く，Jは，ここ最近はずっと自家用車で通勤していました。会社は，車での通勤を禁止していますが，実際には形だけの規定になっています。Jは，勤務が終わった深夜1時頃，帰宅途中で，車線をはみ出して対向車と正面衝突し，亡くなりました。ブレーキを踏んだ様子もなく，居眠り運転のようでした。

　後日，Jの遺族は，会社に対して，長時間労働が原因で亡くなったと主張しています。社員のことは不憫に思いますが，会社は，帰宅途中の交通事故は当

該社員の自己責任で，会社に責任はないと考えています。

　Aは，長時間労働が常態化しているため，安全配慮義務違反を問われる可能性が高いこと，社員の疲弊をわかっており，疲弊状態での自動車通勤を黙認していたと判断され得ること，したがって本判決のように会社の責任が認められる可能性が高いこと，を伝え，全面的に争った場合の会社へのバッシングも考えると，任意交渉の中で解決していくことが望ましいと説明しました。

◆ 分　析

　本事案は，過重な勤務後に原付バイクで帰宅したKが，帰宅途中にいわゆる自爆事故で死亡したことについて，Yに労働契約上の義務違反があることを前提とした和解勧告がされた事案です。

　ここで検討するのは，判決ではなく和解勧告です。一般的に，和解勧告は公にされません。しかし，Xが，同様の悲劇を防止するために公開を切望し，公開されました。

　過労死の一類型として「過労事故死」を示した点でも，重要な裁判例です。

1．Kの勤務状況

　Kの業務内容，拘束時間などは次のとおりです。

〈業務内容〉
　顧客店舗等の観葉植物等の設営・撤去作業。特に，重い植木鉢（約10キロ）や装飾品等（例えば約20キロの水）の積み卸しなど，負荷の大きい業務を主に担当。また，深夜・早朝の作業や，深夜の緊急対応業務にも従事。
〈拘束時間〉
事故日の拘束時間　　合計21時間42分
（前日の午前11時6分〜当日の午前8時48分まで，夜通しの勤務）
事故日前10日間の拘束時間　1日あたりの平均13時間51分（最大23時間）
事故日前1か月の「時間外」労働時間　91時間49分
事故日前2か月の「時間外」労働時間　1か月あたりの平均約78時間38分
事故日前6か月の「時間外」労働時間　1か月あたりの平均約63時間20分
※　時間外労働とは，法定の1週間40時間，1日8時間を超える労働を意味する。

　Kの労働時間は極めて長時間でした。事故日直前には過労死ラインに近い時

間外労働に従事し，事故日当日の勤務時間の長さ（夜通しで21時間42分の勤務）も異常です。

　また，Kは，それまで一度も遅刻をしたことがないのに，事故が発生した月に，1〜2時間という長時間の遅刻を2度もしています。

　勤務時間の長さ，深夜・早朝勤務もあったことに加え，勤務内容が重い物の持ち運びなど身体を酷使するものであったことからすれば，Kが心身ともに疲労困憊の状態にあったことは明らかでしょう。

2．裁判所の判断

　Yは，帰宅中の社員の行動を，物理的にコントロールすることができません。そのため，社員がバイク操作を誤ったことは，Yにはどうすることもできないのであり，Yに責任はないはずだという発想もあり得ます。また，通勤災害の問題を別にすれば，帰宅手段をどうするかはKの自由であり，なおのことです。

　しかし，裁判所はそのような発想をせず，Yには次の義務があるとしました。
　①　Kの業務負担を軽減する措置により事故の発生を回避すべき義務
　②　Kに適切な帰宅方法等を指示して交通事故の発生を回避すべき義務
　次に，Yに，上記のような義務が課された理由を確認しましょう。
　・Yは，Kが疲労困憊状態であることを知っていた。
　・Yは，Kに対し，原付バイクによる通勤を積極的に容認していた。

　もし疲れてクタクタな人間が原付バイクを運転すれば，注意力が散漫になり，あるいは居眠り運転などをして事故を起こしかねません。このことは，過労運転罪（道交法66条）が設けられ，過労状態で運転することが法律上禁止されていることからも周知の事実といえます。

　そして，Kの疲労困憊の状態は，外ならぬYによって作出されています。

　以上のことから，Yは，上記①②のよう対応して然るべきでした。それにもかかわらず，Yは，Kに対して，ほとんど何の手当もしませんでした。これでは，Yが，Kに対して過労運転罪にも当たり得る行為をさせ，本事案の交通事故を発生させた，といっても過言ではありません。

　そうすると，通勤途中の事故であるとはいえ，本事案の交通事故について会社がその責任を負うべきという裁判所の判断は，当然の帰結といえます。

3．実務上の応用可能性

　会社が，社員の通勤途中の交通事故について責任を負う事態に陥らないためには，次のとおり2つの方針が考えられます。

　1つ目は，通勤手段として車などの使用を一切認めないということです。

　そもそも通勤手段として車の使用を禁止していれば，上記①や②のような義務が発生することは考えられないからです。

　ただし，会社が車などでの通勤を禁止しているかどうかは，実態から判断されます。就業規則などで「自家用車での通勤を禁ずる」と書いてあっても，自家用車での通勤を放置すれば，黙認していると評価されかねません。

　そのため，会社は，社員に対し，公共交通機関の定期代を支給し，車での通勤が目撃された場合には業務上の指導をする，といった対応が必要です。また，本事案でYが示した「深夜タクシーチケット交付制度の導入」という方法も考えられます。始発前や終電後の通勤手段を会社が確保することは，通勤手段としての車の使用を，徹底して認めていないという評価につながるからです。

　2つ目は，長時間労働の実態をなくすことです。

　こちらの方針は，1つ目の方針に比べると，業務上の指揮監督につき抜本的な変更を迫られることになります。そのため，長時間労働が常態化している会社にとっては，そう簡単に対応することができないかもしれません。

　しかし，現在では，長時間労働を強いる就労環境自体が社会的に強く非難されており，長時間労働が常態化していること自体が労働契約上の義務違反となることを考えると，会社にとって何も良いことはありません。

　また，1つ目の方針は，あくまでも「通勤途中の交通事故」対策としては有効ですが，逆をいえば，それに留まります。長時間労働の実態をなくさなければ，「過労死」「過労自殺」「過労による病気の発症」という別の労働問題は依然として発生し続けます。そのため，会社が積極的に取り組んでいくべきは，むしろ2つ目の方針だといえます。

　具体的な方法としては，本事案で会社が示した「フレックスタイム制の導入」「インターバルを11時間確保する」などが，他の会社でも十分に参考になると考えられます。その他にも，残業は完全に申請制にし，上司が，申請ごとに残業の必要性や申請時までの勤務時間総数などを考慮して，時間外労働の諾否を決定するという方法も考えられます。

（佐山）

3-8　さいたま市（環境局職員）事件

東京高判平29.10.26　労判1172.26

＜事件概要＞

　職員Kが，教育係のパワハラでうつ病を発症し，自殺したとして，遺族Xが役所Yに対して損害賠償を請求したところ，Kがパワハラの約3か月前に「うつ病，適応障害」で休職しており，Yが負う安全配慮義務の内容と，精神疾患の既往症が因果関係に影響を与えるか否かが主な争点となった事案。

■判例としての価値

　精神疾患を有するXに対して負う安全配慮義務の内容，既往症があっても安全配慮義務違反と損害との間の因果関係を認めた点，Kの過失を7割として損害賠償額を大幅に減額した点，に事例判決としての価値がある。

◆　使用例

　社内弁護士Aは，人事部長Qから，「先日うつ病休職から復帰した社員Jから，『教育係Cからパワハラを受けている』との訴えがありました。Cは，他の社員からも『嫌がらせを受けた』といわれますが，古株で，上司にも暴言を吐く人物なために，Cの上司である係長のDもCを注意できない状況です。会社として，どのような対応をすればよいでしょうか。」との相談を受けました。

　Aは，本判決を紹介しながら，Jのうつ病を悪化させる原因を取り除く必要性があるので，事実確認と並行して早急にJとCを引き離すことを提案し，あわせて，JとCから別々にヒアリングを行うことを提案し，特にJについては，了解を得て，主治医や家族との連携を進めるようアドバイスをしました。

　これに加え，本判決のように，Jの原因の方が大きくても会社の責任がゼロにならないことを説明しました。だからといって，事実関係や証拠を隠蔽・捏造することは，さらに会社の立場を悪くしてしまうので，都合のいい証言をさせようとせず，誠実な対応を心掛け，取組内容については正確に記録に残しておくよう助言しました。

◆ 分　析

1．本判決のポイント

　本判決の争点は，①Yの安全配慮義務違反の成否，②Yの安全配慮義務違反とXの死亡との間の相当因果関係の有無，③過失相殺等の可否の3点です。

　会社の規模が大きくなり，社員の数が増えれば，一定の割合で精神疾患等を持つ者も含まれてきます。

　本判決は，自殺したKの要因の方がYの要因より大きい場合（7対3と評価されている），Yの責任がゼロではなく，その割合に応じた責任になると示しました。すなわち，社員側の要因が大きくても，会社は安全配慮義務を免れず，したがって，会社は精神疾患等を有する社員に対して相応の配慮をしなければならないことが示された，といえます。

2．①雇用主の安全配慮義務違反の成否について

　本判決は，Yに，非常に具体的で広い安全配慮義務の存在を認め，安全配慮義務違反を認定しました。

　まず，安全配慮義務の内容として，職場環境調整義務として「人事管理上の適切な措置を講じるべき義務」があると述べています。パワハラの場合，パワハラ防止義務であり，パワハラの訴えがあったときには，その事実関係を調査し，必要な指導，配置替え等を行うことである，ということになります。

　本事案の経緯を整理しましょう。

・X，うつ病の既往症と休職歴あり。
・4月〜7月，Kが，暴力を伴う（痣ができるなど）パワハラを受ける。
・7月，Yが加害者とKの業務を分ける。
・その後，Kに職場での躁状態が認められる。
・12月14日，Kが上司に体調不良を相談する。同日，上司はKをクリニックに受診させる。医師は，Kに直ちに休職を取らせるべきと診断する。
・12月15日，Yは，出社したKに対し，休職を命じるが，Kは仕事をしたい，休ませてほしい，などといって考えが定まらない。
・12月21日，Yは，Kを父親と一緒にクリニックに受診させる。Yは，Kに22日から休職を命ずることにし，Kの父親に診断書の再作成を指示する。Kは，これを伝え聞き，自宅2階テラスで首を吊って死亡する。

　この経緯を見ると，Ｙも，７月に加害者とＫの仕事を分け，正式に相談を受けた12月14日以降，ほぼ毎日，医師や家族と十分な連携を取って対応し，無理に休ませたり無理に働かせたりしないよう配慮をしていました。

　しかし，ここまで配慮しても，Ｙは「人事管理上の適切な措置を講じるべき義務」に違反していると認められてしまったのです。

3．②因果関係の有無と③過失相殺等の可否について

　さらに本判決は，②Ｙの安全配慮義務違反とＫの自殺との間の相当因果関係を認めたものの，③Ｋの精神疾患の既往症による脆弱性は重大な素因となっているとして，Ｘの側の過失割合を７割と認め，大幅にＹの責任を減らしました。

4．①〜③の関係

　ここでは特に，Ｙが雇用主として現実的に取り得る措置をやり尽くしたように思われるにもかかわらず，責任を認めています。なぜ，ここまでＹに対して厳しい評価がされたのでしょうか。その理由を分析しましょう。

　1つ目の理由は，実際に暴力が振るわれていた点が重く受け止められた，という評価です。

　たしかに，判決理由だけを見れば，Ｙの対応不十分だけが責任の根拠とされているように見えますが，判決文全体を見れば，違った見え方になります。

　すなわち，争点ごとの判断に入る前に，それ以上のページを割いて，事件の経過やパワハラの態様を認定しています。そこでは，痣ができるほどの暴力を受けていたことが認定されています。痣ができるほどの暴力は傷害罪に該当し得ますから，極めて悪質なパワハラがあったと評価できます。

　つまり，いくらＫに問題があるとしても暴力は駄目だ，という常識的な評価が，Ｙに重い義務を課している理由の1つと考えられます。

　2つ目の理由は，不法行為法の役割です。

　一般的に考えれば，被害者側に７割や８割も過失があれば，加害者側には損害を予見・回避する可能性がそもそもない，と評価されてもおかしくありません。被害者のせいであって，加害者のせいではない，という状況です。

　けれども，現在，不法行為法は「損害の公平な分担」を目的にしている，といわれています。そこでは，責任の有無，という０か100かの評価よりも，それぞれの寄与度に応じた割合的な責任の配分が重要となります。

　この観点から見ると，実際に被害者の損害が発生してしまった以上，加害者にとって予見や回避が難しい場合でも，責任をゼロにしてしまうのではなく，一応責任を認めた上で，その範囲を合理的な範囲に減額する，という方法が合理的です。

　つまり，簡単に加害者の責任を否定するのではなく，被害者と加害者の間での「損害の公平な分担」のために加害者の責任を広く認めますので，結果的に，加害者の義務のレベルが上がったように見えるのです。

5．実務上の応用可能性

　このように見ると，実際に上司が部下に暴力をふるったようなケースで，会社が責任を免れることは不可能であるといわざるを得ません。このような状況下だからこそ，会社が注意すべきポイントを検討しましょう。

　1つ目は，管理職の教育指導の徹底です。

　そもそもハラスメントは，刑法犯に該当しないレベルですら成立するのですから，暴力など論外です。会社は，実際に暴力をふるうような社員に対しては厳格な態度をとるべきでしょう。

　2つ目は，暴力などの犯罪に該当する可能性を聞いたときの対応です。

　パワハラが，言葉でのいじめのレベルを超えて，暴行・傷害などの犯罪に該当するような場合，対応への緊急性は格段に異なります。暴行・傷害などを覚知すれば，まずは2人を引き離すなどの対応をした上で，必要な調査をし，警察への通報などの刑事的な対応も検討すべきでしょう。

　3つ目は，マニュアルを作成し，迅速な対応を可能にすることです。

　個別事案ごとに最初から法律問題を検討したりすると，迅速な対応が期待できません。深刻な事態に迅速に対応するためには，余計な判断をさせず，迅速に対応させるような判断基準とプロセスを明確にしておくのです。

　4つ目は，保険です。

　本件のように，会社がかなりの措置をとっていても，賠償が避けられないケースがあり得ます。もちろん，保険にも「免責」などによって保険が効かない場合があり，限界がありますが，会社の賠償責任を補償するような賠償責任保険等は，活用の余地があります。

（中野）

3-9　国・さいたま労基署長（ビジュアルビジョン）事件

東京地判平30.5.25　労判1190.23

＜事件概要＞

　元社員Ｘが，会社Ｋの代表取締役らによる嫌がらせ，退職強要等によってうつ病を発症したとして労働者災害補償保険法に基づく休業補償給付の支給を請求したにもかかわらず，労基署Ｙが不支給処分をしたことから，同処分の取消しを求めたところ，裁判所が，不支給処分の取消しを認めた事案。

■判例としての価値

　うつ病等の精神障害に関し，業務起因性の認定基準・認定方法を明示した点に裁判例としての価値がある。

◆ 使用例

　Ｐの社内弁護士Ａは，人事部長Ｑから，社員の病状等について次のとおり相談を受けました。

　社員Ｊがたびたびミスを起こし，大勢の社員の前で叱責等を受けており，Ｑから見ても，叱責の言葉がきつく，Ｊの落ち込み具合などが見てとれます。Ｊは，現段階ではうつ病との診断を受けていないようですが，Ｑとしては，いつかうつ病などになり，Ｐが訴えられないか，心配になっているようです。

　Ａは，叱責を必要がない限り他の社員の前で行わない方法を検討すること，厚労省の通達「心理的負荷による精神障害の認定基準について」の存在を教え，Ｊに起きた出来事が同基準の項目に該当するかどうかを検討し，該当すると考えられるようであれば心理的な負担を与えないように対策を講じるべきこと，をアドバイスしました。

◆ 分　析

　本事案は，Ｙを退職した元社員Ｘが，在籍中，代表取締役Ｂらによる嫌がら

せ，退職強要によってうつ病になったとして，労基署長に対して休業補償（労災）の給付申請をしたものの不支給とされたことについて，当該不支給処分の取消しを求めた事案です。

　本事案では，うつ病と業務との間の相当因果関係，すなわち業務起因性の有無が主たる争点となりました。

　本事案は行政訴訟であり，あくまでも個人と行政との対立です。しかし，近年の裁判例では，行政訴訟と民事訴訟とで判断基準を分けず，同一の基準を用いる，という傾向がうかがえます。そのため，本判決が示した精神障害に関する業務起因性の判断方法は，個人と会社という民事紛争の場面でも大いに参考になります。

1．通達「心理的負荷による精神障害の認定基準について」

　業務上の出来事によって社員がうつ病などの精神障害を負うことは，以前から問題となっていました。平成23年に出された通達「心理的負荷による精神障害の認定基準について」（基発1226第1号，以下「本件通達」といいます）は精神障害の業務起因性について，認定基準と認定方法を示しています。

「業務起因性の認定要件」
① 　対象疾病を発症していること
② 　対象疾病の発病前おおむね6か月の間に，業務による強い心理的負荷が認められること
　　⇒本件通達には別表1「業務による心理的負荷評価表」が存在し，<u>業務上発生する出来事の類型（例えば「上司とのトラブル」など）と当該出来事が与える心理的負荷の程度（強，中，弱の3段階）</u>が一覧になっています。
③ 　業務以外の心理的負荷及び個体側要因により対象疾病を発病したとは認められないこと
　　⇒本件通達には別表2「業務以外の心理的負荷評価表」が存在し，<u>業務以外の出来事の類型（例えば「離婚した」「自宅に泥棒が入った」など）と当該出来事が与える心理的負荷の程度</u>が一覧になっています。
※ 　②が業務中のストレスなのに対し，③は私生活でのストレスといったところです。

　この基準はあくまでも厚労省が出している行政通達です。そのため，厚労省の内部組織に当たる労基署の判断を拘束しますが，一方で，司法や民事紛争の

当事者の判断を当然に拘束することはありません。

とはいえ，同基準は精神医学的・心理学的・医学的な知見を踏まえて策定されたものです。そのため，基本的に，同基準には合理性があると考えられますし，本判決も同様の判断をしています。また，Xも同基準を判断のベースにしつつ，主張を展開しています。

認定基準の概要は上記のとおりで，特に問題となったのは要件②です。

2．本判決の結論（認定基準②について）

本事案では，上記基準に依拠すること自体に争いはありませんでした。

そこで，労基署長の結論と本判決の結論が分かれた理由が問題になりますが，労基署長の主張を見る限り，本判決との判断の分かれ道は，事実認定にあったと思われます。

具体的には，本事案では，XがBらによる暴言，執拗な退職強要などがあったと主張しているのに対し，労基署長側は，Bらによる暴言は存在せず，また，退職強要などもなかったと反論して争っていました。

これに対し，本判決は次のとおり，労基署長の否認していた出来事の存在を認定し，その心理的負荷の程度を認定しました。

❶　Bによる暴言1：心理的負荷「中」（上司とのトラブル）

平成23年11月14日，会議で，Bは「この幹部の中で（Bが常々推薦していた）手帳を使ってない馬鹿なやつがいる」などとXを名指しして罵倒した。

平成24年4月18日，会議で，Bは「（Bが常々推薦していた）手帳を使わない者は社員の資格がない」と発言した。

❷　Bによる暴言2：心理的負荷「中」（上司とのトラブル）

平成23年12月2日，Xは，公証人から，委任状に会社の実印で捨印をするよう求められた。Xは，休暇中であったものの，この連絡を受け，Bに捨印の許可を求めた。Bは，捨印を許可せず，かつ，休暇中だったXがすぐに電話に応答しなかったことにも腹を立て，約1時間にわたり，休暇を取得したいなら課長を辞めろなどと罵倒した。

❸　異動等に関する衝突：心理的負荷「中」（上司とのトラブル）

平成23年12月頃，Bは，業績不振を理由にXが責任者となっていた支店を廃店し，本社勤務を内示した。これに対し，Xは強く反対し，廃店するのであれば退職する，他にも就職のあてはある，などと述べた。

❹　退職強要等：心理的負荷「強」（退職を強要された）

　平成24年4月21日，面談で，Bが，真に辞める意思がなかったXからの退職申出の撤回を認めなかった。

　平成24年4月24日，会議で，Bは「どうしても辞めたくないならその意向に沿うようにするが，それに当たって言うべきことは言う，一度辞めると言ったのだから辞めなさい，甘ったれた顔しやがって」などと述べ，結局，退職申し出の撤回を認めなかった。

　平成24年4月下旬頃，Bの側近である課長がXに対し，会社を辞めたくないのであればBに対し土下座をするような気持ちで謝るよう助言した。

3．本判決の特徴

　本判決で特徴的なポイントは，❹に関し，認定事実の心理的負荷の程度を，それぞれバラバラに評価するのではなく，ある程度一体的にまとめ，「全体的に評価」し，その結果，心理的負荷の程度は「強」であるとしている点です。

　ともすれば，面談や会議などの出来事ごとに，通達別表1の項目に機械的にあてはめて，心理的負担の強弱を判断してしまいがちですが，本判決は，発生した事実の関連性などを見て，「1つ，または一連の出来事」としてまとめるべきものはまとめて，評価したのです。

4．実務上の応用可能性

　冒頭で指摘したとおり，本判決が示した業務起因性に関する認定判断は，個人と会社との間の民事紛争においても参考になります。

　さらに，本件通達の活用も考えてみましょう。

　本件通達では，心理的負荷を与えるような出来事が類型化され，心理的負荷の程度などが一覧になっています。

　たしかに，会社が，類型化された出来事に一切該当しないようにする，ということは不可能でしょうが，例えば，ある社員に対し，「中」程度に該当するような出来事が本事案のように連続して発生していた場合は，しばらくの間，通達別表1を参考に，心理的負荷になりそうなことを避けよう，といった対策を検討することができます。

　せっかく，具体的な判断基準が公開されているのですから，これを活用し，積極的に紛争の防止に活用しましょう。　　　　　　　　　　　　　　（佐山）

3−10　一般財団法人あんしん財団事件

東京高判平31.3.14　労判1205.28

＜事件概要＞

　財団職員Ｘらが，配転命令，降格処分，職種を変更する旨の業務命令等が退職強要の目的で行われた違法なものであり，財団Ｙに対し，精神的苦痛を受けた等と主張して慰謝料等の支払いを求めたところ，裁判所が，いずれの行為についても人事権の濫用はないとして違法性を否定した事案。

■判例としての価値

　精神的な疾患に罹患して休職していた社員を，一時的に管理職の役職を外した一般職として復職させる際に，一般職への降格に伴う降給等の不利益が生じることがやむを得ないとされる場合があることを判示した点に，事例判決としての価値がある。

◆ 使用例

　社内弁護士Ａは，人事部のＱより，精神的な疾患で休職していた管理職Ｊを復職させる際の注意事項について相談を受けました。

　給与規程を確認すると，復職にあたって旧職務と異なる職務に就いた場合，職務の内容，心身の状況等を勘案して給与を決める旨の条項があり，実際にＱに確認すると，これまでも，管理職が復職する場合には，一旦役職を外して復職させ，様子を見て管理職への再登用を検討する例があるとのことでした。

　Ａは，復職に関する過去の裁判例のほか，本判決を紹介しながら，Ｘ会社の給与規程に基づいて，Ｊの同意の有無にかかわらず，降給を伴う一般職としての復職をさせることも可能であるが，その際には，管理職の職務に耐え得るかを評価するため，Ｊの評価の記録等を確実に残しておき，管理職に再登用するか否かについての評価を，期間を決めて行うようアドバイスしました。

◆ 分　析

　本事案は，配転命令，降格処分，職種を変更する旨の業務命令等を受けたXら7名が，財団Yに対し，これらの命令，処分が退職強要の目的で行われた違法なもので，これによって精神的苦痛を受けた等と主張して慰謝料等の支払いを求めた事案です。

　本事案では，原告の人数が多く，それぞれが主張する違法行為の内容等も若干異なりますが，大きくは，①Xらが受けた配転命令の適法性と，②管理職であったXが，休職から復職した際に，一般職に降格となり，それに伴い降給したことの適法性が問題となっています。

　もっとも，①について，本判決は，そもそも配転命令はなく，配置転換の内示があったのみである，との認定をしていることから，配転命令そのものの適法性というよりも，配置転換の内示の性質が問題となっています。

　そこで，本稿では，①については，本判決が配置転換の内示の性質をどのように認定したかを紹介し，続いて②について検討します。

1．①Xらが受けた配転命令の適法性

　配転命令は，原則として会社に広い裁量があるものの，その配置転換が社員の社会生活に与える影響等に鑑みて，通常甘受すべき程度を著しく超える不利益が認められる場合には人事権の濫用として違法となります。本判決は，このような先例を踏襲して配転命令が違法となる場合があることを示したものの，本事案では，配転命令自体はXらに直接通知されていないばかりか，その後配転命令を速やかに撤回しているという事情から，配置転換の内示の違法性のみが問題となるとしました。

　そして，本事案での配置転換の内示には，人事異動の効力はないことから，人事権の濫用になる余地がないと判示しています。これは，配置転換の内示の一般論を示したというよりは，あくまで「本事案における」配置転換の内示の性質を明らかにしたものです。具体的には，本事案では，配置転換の内示を受けた職員が配置転換を拒否した際に，転勤を拒む正当な理由を審査した事例や，転勤に対する配慮が検討された事例があることが認定されていました。そのため，本事案での配置転換の内示は，社員に検討する機会を与える手続で，正当な理由を示して内示どおりの配置転換を拒む機会があり，Xらが主張するように「内示があれば配転命令の発令が確実」ではなかったと判断したのです。

　これは，翻って見れば，もし配転命令の内示が，本事案のように正当な理由を審査した事例もなければ，内示と異なる配転命令がされた事例もなかった場合，「内示があれば配転命令の発令が確実」であったとの判断がされる可能性があるということです。したがって，内示であれば必ずしもその違法性が問われないということではないことに，注意が必要です。

2．②復職の際に降格・降給したことの適法性

　本事案では，Xらのうち管理職であった者が，精神疾患による休職から復職するにあたり，一般職として復職させられ，それに伴って降給となったことが問題となりました。結論として，本判決は，このような降格や降給に違法不当な点はないとしました。

　休職中の社員を復職させる際，当該社員が休職前と同様の職務を遂行できる状況まで回復したかどうか，仮に回復していなかった場合でも，近いうちに回復の見込みがあるかどうか，現実的可能性があると認められる他の業務に就かせることができるかという点から判断されます。

　そうであれば，休職中の社員が管理職であれば，休職前の管理職としての職務を遂行できないと判断すれば，復職を認めない選択肢もあるはずです。

　しかし，本事案でYは，復職を認めつつ，一般職として復職をさせるという選択をしました。これは，三洋電機ほか1社事件（本書18頁参照）でも取り上げた，復職させた上で復職後の職務に耐えられるかを評価するテスト期間と同視できるものといえます。

　つまり，一見すると，復職後の降格・降給が問題であるように見えますが，実質的には，会社が当該社員の復職可能性の判断を職場への復帰後に実際の業務を通して行おうとしたもので，むしろ社員に配慮したものと評価できます。

　そのような位置付けの復職であり，まずは一般職として復職させ，当該一般職に見合った給与を支給することは，自然な考え方であるようにも思えます。しかし，実際には，社員の同意のない労働条件の不利益変更は，やはりハードルが高いものです。

　そこで，本判決は，会社の給与規程に，「復職にあたって旧職務と異なる職務に就いた場合は，職務の内容，心身の状況等を勘案して給与を決めることとする。」と定められていたこと，過去にも管理職の役職を外し，負担を減らし復職させた後再登用を検討した例があり，本事案もこれにならっていたことを

挙げて，管理職の社員を一般職として復職させることを認めたのです。

　本判決からは，仮に上記の規程がなかった場合に，復職にあたって，休職前と同様の職務に従事できない，または，従事できるかどうかの判断が未了であるとき，社員の同意なく，降格・降給を伴う復職をさせてよいかは不明です。しかし，少なくとも上記の規程を置くことによって，テスト期間として労働条件を下げて復職させる，という選択肢があることが示された点に，本判決の意義があります。

3．実務上の応用可能性

　①②のいずれも，社内規定の整備と実際の運用が整合していることが非常に重要なポイントとなっています。

　特に②については，現段階の裁判所の見解を前提にすれば，復職にあたって旧職務と異なる職務に就くこと，これに伴って給与等の変動があり得ることを給与規程で明記していたことが，当該運用が適法になる要件とされているように見えます。全ての状況に対応できる規程を作ることは困難ですが，このような柔軟な解釈が可能な規程を1条入れておくことで，結論が変わることも大いにあるのです。

　もっとも，仮に規程が整えられていたとしても，実際の運用がそのとおりでないならば，形骸化されたものと判断されてしまいます。例えば②については，管理職としての職務に耐えられるかを判断する期間として，管理職の役職を外して一般職として復職させる以上，実際に，管理職に再登用しても問題ないかを評価し，一定期間内に判断をするという運用をとっていなければ，休職に伴って一方的に降格・降給したものと認定される可能性も十分にあり得ます。すなわち，実際に管理職としての適性を見極めるポイントを明確にし，その評価を定期的に行い，適切にフィードバックするようなプロセスがあり，実践されていなければ，テストのための降格・降給の有効性が否定される可能性が高まるのです。

　会社としては，個別の対応に終始するのではなく，現在の就業規則等で，こういった柔軟な対応が可能かを見直すと共に，当該就業規則等に基づいた運用を心掛け，さらに，その運用を記録化し，会社のノウハウとして蓄積していく必要があるでしょう。

（中野）

3−11　綜企画設計事件

東京地判平28.9.28　労判1179.34

＜事件概要＞

　うつ病により休職していた元社員Ｘが，休職事由が消滅していないと判断して退職扱いにされたことを不服として，会社Ｙに対して社員としての地位の確認等を求めたところ，裁判所が，休職事由が消滅していないとのＹの判断は違法であるとして，Ｘの社員としての地位を認めた事案。

■判例としての価値

　休職事由の消滅につき，従前の職務を通常程度に行うことができる状態だけでなく，相当期間内に通常の業務を遂行できる程度に回復すると見込まれる場合も含むとの判断が，職種限定の有無にかかわらず適用される一般的な法理として判示された点，かかる法理の射程がいわゆるリハビリ勤務に及ぶと明示された点に，価値がある。

◆　使用例

　社内弁護士Ａは，人事部長Ｑから，「うつ病で休業していた社員Ｊがリハビリ出勤として復帰したが，従前と同水準の仕事ができず，簡易な事務作業もできないため，困っています。休職事由が消滅していないとして退職させてよいでしょうか。」と相談を受けました。

　Ａは，Ｑに対し，本判例を紹介しました。その上で，Ｊの勤務状況を一定期間注視し，回復の見込みがあるのかを確認し，あわせて医師からも症状の回復が見込まれるかを確認するように指示をしました。

◆　分　析

　本判決は，退職の判断に関し，「相当の期間内に作業遂行能力が通常の業務を遂行できる程度に回復すると見込める場合であるか否かについても検討することを要し，その際には，休職原因となった精神的不調の内容，現状における

回復程度ないし回復可能性，職務に与える影響などについて，医学的な見地から検討することが重要になる」と判示をし，休職事由の消滅を認めました。

以下では，本判決が休職事由の消滅を認めた理由を中心に検討します。

1．休職事由の消滅の有無

Yは，休職事由が消滅した根拠として，①Xを試し出勤中に図面の修正作業に従事させたところ，休職前のXの状況と比較すると，見逃しがあり，通常であれば指示された修正箇所に関連する修正箇所も修正するのに，それをするような積極性もなく，能力が落ちていると感じられたこと，②本棚の整理やコピーなどの日常的な事務作業を満足に行うことができなかったこと，③Xの作成した月報に誤字脱字が少なからずあったことなどの事実を主張しました。

それぞれに対し，裁判所はどのような判断をしたでしょうか。

まず，①です。

本判決は，Xにブランクがあったこと，発注者との打ち合わせにXが参加していなかったこと，Xがまだ正式に復職しておらず，Xと他の社員の双方がコミュニケーションを遠慮したこと，など，図面修正作業に多少の不備があっても止むを得ない，また，X以外の設計技術者でも不備が生じる状況であったと認定しました。その上で，①の事実を根拠にXが復職不能＝休職原因が消滅していない，と認めることはできず，むしろ，相当期間内に作業遂行力が通常の業務を遂行できる程度に回復することをうかがわせると認定しました。

本判決が認定するように，見逃しや，関連箇所の修正をしないという事情は，裏を返せば一定程度の作業ができているということなので，これを理由に休職事由が消滅していないとしたYの判断は早計でした。また，YがXの作業状況を十分に調査した形跡も残っておらず，裁判所に解雇（退職）ありきだったのではないかとの疑いを持たれた可能性も高いと考えます。

次に，②です。

本判決は，本棚の整理やコピーなどが設計技術者であるXの本来的業務でないため，設計技術者としての業務遂行能力の回復の見込みを判断する事情ではないなどとし，休職事由が消滅していないとする根拠として認めませんでした。

たしかに，日常的事務作業ができないということは，精神的不調が回復しているか否かを判断する1つの要素にはなるでしょう。

しかし，これはあくまで補足的なものであって，仮にYがこの点を休職事由

が消滅していないことの根拠とするのであれば，当該事務作業と本来的業務の関連性まで主張する必要があったと思われます。

次に，③です。

本判決は，誤字脱字はあるものの，了解可能な記載もあり，設計技術者としての業務遂行能力に疑問を生じさせる記載はないとして，休職事由が消滅していないとする根拠として認めませんでした。

これに加え，本判決は，④解雇通知（休職期間満了による退職措置）直前の診断書によれば，Xは，従前設けられていた残業制限を解除できる状態にあったと記載されており，これをもってしても，相当な期間内に通常の業務を遂行できる程度に回復できることが見込まれる状況にあったと認定しました。

Yとしては，診断書上，回復が見込まれる旨記載されているにもかかわらず，なおXの休職事由は消滅していないと判断するのであれば，そのように判断する根拠を，相当程度，具体的に収集しておくべきだったでしょう。

以上により，本判決は，結論として，休職事由は消滅しており，休職期間満了による退職の効果は生じないと判断しました。

2. 実務上の応用可能性

ここでは，2つの点を指摘します。

1つ目は，リハビリ出勤です。

本事案で，YはXに対して，休職期間の満了に伴い，休職事由が消滅したか否かを判断するために，いわゆるリハビリ出勤を実施していました。

通常，休職事由の消滅については，診断書の記載や休職者との面談等から判断することになりますが，休職事由が消滅しているか否かの判断が難しく，復職させたものの，病状が悪化し，また休職してしまうケースも多々あります。

他方，裁判例の中には，休職期間の満了時に従前の業務に復帰できる状態にはないが，より容易な業務に就くことはでき，そのような業務で復職を希望する者に対しては，会社は現実に配置可能な業務の有無を検討する義務があると判断したものもあります（JR東海事件・大阪地判平成11年10月4日労判771号25頁）。

したがって，休職者が，休職期間の満了時に出勤可能な状態であれば，休職事由が消滅していないことが明らかな場合を除き，リハビリ出勤を実施し，休職事由の消滅を慎重に検討することは非常に有益です。

　その場合，本件で行われているように，リハビリ出勤の期間，勤務時間，出勤予定日だけでなく，与える業務の内容を記載した書面を交付し，リハビリ出勤が開始されたこと及びその内容が客観的に明らかになるようにしておくことが望ましいでしょう。

　２つ目は，休職事由の消滅の判断です。

　本判決の休職事由の消滅の判断は，①社員の業務遂行状況の判断と，②医師の診断状況の判断の２つに整理されます。

　まず，①です。

　上記の裁判例のように，いくつかの裁判例は，相当期間内に回復する可能性があればよく，休職前の状況と同程度の業務遂行能力は要求していません。

　けれども，業務遂行能力それ自体を直接証明することはできませんから，会社は，社員のリハビリ出勤中の業務遂行状況，具体的には，勤務態度や業務処理の結果が不良であることを主張立証することになるでしょう。しかも，回復可能性すらないことが必要ですから，会社は，休職以前の業務遂行状況との比較だけではなく，リハビリ出勤開始後に実際に能力が回復しているのか，回復していく見込みがあるのかという観点からの検討も必要となります。

　そうすると，会社が，社員の休職事由が消滅していないことを主張する場合は，一定期間リハビリ出勤を実施し，その間の業務遂行状況を比較し，回復の見込みがないことを基礎付ける根拠資料を収集していくことが，遠回りでも最も直接的な方法と考えることができます。

　この意味でも，リハビリ出勤の実施は積極的に行う必要があるでしょう。少なくとも本事案のように会社の求めるレベルの業務ができないという理由で休職事由が消滅したと短絡的に判断することは避けるべきです。

　次に，②です。

　本判決では，休職事由の消滅の判断には，医学的見地からの判断が重要と判示されており，診断書上回復傾向が認められるにもかかわらず，会社が，社員を別の医師にも診断させるなどの医学的見地からの検討を行っていないことが指摘されています。

　したがって，会社は，業務遂行状況だけでなく，専門的な医師の診察を受けさせるなど，医学的な観点からの検討も慎重に行う必要があるのです。

（米澤）

3-12　名港陸運事件

名古屋地判平30.1.31　労判1182.38

<事件概要>
　休職期間満了にあたり，私傷病を理由とする休職事由が消滅したとして復職の申出をした社員Xが，復職を認めなかった会社Yに対し，社員の地位にあることの確認，未払賃金，慰藉料の請求をしたところ，裁判所が，休職事由の消滅を認め，Yに対し，未払賃金及び30万円の慰藉料の支払いを命じた事案。

■判例としての価値

　私傷病を理由とする休職事由の消滅の判断は，診断書だけでなく，治療経過，業務内容，医師の意見などの事情なども含めて総合的に判断するとの規範を提示した点に，裁判例としての価値がある。

◆ 使用例

　社内弁護士Aは，人事部長Qから，社員の休職について次のとおり相談を受けました。

　2か月ほど前，ある社員Jが交通事故を起こしました。Jは，しばらく治療を続けていたのですが，今般改めて手術をすることとなり，術後，休職を予定しています。会社は，怪我の治療のための休職は仕方ないが，Jは，普段の勤務態度・素行があまり良くなく，過去，保身のために嘘の報告をしたこともあり，今回休職させた場合も，ただ仕事をさぼるために，無駄に休職期間満了まで休職し続けるのではないかと疑っており，Jが無駄に休職期間満了まで休職するつもりならば，復職を認めないことを考えています。

　Aは，復職が可能かどうかは主治医の意見やJの健康状態などから客観的に判断されるべきこと，無意味に休職を続けていると疑われるようであればJの治療状況などの情報を取得していくべきこと，を注意しました。

◆ 分 析

　本事案は，復職を求めるXに対し，Yが，休職事由の消滅の有無を争うと同時に，Xによる復職の申出が信義則違反であるとも主張して争っており，興味深い争点が存在します。

1. 本事案の概要

　Xは，平成26年8月21日に，胃の全摘出手術後の療養・治療のため，平成27年10月20日まで休職を取得しました。途中Xは退院しますが，2月2日に検査目的で再入院します。その後，6月1日に退院します。そしてXは，8月29日に，Yに診断書を持参し，復職を申し出ます（診断書には，9月23日以降復職可能との記載あり）。

　Yの就業規則には，「休職期間満了時に休職事由が消滅していない場合は休職期間満了をもって退職とする」という規定があります。そのため，休職期間満了までに休職事由が消滅しているかどうかは，Xが復職できるか退職となるか，という大事な問題です。一般に，この大事な問題は，主治医の診断書などに基づいて判断されますが，Yは，Xが復職可能と記載された診断書を持参しているにもかかわらず，Xからの復職の申出を断っています。

　だからといって，XがYともめていたとか，問題のある社員だったなどの，休職期間満了にかこつけて退職させたかったといった背景も見当たりません。

　それでは，なぜYは，Xからの復職の申出を断ったのでしょうか。

　実は，本事案では，平成27年9月18日に主治医がYと面談した際，主治医は，診断書はXの強い希望に従って作成した，Xが無駄に休職期間を長引かせていた疑いがある旨の意見を伝えており，平成27年2月に再入院した際のカルテには次のような記載もありました。

　　・Xの体の状態では，入院しても訴えはよくならない，入院の意義がない。
　　・傷病手当金の不正受領のために下痢などの嘘の訴えをしている節がある。

　主治医からの意見を聞いたYが，Xへの信頼をどれほど失ったか，容易に想像できます。

2. 休職事由の消滅について

　結論として，本判決は，Yの主張を退け，遅くとも休職期間満了時には休職事由は消滅していると判示しました。

なぜ，そのような結論になったのか，まず，本判決の規範枠組みを確認しましょう。

①　主治医の診断書を有力な資料の1つとする
②　休職事由となった私傷病の内容や症状・治療の経過
③　業務内容やその負担の程度
④　主治医や産業医の意見その他の事情

そして，本判決は，復職可能とする診断書（①）のほか，Xが徐々に快方に向かっていて日常生活に支障がない健康状態であること（②），1日8時間の所定労働時間内であれば特段過重な業務負担とはいえないこと（③），主治医や産業医の意見は，Xはずっと以前より復職可能な身体状況であったというものであること（④）を認定しました。

Yとして，「無駄に休職期間を長引かせていた疑いがある」Xの復職を許したくないという思いは，わからないではありません。

しかし，ここでの争点は，あくまでも「休職事由が遅くとも休職期間満了までに消滅していたかどうか」なのです。そのため，診断書（①）という資料及び上記②〜④をもって休職期間満了時には復職可能であるとした裁判所の判断は，妥当なものだったといえます。

3．信義則違反の主張について

では，Xが復職可能であることを休職期間満了直前まで黙っていたことをもって，復職の申出をしたことが信義則違反になるとの主張についてはどうでしょうか。本事案でYが力を入れていたのは，むしろこちらの争点だったように思われます。

しかし本判決は，「医師の専門的見地から客観的に見れば，必要以上に長期間にわたって入院及び再入院をしてきたと疑われなくもない」と認定しつつも，信義則違反を否定しました。

本判決が挙げた理由は次のとおりです。

①　休職事由は入院治療だけではなく，術後の「療養」，すなわち体を休めることも含む。
②　Xがあえて事実と異なる症状を申告するなどして意図的に入院治療や自宅療養を引き延ばしたとまではいえない。

そもそも，傷病休職制度は，社員が労働契約上の「債務の本旨に従った履

行」ができない場合に，解雇猶予を目的として用意された制度です。仮に社員が「休職制度」を悪用していた場合，傷病手当の受給なども考えると，ある意味で無断欠勤以上に悪質といえるでしょう。

そうすると，本判決がその可能性を否定していないように，本当に休職制度が悪用された場合は，信義則違反をもって復職を拒む余地はあると思われます。

とはいうものの，Xは，主治医に対し，術後，腹部の不快感・蠕動痛（ぜんどうつう）・下痢などの症状を訴えていました。そして，Xの業務内容はトラックの運転であり，腹部への異常があっても，とっさにお手洗いに行くことができない事情がありました。そうすると，Xが業務復帰に対する不安を訴えて長く「療養」に専念していたということも，あながち嘘とはいえないでしょう。

このように，本事案ではXが休職制度を悪用したといい切れない事情がありました。

4．実務上の応用可能性

本事案から学ぶべきポイントは，「休職期間中の社員の状態をモニタリングする」という一点に尽きます。

Yが主治医と面談したのは，Xが復職の申出をした後であり，それ以前に，療養状況等につきXや主治医から報告を受けていたような事実も見当たりません。主治医から，Xが不当に入院していた，ということを後から聞いて，慌ててしまったのです。けれども，例えば2月2日の再入院の段階など，早い段階で治癒したという主治医の見解と，不安解消のためにもう少し「療養」したいというXの気持ちを聞いていれば，産業医の意見やセカンドオピニオンを取るなど，もう少し慎重に対応できたでしょう。

そのため，会社としては，電話や自宅訪問による面談で，休職中の社員の身体状況や復職に関する聴取を行うほか，事前に社員から医療情報・意見提供の同意書を取得し，定期的に主治医から復職に関する情報を取得したり，会社指定の医療機関の診断を受けさせるなどの方策をとるべきです。

社員に，このような情報提供をさせることは，仮に就業規則に特別な記載がなかったとしても，休職制度の趣旨（解雇の猶予）からすれば，当然の義務といえるでしょう。このような事前の策を積極的に講じることにより，本事案のように，休職期間満了直前になってから，不測の事態が明らかになったり，紛争になることも少なくなると考えられます。　　　　　　　　　　　　　　（佐山）

3－13 東京電力パワーグリッド事件

東京地判平29.11.30 労判1189.67

＜事件概要＞

持続性気分障害，アスペルガー症候群等の精神疾患により1年6か月間休職した社員Xが，復職のためリワークプログラムを受けていたが，会社Yが復職不可として退職扱いとしたため，社員としての地位確認を求めたところ，裁判所が，リワークプログラムの実施状況等を踏まえ，Xの請求を否定した事案。

■判例としての価値

主治医と産業医の診断結果が分かれることがある精神疾患の復職可能性の判断において，外部機関の実施しているリワークプログラムの実施状況等を具体的に検討し，特にリワークプログラムの効能を積極的に評価した点で，事例判決としての価値がある。

◆ 使用例

当社で，メンタルヘルス不調を訴えて休職する社員が増えてきました。

きちんと会社として対処するためにどのような点に留意すればよいか教えて欲しいです。

◆ 分 析

近年，精神疾患により医療機関にかかっている患者数は増加の一途を辿っています。実際，精神疾患により業務を満足に遂行できない社員とトラブルになる例が増えています。精神疾患を抱える社員にどのように対応していくのか，しっかりと準備をしておく必要があります。行き当たりばったりの対応をしていると，トラブルが深刻化してしまうため，社員との面談，医療機関との連携，リワークプログラムを含む復職支援プランの策定等，とるべきプロセスの順番も含めしっかりと準備をしておく必要があります。

本判決は，精神疾患により満足に労務提供できない社員に対し，会社がどの

ように対処していくのかを具体的にイメージできる好事例です。

1. 事実関係

Xは平成10年4月，Yとの間で期間の定めのない雇用契約を締結し，技術職として稼働していました。Yでは，入社後，通常3年程度をかけて，将来の実務に必要な基礎的知識の習得をし，その後，個々人の能力に応じた部署へ異動する運用になっていましたが，Xは3年目になっても現場作業を単独で遂行できない状態が続いており，結局6年以上同じ部署に配属されたままでした。

YはXの適性を模索するため，平成16年7月，Xを工事部門に配属しますがここでも適性がないと判断されます。

平成18年2月のA産業医との面談で，Xは人前で緊張してしまう旨述べたことから，メンタル専門医への相談を勧められ，Bメンタルクリニックを受診し，以後，B医師がXの主治医となり，投薬を受ける等治療を受けるようになりました。

平成19年7月に，再び技術職系統の部署に配置転換されたXは，平成20年8月頃から心身の状態が悪化し，Bメンタルクリニックへ通院し，A産業医にも体調不良を訴え，休暇の取得日数が急増しました。平成23年に入ると，有給休暇や傷病休暇も使い果たし，A産業医からは治療に専念するため長期間休職することを勧められました。Xは，メンタル専門医であるE専門医にも相談した結果，平成24年3月8日から傷病休職に入りました。Yの制度上，Xに与えられた1年6か月の傷病休職期間中，XはB主治医やE専門医を定期的に面談・受診していました。しかし，休職から1年経過した段階でも症状の改善が見られなかったため，E専門医はXにGクリニックが実施しているリワークプログラムへの通所を勧めます。

リワークプログラムは，気分障害などの精神疾患で休職している人に対し，職場復帰に向けたリハビリを実施する機関で提供されているプログラムです。例えば，朝はミーティング，午前中はパソコン教室，午後はストレスコントロール等の心理教育プログラムというように様々なカリキュラムを受講し，生活リズムの回復，疾病理解，対人関係能力の回復などを目指します。

Xは，リワークプログラムへの通所を開始しますが，通所開始後5か月間の出席率は3割強であり，欠席しても連絡が取れないことが多く，その後，出席率は5割強となりますが，とても復職可能な出席率とはいえない状況でした。

リワークプログラムのGクリニックの医師もXは持続性気分障害，アスペルガー症候群であると診断し，今後も職場復帰は難しく，リワークプログラムへの通所が必要と判断していました。

　A産業医とE専門医もXと面談を実施しますが，Xは自身の精神疾患に対する振り返りが十分ではありませんでした。すなわち，休職期間中，Xは逆流性食道炎になるのですが，休職に至った原因は逆流性食道炎だと説明するなど，精神疾患と向き合おうとしない姿勢が顕著に見られたのです。E専門医はG医師にリワークプログラムの状況を問い合わせるなど慎重に考慮した結果，職場復帰は困難と結論付けました。A産業医も職場復帰は困難と判断しました。

　これに対し，B主治医は，Xは就労可能であるとの意見書・診断書を作成し，XはそれをもとにYに復職を求めました。もっともB主治医は，リワークプログラムの評価シートを参照せずに職場復帰可能との判断をしていました。

　Yは，B主治医，A産業医，E専門医，Gクリニックでのリワークプログラムの結果を総合的に考慮した結果，Xの職場復帰を認めず，Xを休職期間満了により解職としました。

2. 評 価

　本判決は，Xが職場復帰可能な程度に回復したかどうかを判断するにあたり，Xの主張よりもYの主張の方が信用できるとして，Y側の主張する事実を認定しています。勝敗を分けたのは，Xの状態に関する「情報の具体性」です。

　つまり，B主治医の診断結果はリワークプログラムに関与した医師の見解等を踏まえていないだけでなく，あくまで職場適合性を検討する場合には職場の人事的な判断を尊重することを前提としていることから，必ずしも職場の実情やXの休職前の勤務状況を考慮した上での判断ではありません。

　これに対し，Y側は，A産業医に加えて，メンタルの専門医であるE専門医の定期診断の情報に留まらず，会社側にとって情報収集が手薄になりがちな休職期間中も，リハビリ専門機関であるGクリニックのリワークプログラムを実施し，その情報も収集しています。いわば，Y側は，メンタルの専門家集団の多角的な情報に基づいてXの職場復帰の可能性について熟考しているのです。

　このように，Y側の「情報」に関する精度の高さが裁判所の判断を決定付けたといえるでしょう。

3．実務への応用可能性

　使用例にあるように，メンタルヘルス不調を訴える社員が増加しているにもかかわらず，その対処法が確立されていない会社は意外と多い状況です。

　まず，就業規則の整備は必須です。

　既に就業規則はある，と思われた方も，その就業規則が精神疾患の場合にも対応できるものになっているかどうか，専門家のチェックを受けましょう。そして，入社時などタイミングを決めて，社員向けに就業規則の説明会を実施することも有益です。「休職」制度に馴染みのない社員は意外と多く，「そんな制度は聞いたことがない」ということ自体がトラブルの原因になることもあります。会社は社員に対し，雇用契約上，その健康に配慮する義務を負っていることも踏まえ，「休職」制度について，ハラスメントに関する問題も含め，社員や管理職者の教育を継続的に行うことは推奨されるべき姿勢だと思います。

　次に，いざ社員が精神疾患になった場合，当該社員に対するサポート体制の整備が必要です。当該社員が通院する主治医の存在は当然のこととして，会社の産業医，もしくは会社の指定するメンタル専門医の関わりも非常に重要です。必ずしも産業医がメンタルの専門医という訳ではない点に留意しましょう。

　さらに，第三者機関によるリワークプログラムの導入も有益です。休職した社員の復職可能性を判断する際，重要なことは当該社員が勤務可能な状態まで回復しているかどうかの見極めです。その見極めのためには，休職前の状態，復帰申請時の状態のみならず，休職期間中の当該社員の状態を把握することが大切です。リワークプログラムは，通所して一定のカリキュラムを受講する仕組みを採用しており，出席率や受講状況等について報告書をもらうことができます。第三者機関から，当該社員の休職期間中の日々の状況について，情報提供がなされることで，会社としては，当該社員が職場復帰可能な状態にあるか否かを判断するに際して，より具体的な情報を得ることができるのです。

　かつて，主治医の意見と産業医の意見のどちらが信頼できるか，という二項対立構造で論じられる傾向のある休職問題でしたが，もはやそのような二項対立構造ではなく，より対象社員の実態に迫る情報収集をどのように行うべきか，という視点で検討されるべき問題になったといえるでしょう。

　適切なプロセスを経ることは十分な情報収集なくしては実現できません。

　社員のメンタルヘルス不調の問題に対処するため，今一度，仕組みを見直しましょう。
（畑山）

3－14　ビーピー・カストロールほか事件

大阪地判平30.3.29　労判1189.118

<事件概要>

　うつ病による休職期間満了後も出社せずに解雇された社員Xが，会社Yに対し，復職の環境を整えなかった義務違反を根拠に，解雇無効確認，休職期間満了日以降の賃金相当額の損害賠償，パワーハラスメント被害の損害賠償を請求したところ，裁判所が，Yに職場環境調整義務違反はなく，上司の言動が不法行為を構成するとはいえないとして，請求を全て棄却した事案。

■判例としての価値

　Xが，「心の健康問題により休業した社員の職場復帰支援の手引き」に基づき復職支援プランを作成し実施されるべきである，などと主張したのに対し，必ずしもこのプログラムに沿って行う必要はないと判断した点に，事例判決としての価値がある。

◆　使用例

　人事部長Qは，社内弁護士Aに，休職中の社員Jの復職について相談しました。

　Qは，Jはうつ病も改善してきており復職の見込みがあること，会社としても人手が足りていないことから，復職初日から従前と同様の勤務について欲しいと考えているようです。

　Aは，会社の考えのみで復職の際の業務内容を決定すべきではないこと，復職の可否，時期，業務内容については社員の主治医，社員本人，産業医とともに情報をしっかりと共有し，あらかじめ復職計画を立て，その計画に基づいて復職の実施を図っていくことが望ましいとアドバイスしました。

◆　分　析

　本事案で最も問題となったのは，Xが休職期間満了後に復職する際にYが負

う環境整備の程度です。

　Xは、「心の健康問題により休業した社員の職場復帰支援の手引き」（厚労省）を基にした復帰支援プログラムを実施すべきであることや、Xにパワーハラスメントをした上司を異動させるべきことを主張していました。

　これに対して、本判決は、Yが取った対策などからすれば環境調整の義務を怠ったとはいえない、としています。

1．休職から解雇までの事実関係

　Xが解雇されるまでの大まかな時系列は次のとおりです。下線部分は、Xが勤務していない期間です。

H26.9.1：X、うつ病との診断、療養休暇（私傷病の有給休暇）を申請
同10.21〜H27.1.13：（X、療養休暇）
H27.1.14：X、リハビリ勤務開始
同2.1：X、復職
同4.6：X、Yの人事部、主治医が面談
同4.14〜H27.5.21：（X、うつ病との診断、年次有給休暇）
同5頃：X、休職を申請、Y、休職を承認
同5.22〜10.12：（X、休職、Y、休職延長を承認）
同10.13〜H28.5.21：（X、延長休職）
H28.4.8：X、Yの人事部、主治医が面談
　　　　　主治医からは、会社にてとるべき施策などの要望は出ず
同5.2：主治医、5.22付で復職可能との診断
同5.10：X、Yの人事部、産業医が面談
同5.17：Y、5.23付の復職許可通知発付
　　　　　X、Yと復職協議
同5.18：X、有給自宅待機を要求（環境整備不十分などが理由）
同5.23〜：（X、出社拒否）
同11.16：Y、Xに、業務復帰命令・解雇の警告
H29.1.23：Y、Xに、解雇通知（無断欠勤、1.28付）

2．本判決の判断

　以上の事実関係からわかるとおり、Xは、平成29年1月28日に解雇されるま

で約2年3か月間，うつ病による休職等を理由に，ほとんど出社していません。このうち平成28年5月23日以降は，会社が復職支援プログラムを実施していないことなどを理由に，要するに会社に非があることを口実に出社拒否をしています。

　もっとも，Xが出社拒否の際に，上司Bの配置転換とパワーハラスメントの処分を求めていることからすると，Xにとって上司Bがネックになっていることは間違いありません。Xの主張する上司Bの言動は，人前で強い叱責をした，月例会議でXだけを個人攻撃した，などです。

　ところが，本判決は，Xが主張する上司Bの言動は全て「不法行為を構成しない」と認定しました。理由は，Xが取り上げている上司Bの言動は，そもそも証拠がなく，または仕事上のミスに対する注意や会議の場での議論の一環に過ぎない，というものです。

　要するに，本事案では，Xの主張の根幹が崩れています。既にこの時点で，本事案の決着はついているといえます。

　このように上司Bの言動がそもそも不法行為にならないことに加え，YはXの復職の際に次のような配慮をしていました。

- ・復職後の担当取引先は，復職前の担当先の一部だけとした（業務負担の軽減）。
- ・上司Bと連絡を取り合わなくてもいいよう，レポート（週報等）の提出先を上司Bとは別の人物とした（上司Bとの人間関係への配慮）。
- ・上司Bが同席する月例会議には，人事部の者も同席する約束をした（上司Bとの人間関係への配慮）。
- ・パワーハラスメントと感じるようなことがあれば，速やかに人事部に相談するように勧めた（上司Bとの人間関係への配慮）。

　他方，主治医はYに対し，Xの復職にあたってとるべき具体的な対策などを要望しませんでした。要するに，Yは，主治医からの要望がないにもかかわらず，自主的に，Xが復職しやすいような配慮をしていたのです。

　以上のような会社の対応，Xの負担する業務の重さなどを見て，本判決は，復帰プログラムという形態での支援がなかったとしても環境整備等の義務を怠ったとはいえない，としました。

3．実務上の応用可能性

　本判決から学べることは，復職支援プログラムありきではない，ということ
です。

　本判決も，Ｙが整備すべき「内容は法令等で明確に定められているものでは
なく，事業場の実情等に応じて個別に対応していくべきもの」として，このこ
とを明言しています。

　たしかに，Ｘが主張する「心の健康問題により休業した社員の職場復帰支援
の手引き」は，うつ病など「心の健康問題」を抱える社員の復職の際に参考に
されるべきでしょう。というのも，復職支援プログラムを策定・実施すれば，
会社の取り組みが社内外に明確になり，社員と認識を共有できるからです。

　しかし，この手引きは，「復職支援プログラム」という手段を強要するもの
ではありません。また，「心の健康問題」を抱えた社員の復職について一律に
適用される答えを提供するものでもありません。

　あくまでも，心の健康問題を抱えた社員の復職の際には，会社，産業医，主
治医，社員本人で連携すること，行き当たりばったりではなく計画立てて完全
復帰を実現していくことが望ましい，といった趣旨をわかりやすく伝えている
ものです。

　つまり，復職支援プログラムという形態をとらなくても，実際に会社が行っ
た取り組みが復職の環境整備をしているといえれば問題ないはずです。

　本件でＹが採った対応（上記２項）は，その意味で他の会社でも十分に参考
になり得るものです。

　特に本件のように上司の言動に問題がない場合，当該上司を異動させること
は困難です。まさか「休職中の社員があなたのことを嫌っているので異動にし
ます」というわけにはいきません。

　そのような限界がある中でも，Ｙが，可能な限りＸの意向を汲み取り，上司
との接触の機会をなるべく減らし，接触の際は第三者の立会いによって緩衝を
図る，といった対策をとったことは非常に有効だったと考えられます。さらに，
Ｙは，Ｘが出社拒否をした後も，即座に解雇することなく，根気よく社員の主
張を聞き，対策を提案し，このまま欠勤が続けば解雇となってしまう旨の警告
を発する，というきちんとした手順を踏んでいました。そのため，Ｙの対応を
受け入れなかったＸの主張は，その時点から正当な理由がなかったものと評価
され得ます。

（佐山）

3-15　NHK（名古屋放送局）事件

名古屋高判平30.6.26　労判1189.51

＜事件概要＞

　傷病休職期間の満了で解職された職員Ｘが，傷病休職中のテスト出勤と解職の違法性，テスト出勤中の賃金未払い等を理由に，会社Ｙに，職員の地位にあることの確認，未払賃金等の支払いを求めたところ，裁判所が，テスト出勤と解職は適法であるものの，テスト出勤中の作業が「労働」に該当するとして，最低賃金に基づく賃金の支払いを認めた事案。

■判例としての価値

　傷病休職中のテスト出勤の性質と作業内容を具体的に認定し，Ｘが「債務の本旨に従った労務の提供」を行っていないと認定しつつ，テスト出勤が「労働」に該当するとして，最低賃金に基づく賃金の支払いを認めたことに，事例判決としての価値がある。

◆ 使用例

　社内弁護士Ａは，人事部長Ｑから，休職中の社員Ｊを復帰させるか解職するかを判断するため，一定期間のリハビリ期間を検討しており，その場合，どのようにこれを運用したらいいかについて質問されました。

　Ａは，このリハビリ期間が，復職可能性を判断するためのいわゆる「試し出勤」に該当すると説明し，リハビリ期間を短期間にし，行わせる作業も軽作業にすることを提案しました。その上で，リハビリ期間が長期化する場合，リハビリ期間中の作業が，Ｊの休職前の業務と内容・難易度等が全く異なるものであっても，一定の賃金支払義務が発生する可能性があることを指摘し，賃金を支払うことを助言しました。さらに，復帰の判断は，リハビリ期間中の勤務の様子等を踏まえてこまめに産業医の意見を聞き，場合によってはＪの主治医とも連携をとりながら，復帰可能性を検討するようアドバイスしました。

◆ 分　析

　本判決は，Yのテスト出勤の指示と解職の判断は，復職支援プログラム（リワークプログラム）におけるデータとの整合性や，産業医・Xの主治医の医学的知見に基づいて行われていることから，違法性はないと判断しています。

　問題は，Yが休職事由の消滅の有無を判断するためにXを実際に作業させるテスト出勤中の賃金です。

　ここでは，テスト出勤中の賃金に関し，本判決の判断を分析し，その問題点を検討します。

1．テスト出勤中の「作業」内容

　Xは，休職前，一般職の中で中堅職員と位置付けられる地位にあり，名古屋放送センターで報道専任記者（制作）として勤務していました。また，テスト出勤中，Xは上司からの指示に従って，割り振られたニュース用原稿を編集担当者と協同でテレビ用に作り替えると共に，使用映像を確認し，テロップを発注し，ニュース放送中はスタジオ外で立ち会うなどの作業を行っていました。

　一方，Xが24週間のテスト出勤で関与したニュースは，1日あたり2〜4本で，その日の放送予定のニュースの中でも最も負担の軽いものでした。

　Xは，テスト出勤中に作業を行っていることから，Yに対し，①主位的に労働契約上の賃金の支払いを，②予備的に最低賃金法に基づく賃金の支払いを請求しました。

2．「作業」の性質

　本判決は，Xの休職前の業務と，テスト出勤中の業務を比較し，テスト出勤中業務が賃金の対価として見合う程度の業務と認めることは困難であり，労働契約上の本来の債務の本旨に従った労務の提供を行っていないとしました。

　他方で，本判決は，当該テスト出勤中の業務は，労基法11条の規定する「労働」に該当するとしたのです。

　ポイントは，本件テスト出勤に，復職の可否を判断するための「試し出勤」の性質があったことでした。休職者は，テスト出勤中の作業指示を拒否することは困難です。このような状況で，XがYの指示する作業を行い，その成果をYが享受しているような場合は，当該作業の軽重にかかわらず，業務遂行上，Yの指揮監督下に行われた労基法11条の規定する「労働」に該当するとされた

のです。そして，裁判所は，Ｙは最低賃金額相当の賃金を支払う義務を負うと判断しました。

3．本判決の問題点

このような判決内容を見ると，労働契約上は不十分な労務提供でありながら，労基法・最賃法上は「労働」と評価することで，社員の賃金について，ＸとＹの主張の間をとったような折衷的な判断をしたようにも見えます。

しかし，ここには解決できない問題が残っています。それは，Ｘが休職期間中に受け取っていた傷病手当の扱いです。

〈テスト出勤しなかった場合〉受け取ることができる金額→1万7,000円

休職手当1万7,000円

〈本判決の場合〉受け取ることができる金額→1万7,000円

賃金6,400円	休職手当1万600円
休職手当6,400円	

休職手当として受け取った6,400円は不当利得

〈受給条件を満たさない場合〉受け取ることができる金額→6,400円

賃金6,400円	
休職手当1万7,000円	

休職手当として受け取った1万7,000円は不当利得

本事案での傷病手当は，私傷病社員が，療養のため「労務」提供できないことを受給条件として，標準報酬日額の85％を支給するものです（健康保険法99条1項）。そこで，Ｘが休職期間中に行った作業が労基法11条の「労働」に当たり，賃金が発生すれば，「労務」提供できたことになってしまい，傷病手当

の受給要件を満たさないのではないかという問題が発生します。

　この点について本判決は，本来傷病手当は賃金を控除した金額を支払うべきものであり，Ｘに賃金が支払われた場合は，不当利得として傷病手当を返還すべきこととなる，と述べています。これを文言のまま解釈をすれば，例えば標準報酬日額が2万円，所定労働時間が8時間の社員がおり，1日あたり，傷病手当として1万7,000円を受給していた場合，最低賃金（本件では800円）に基づく賃金として，1日あたり6,400円を会社から受領することになれば，当該6,400円分を不当利得として返還する，ということになります。

　しかし，受給条件（「労務」提供）不備にもかかわらず，一部であっても傷病手当が支払われる理由は判然としません。仮に最低賃金を受領することで，受給条件を満たさないと判断がされる場合，出勤しなければ1日あたり1万7,000円を受給できたにもかかわらず，出勤してしまったばかりに6,400円しか受領できなくなるという結果は，社員が望むものではないでしょう。

　この点の解決は先送りにされているのです。

4．実務上の応用可能性

　復職に際して，「試し出勤」を実施し，徐々に負荷を上げて本来の業務やそれに近い作業を行わせていく場合，勤務時間，作業内容等に応じて，段階的な賃金制度を設ける，という方法も考えられます。

　しかし，実際に段階的に賃金制度を設けることは困難です。例えば，テスト出勤のはじめの1週間は模擬的な軽作業等にとどめ，復職に近付くにつれ，徐々に本来の業務に近い仕事を与えていくとすれば，どのタイミングで賃金を変更するのか，という判断は曖昧になります。

　そこで，テスト出勤期間中は在職時と同額の賃金を払うという判断をすることもあり得るでしょう。

　もちろん，テスト出勤の，特に初期の勤務では，賃金に見合った業務はされませんし，仮に休職事由が消滅していないとの判断になった場合には，この間に支払った賃金を無駄に感じるかもしれません。しかし，これにより，後日の紛争を防ぐことができるのであれば，制度設計としては意義のあるものです。

　他方，休職期間中に無給でテスト出勤期間を設けたのであれば，当該期間は1週間程度の短期間とした上，通勤訓練や，模擬的な軽作業のみに限定すべきでしょう。

（中野）

3-16　国・厚木労基署長（ソニー）事件

東京高判平30.2.22　労判1193.40

＜事件概要＞

　社員Kの自殺の業務起因性が争われたところ，裁判所が，業務に内在する危険性の判断は被災社員と同種の平均的社員を基準にすべきで，本事案では障害者を基準とすべきではないこと，既発症の精神障害が悪化した場合に必要な「特別な出来事」も存在しないこと，から遺族Xらの主張を退けた事案。

■判例としての価値

　「業務に内在する危険性」の判断では，「障害」は雇用の前提でない限り考慮すべきではないとしたこと，既発症の精神障害が悪化した場合，当該悪化の業務起因性を認めるためには「特別な出来事」が必要であるとしたこと，に事案としての価値がある。

◆　使用例

　社内弁護士Aは，人事部長Qから，社員に障害や疾病がある場合に，会社としてどこまでの配慮をすべきかについて相談を受けました。

　Aは，本判決を，労災認定にかかる裁判例であることを留保しながら紹介し，まず，当該社員について，障害や疾病の存在を前提として雇用した場合には，これを当該社員の職種，年齢，経験等と同様に考慮し，当該障害や疾病に応じた勤務をさせるなどの必要がある旨回答しました。

　他方，当該障害や疾病を前提として雇用していなかった場合には，労災認定の場面では同種の平均的社員と同様の扱いをすれば問題ないものの，安全配慮義務の観点からは，会社としての配慮は必要である旨助言しました。

　また，障害や疾病の存在を前提にしていたか否かにかかわらず，「特別な出来事」により元々有する精神障害等が悪化した場合は，会社として責任を負い得ることを助言しました。

◆ 分　析

　本判決は，社員Ｋが，上司によるパワハラ，退職強要，配置転換等の業務上の原因によって大うつ病性障害を発病し，自殺したと主張して，Ｋの両親Ｘらが，労災保険法に基づき遺族補償給付と葬祭料の支給を申請したところ，不支給の処分がされたことから，当該処分の取消しを求めた事案の控訴審です。

　本事案の大きな争点は，業務起因性の判断基準と業務起因性の有無です。その中でも特にポイントは，Ｋが有していた障害と業務起因性との関係性です。

　1審判決は，Ｋの自殺に業務上起因性がないとして，Ｘらの請求を棄却し，2審判決も，1審判決の判断を維持しました。

　近年，中央省庁による障害者雇用の水増し問題などを受け，障害者雇用促進法の改正が予定されるなど，障害者雇用への対策は，各会社にとっても喫緊の課題となっています。本稿では，障害の存在を前提とせずに雇用した社員に，障害や疾病があった場合の業務起因性について解説します。

1．Ｋの障害及び疾病

　Ｋは，昭和59年に脳腫瘍と診断され，また水頭症を併発し，継続的に治療を受けている状況であり，平成15年4月には，身体障害者等級6級（脳原性上肢障害）の認定を受けていました。そのため，Ｋは，頭痛，左手の麻痺，眼及び顔面に若干の障害を有していましたが，平成16年4月の採用時には，これらの障害は特段問題とされませんでした。

　その後Ｋは，平成20年10月頃に部署が異動となった頃から，上司より厳しい業務指導を受けるようになり，人事評価等に対して不満を述べたり，他の社員との共同作業における成果を自分の成果であると固執して上司より厳しく注意されるなどしていました。Ｙは，平成21年11月頃から，Ｋを臨床心理士と面談させていましたが，平成22年8月20日，Ｋは，自宅で薬剤を利用し，自殺してしまいました。

　本判決は，Ｋは，平成22年6月時点で適応障害を発症し，平成22年8月頃から適応障害を悪化させ，軽症うつ病エピソードの診断基準を充たすに至ったと認定しています。

2．業務起因性の判断枠組み（ルール）

　Ｘらは，業務起因性の判断には，①Ｋの障害を考慮すべきである旨主張した

上，少なくとも②本事案では，既に発生していた障害等が増悪したとして，業務起因性が認められる旨主張しました。

　このうち①に関し，本判決は，次の2段階の判断枠組みを示しました。

　①の第1段階（原則ルール）として，本判決は，業務起因性の判断で，原則論として，障害の有無を考慮しない旨判示しました。

　具体的には，業務起因性は「業務に内在する危険性」が実現することです。この「業務に内在する危険性」の実現は，被災社員と同種の平均的社員を基準に判断します。その上で，業務負荷が相対的に有力な要因となって，当該精神障害を発病させたことが必要，と判示しました。

　この平均的社員とは，「何らかの個体側の脆弱性を有しながらも，当該社員と，職種，職場における立場，経験等の社会通念上合理的な属性と認められる諸要素の点で同種の者」であって，「特段の勤務軽減まで必要とせずに通常業務を遂行できる者」を意味します。すなわち，「同種の者」（前段）で「通常業務遂行可能な者」（後段）が，「平均的社員」です。

　ここで特に注目されるのは，この「社会通念上合理的な属性」に「障害」が含まれていない点です。すなわち，本判決は，被災社員の障害等は当該社員の個別的な事情に伴うものであり，これを考慮すると，出来事の有する客観的な心理的負荷の強度を適切に把握できないとして，はっきりと「障害」を考慮要素とすることを否定しています。

　①の第2段階（例外ルール）として，本判決は，例外的に「障害」が考慮される場合のあるルールを示しています。

　具体的には，社員の有する「障害」が雇用の前提であり，労務軽減されているような場合には，障害の故に労務軽減が必要とされていることを年齢，経験等に準ずる属性として考慮することは適切であると判示しました。

　次に②に関し，本判決は，既発症の精神障害が悪化した場合の業務起因性には，「特別な出来事」を要するとしました。この点は，「特別な出来事」に準じる程度の心理的負荷でも足りるとした1審原判決の判断を否定するものです。

　この「特別な出来事」は，厚労省の「精神障害の労災認定要件」で用いられる概念で，例えば「生死にかかわる，極度の苦痛を伴う，又は永久労働不能となる後遺障害を残す業務上の病気やケガをした」場合など，極めて限定的な概念です。

　以上を踏まえて，本判決の判断を見てみましょう。

3．業務起因性の有無

　まず，①に関し，本判決は，本事案において，Kの「障害」が雇用の際の前提とはなっていなかった旨認定し，Kの「障害」を考慮せず，業務起因性を判断した結果，Xらが主張するようなパワハラ，退職強要，不当な配置転換などはなかったと判断しました。注目すべきは，Yが，Kの雇用後，Kの障害を知り，または知り得たとしても，労災保険制度上の給付の有無を左右することにはならないとした点です。これは，無過失責任に立脚する労災認定という場面であるからこその認定であると考えられます。予見可能性や回避可能性など，会社の過失が問題にならないからです。

　さらに，②に関し，本事案ではKの精神疾患を悪化させる「特別な出来事」もなかったと認定しました。

　その結果，本事案では，Kの自殺に業務起因性が否定されたのです。

4．実務上の応用可能性

　本判決では，労災は会社の不法行為や債務不履行の場面とは異なることを理由に，採用時に，当該社員の障害を前提とした雇用をしていない限り，会社が採用後に障害を知ったとしても，その事情を考慮しないような表現になっています。

　逆にいうと，会社に対する債務不履行や不法行為に基づく損害賠償の問題になった場合には，採用後に当該社員の障害を知ったような事情も考慮される可能性が高いことを意味します。すなわち，もっぱら業務起因性の有無のみによって給付の有無を決する労災認定の場面と異なり，損害の公平な分担が考慮される，不法行為や債務不履行に基づく損害賠償請求の場面では，会社側が社員の状態を知りながら，そのことについて何らの措置も講じなかったというような場合には，会社側の責任を認めた上，過失相殺等で処理をされる可能性も充分あるのです。

　会社としては，雇用する社員が，採用時に判明するか否かにかかわらず，様々なバックグラウンドを持っている可能性を念頭に置き，雇用には常にリスクがあることを忘れてはいけません。

（中野）

3-17 富士機工事件

静岡地浜松支判平30.6.18 労判1200.69

<事件概要>
　知的障害と学習障害を持つ社員Kの自殺の原因が，会社Yによる障害への配慮を欠く対応等にあるとして，Kの遺族XらがYに対し，安全配慮義務違反等に基づく損害賠償を請求したところ，裁判所が，Kの自殺の原因が業務にあったとしても，それを予見できず，予見すべきであったともいい難いとして損害賠償責任を否定した事案。

■判例としての価値
　知的障害や発達障害を有する者は，障害によりうつ病などの精神障害を発症しやすいと認定し，会社の安全配慮義務違反が認められるために必要な予見可能性の判断方法を具体的に示した点に事案としての価値がある。

◆ 使用例
　社内弁護士Aは，会社より，知的障害等の障害を持つ社員を雇用した場合，当該社員にどのように仕事をさせればよいかについて，相談を受けました。

　Aは，知的障害等の障害を持つ社員に対しては，これを前提として雇用した以上は，これらの障害を持つ者が，理解能力やストレス耐性が他の人と比べて低い可能性があることなどを考慮して，当該社員の能力に応じた業務を課すべきであることを伝えた上，能力に応じているか否かを判断するにあたっては，研修での成績等も考慮に入れながら，比較的容易なものから始め，業務の遂行状況や本人の体調や希望などを定期的に確認しながら徐々に負荷をかけていくようアドバイスしました。

　また，当該社員の障害の程度や性格等については，指導する担当者間で情報共有するようにし，口頭のみでなく引継書等を作成して，むらのある対応をしないようにし，障害を持つ社員の雇用が常態化した場合には，対応マニュアルを作成するなど，会社全体でのサポート体制を整えるようアドバイスしました。

◆ 分　析

　本判決は，知的障害と学習障害を持つ社員Kの自殺の原因が，会社Yによる障害への配慮を欠く対応等にあるとして，Kの遺族Xらが雇用契約に基づく安全配慮義務違反及び注意義務違反に基づく損害賠償を請求した事案です。

　本判決は，知的障害等を有する者は，その障害が原因で無力感や劣等感，自己否定感を抱きやすく，ストレス耐性も他の人と比べて低いという見方もあり，これによりうつ病等の精神疾病に罹患しやすいとされているとして，Kに課した業務は，Kにとって過重なものであったと認定しながら，当該業務による心理的負荷が，自殺を招いたり，あるいはうつ病等の精神疾患を発症させたりし得ることをYが予見できず，さらに予見する義務もなかったとして，安全配慮義務違反を否定しています。

　そして，本事案では，Kの自殺について，予見可能性がなかったとされたことから，予見可能性を前提とする結果回避義務違反の有無等については判断がされていません。しかし，本事案におけるYの措置が，対応としてベストだったかといえば，そうとはいえない部分もあります。

　以下では，本事案に関する予見可能性の判断について見た上で，Yの措置の改善点について併せて検討します。

1．予見可能性

　予見可能性の有無は，当該結果を予見できたかどうか，及び，当該結果を予見する義務があったかどうかの2段階で検討されます。

　本事案で，予見可能性が否定された理由は大きくは2つあります。

　1つ目は，YがKに対して本件プレス業務を課したプロセス，2つ目は本件プレス業務を課してからKが自殺した日までの期間です。

　まず，予見可能性です。

　Kが自殺をしたのは，研修期間やゴールデンウィーク休みを含んでも，雇用してから2か月も経たない時期でした。

　その間に，YはKに対して，研修や理解度テストで能力を測り，本人の希望を確認しながら，徐々に業務の難易度を上げていったことが認定されています。そしてこの間Kは，体調不良を訴えたこともなく，無遅刻無欠勤であり，少なくともYに，与えていた業務がKの自殺や精神障害を招き得る心理的負荷になっていたと予見する余地はありませんでした。このような事情から，本判決

は，YにはKに課した業務が自殺や精神疾患の原因になったことを予見できなかったとしています。

H26.4.1	障害者枠での雇用
同3.31〜4.9	一般枠で採用された他の新入社員と共に新人社員研修
	→　2つの理解度テストでいずれも満点
同4.10	プレス係に配属
	→　読み書きが苦手であることを教育担当に口頭で引き継ぎ
同4.11	安全教育
同4.14	金型取り付けの特別教育
	→　理解度テストで満点
同4.15	確認作業や梱包作業に従事
	→　10日程度で問題なくこなせるようになる
同4.25	プレス作業へ意欲を示す
同4.26〜5.5	ゴールデンウィーク休み
同5.6	プレス作業実習開始
	→　徐々に作業手順を増やす
	→　教育係は，失敗しても叱責せず，常に操作に立ち会う
自殺の前日	プレス機が停止
	→　原因は不明。叱責することもなし
同5.○	自殺

次に，予見義務です。

この点，Kが，Yで学んだことを夜遅くに自宅でノートに清書していたり，同級生とのLINEグループに仕事の愚痴を投稿したりしていたことが問題となったものの，Yがそのことを認識するタイミングはありませんでした。そして，本判決は，Kにプレス作業をさせ始めてから2週間程度しか経っておらず，その間にYが，Kの精神疾患の発症や自殺の兆候を読み取ることは困難であったとして，Yの予見義務についても否定しました。

2．Yの措置の改善点

今回，Yには予見可能性がないと認定されたことから責任が否定されましたが，Yの与えた業務による心理的負荷が，精神疾患の発症や自殺の原因となったこと自体は，認定がされています。

　ここで注目されるのは，事件の経緯の認定が，ほぼ全て証言などに基づいて行われている点です。すなわち，本事案が，Kを雇用してから2か月にも満たない間に発生した出来事であったことや，それ故にKに対する指導等の内容も少なく，ある程度記憶に新しいものであったため，Kに対してどのようなプロセスで業務を課していったのかが明確であったことが，Yが責任を免れた大きなポイントといえます。

　しかし，もしKが，数年単位で勤務をしており，さらに業務内容やKに関わる人数も多岐に亘っていたとしたら，どうでしょうか。

　本事案では，Kへの接し方に関する注意事項等の引継は口頭で行われていたようであり，業務自体もマニュアル等が完備されていたわけではなく，主に，口頭と動作等で指導がされていました。ここでもし，Kに関わる人が増えた場合，注意事項等を口頭のみで正確に引き継ぐことは困難になるでしょう。さらに，長時間が経過すると記憶があいまいになってしまい，本事案のように裁判所が納得できる立証ができる保証はありません。

　やはり会社は，注意を要する障害者を雇用する場合，書面などで引継書等を作成，更新し，また，接し方のマニュアル等も完備し，実際の指導や引継の様子を記録に残しておく必要があるでしょう。

3．実務上の応用可能性

　障害者雇用に関しては，障害者雇用促進法に基づき，会社に対して一定割合の障害者の雇用を義務付け，法定雇用率を満たさない事業主は，不足1人につき5万円の障害者雇用納付金が徴収されるなど，国を挙げて様々な施策がとられており，会社としても無視できる問題ではありません。会社としては，障害を前提として受け入れた以上，当該社員に対しては，障害を前提とした配慮をしなければなりません。

　もちろん，個人情報の観点もあることから，全ての社員に当該社員の情報を共有させることは適切ではありませんが，例えば管理職や指導担当者間では，書面にせずとも，メール等でタイムリー且つ正確に情報を共有できるような体制を作っておくようにしましょう。

（中野）

3−18 食品会社A社 (障害者雇用枠採用社員) 事件

札幌地判令元.6.19 労判1209.64

<事件概要>

　勤務開始以前からうつ病に罹患していた社員Kの自殺の原因が，上司の発言や，Y会社がKの要望に反して業務量を増加させなかったことなどにより，Kのうつ病を悪化させたことにあるとして遺族が損害賠償を求めたところ，裁判所が，上司の発言に注意義務違反があるとしながら，うつ病の悪化及びこれによる自殺との間に因果関係を否定した事案。

■判例としての価値

　うつ病に罹患している社員に対して会社が負う注意義務の内容を明らかにした点と，認定された義務違反行為とうつ病の悪化・自殺との因果関係を具体的に判示した点に，事例判決としての価値がある。

◆ 使用例

　社内弁護士Aは，会社の人事部のQより，うつ病に罹患しており，障害者雇用枠で雇用予定の社員Jに対して配慮するポイントについて相談を受けました。

　Aは，うつ病を発病している人は，心理的負荷に対する脆弱性が高く，通常の社員にとってはささいなことでも過大に反応する恐れがあるため，指導を担当する者は特に言動に注意をすべきであることを助言しました。そして，会社としてJの能力や心身の状態を細やかに把握し，医師と相談し，指導等を1人に担当させるよりも，相談をする相手を増やした方がJの心身の安定につながる場合には，複数人に担当させることをアドバイスしました。

◆ 分　析

　厚生労働省の調査では，精神疾患により医療機関にかかっている患者数は，近年大幅に増加しており，平成29年では420万人近くにものぼります。さらに，その中でもうつ病の患者は，約127万人と3割を超えており，障害者雇用が推

進される中，雇用主としても無視できない状況です。

　本事案では，結果としてYの責任は否定されているものの，責任を負わなければよいのではなく，せっかく雇用した社員が自殺するという事態は避けたいはずです。そのための方策と，万が一事態が発生した場合に会社が責任を免れるための方策は重なる部分もあります。

　そこで，本稿では，①本事案でYの責任が否定された理由を検討し，さらに，②Kのうつ病の悪化や自殺を防ぐために，Yとして他にできることがなかったかという観点から，検討してみたいと思います。

1．①Yの責任が否定された理由

　本判決は，Y（正確には，Kの指導に当たっていた上司）の注意義務違反と，Kのうつ病の悪化及び自殺との間に因果関係がないと判示しています。

　Xが，注意義務違反として主張していたのは，❶上司の発言，❷上司がKの業務量を増加させなかったこと，❸業務量の増加が不可能であることをKに説明しなかったことの3点です。

　まずは時系列に沿って，本事案の事情を見ていきましょう。

　Kは，平成21年9月頃から平成22年2月頃までの間にうつ病を発症し，平成24年6月18日には障害等級3級の認定を受け，障害者相談支援事業所を通じてYの採用面接を受け，障害者雇用枠で採用されました。もっとも，Kは，入社から約5か月間は，体調面にも不調はなく，仕事にも余力があり，指導を担当する上司とも問題なくコミュニケーションがとれている旨を，障害者相談支援事業所にも報告していました。

　しかし，Kは，平成25年4月19日，上司に対して，朝礼後，話があると泣きながら話しかけ，2人で面談をした際，「仕事が少なくて辛い，このままでは病気を再発してしまいそうである」などと伝えました。これに対して，上司が，Kを雇用したのは「障害者の雇用率を達成するため」であると発言しました（これが❶の行為であり，以下，「本件発言」といいます）。Kは，同日早退し，翌日には欠勤をしました。

　その後，Yは，障害者相談支援事業所も交えながら，Kの業務量について再検討し，同年4月23日に部署異動をして業務量を増やしたことで，一時はKの状態も安定しましたが，同年5月23日以降，改めて業務量の少なさ等を理由に状態が悪化し始めます（これが，❷の時点です）。Yは，同年6月18日に，障

害者相談支援事業所の担当者とも面談をし，業務量の増加等現状を改善したい
ことを回答したものの（これが，❸の時点です），結果的に業務量や業務内容
が変わることはなく，Kは同年7月30日から8月31日まで欠勤しました。

　Kは，同年9月2日に職場に復帰しましたが，同月9月下旬に，自宅で縊首
により亡くなりました。

　本判決は，会社には，労働契約に伴い，社員がその生命，身体等の安全を確
保しつつ労働することができるよう，必要な配慮をすべき義務があるところ，
うつ病を発病している者は心理的負荷に対する脆弱性が高まっており，ささい
な心理的負荷にも過大に反応する傾向があるから，うつ病に罹患していること
を認識して雇用した以上は，安全配慮義務の一内容として，Kに対して心理的
負荷を与える言動をしないようにすべき注意義務を負っているとしました。

　その上で，❶の発言に関して，Kの上司は，Kが業務量の少なさゆえに自ら
の存在価値に疑問を感じていて，このままではうつ病が悪化しかねない程度に
思い悩んでいる旨の相談を受けたにもかかわらず，Kがうつ病に罹患している
障害者であることがその雇用理由であると説明するに等しい発言をしたことは，
配慮に欠け，心理的負荷を与えるものであったとして，注意義務違反を認めま
した。

　次に，❷❸に関して，本判決は，会社側には，雇用する社員の配置や業務の
割当等について業務上の合理性に基づく裁量権を有するとしながら，社員に労
務提供の意思と能力があるにもかかわらず，会社が業務を与えなかったり，そ
の地位，能力，経験に照らしてこれらとかけ離れた程度の低い業務にしか従事
させない状態を継続させるには，業務上の合理性がなければならず，特に本事
案のように，うつ病に罹患していることを前提に雇用した社員がいる場合には，
対応可能な範囲で当該申出に対応し，対応が不可能であれば，そのことを説明
する義務があるとしました。

　もっとも，❷については，YはKからの申出を受けて，Kの能力等を考慮し
た上で速やかに具体的な解決策を検討し，実際に実行していること，❸につい
ては，少なくとも業務量を増加させる対応が不可能な状況ではなく，不可能な
理由を説明する状況にはなかったことから，いずれについても注意義務違反は
認められないとしました。

　一般論の部分だけを見ると，Yに負わせる注意義務の範囲を広げたようにも
見えますが，実際の判示内容を見れば，会社の裁量の中で，「対応可能な範囲

で」対応すれば問題ないことがわかりますので，それほど過剰反応することはなさそうです。

　問題は，❶と当該社員のうつ病の悪化及び自殺との間の因果関係です。

　裁判所は，❶の注意義務違反行為により，Ｋが心理的負荷を与えられたことを認定したものの，Ｙが速やかに業務量の増加等に対応し，Ｋもこれを受けて心身の状態が改善したことから，当該心理的負荷が，うつ病の悪化や自殺に至るまで継続したものとは認められないとしたのです。

　その結果，Ｙの注意義務違反と因果関係のある損害は発生していないとされ，遺族の請求は棄却されました。

2．②社員のうつ病の悪化や自殺を防ぐ方法の有無

　本判決は，Ｙの責任を認めませんでした。しかし，実際にＫは，勤務中にうつ病が悪化し，死を選ぶまでに追い詰められています。

　そこで，改めて本判決を見ると，指導等のほとんどが，本件発言をした上司１人に任されていることがわかります。

　自らも業務に従事しながら，配慮を必要とする社員を実質的に１人で指導をすれば，行き届かないところも出てくるほか，精神的にも大きな負担となります。そして，配慮を必要とする社員にとっても，症状によっては，相談をする窓口が複数あることで，心理的負荷を軽減することができます。特に本事案では，Ｋが業務量の少なさ等から，自分の存在価値について思い悩んでいた状況であり，複数の社員から，声掛けをするなどの行動がとられていたら，最悪の結果は防ぐことができたかもしれません。

　障害者雇用を行う以上，障害の内容や当該社員の個性にもよりますが，管理や対応を１人に丸投げするのではなく，職場全体でバックアップする体制が必要と思います。

3．実務上の応用可能性

　障害者雇用が推進される中で，今後，会社には，様々な配慮が必要な社員が入社してくることが考えられます。会社としては，そのような社員に対する指導のほか，指導する社員にとっても負担にならないような体制を，早期に整える必要に迫られています。

（中野）

⚫ おまけ小説　法務の小枝ちゃん ⚫

第3章　健康問題

（※今回は，副音声（関西弁）でお送りします）

　　今日は淀屋橋（原作者注：渋谷）に出社。子会社になったシステム会社に，法務部長としてのお仕事。

　　うちが席に着くと，稲葉人事担当役員が，待ってましたとばかりに近づいてきた。

　　稲葉役員は，この子会社を買収するときのデューデリジェンスで，売主側の窓口としてその実力をいかんなく発揮して見せた切れ者。会社譲渡が完了したときに，旧経営陣の一員として退職を願い出てきたけれど，人事を任せられる人がほかにいない，という理由で慰留され，現在もそのまま人事を担当してくれている。余人をもって代えがたい，というやつ。デューデリジェンスのときのやり取りで見せた鮮やかなさばきは，今でも忘れない。

　　「小枝はん，よろしいでっしゃろか？　管理職者の健康問題で相談がありまんねん。」

　　端的に問題点を示しつつ，具体的なイメージも伝わる，さすがの切れ味。朝から楽しくなる。理論的で冷静な雰囲気だったのに，親しくなってみるととても人情深い。

　　へぇーい，なんでっしゃろ？

　　話はこうや。

　　今回の買収後，親会社となった当社のシステムを構築し，その経験を会社サービスの柱として育てる，という「シナジープロジェクト部」が立ち上がった。中小のメーカーのシステム開発や保守管理を一貫してサポートできるとめっちゃ売れるやろ，という作戦や。

　　そして，その部長に，今まで管理職経験のない若手が大抜擢された。

　　新部長の彼は，プロジェクトマネージャーとしての経験は豊富なので，案件管理やメンバー管理の手腕に何の不安もない。しかし，部門長として部門を管理する経験がなく，個別プロジェクトとしてチームを管理する方法と同じ方法で部門を管理しようとしている。それでも，たいていのことは上手くいくんやけど，細々としたサポート業務や人事管理業務を自分が背負い込んでしまい，

どうやら残業時間が増えているらしい。最近の在宅勤務の増加も，原因のようや。
管理職者は，どうしても，調整役や穴埋役の仕事が増えてしまう。

　まじめな性格で，だからこそ人望もあり，部長に大抜擢したんやけど，頑張
りすぎてアホにならないか心配している。仕事の心配ではなく，健康の心配や。

　「稲葉さん，彼の健康のためにどうするか，の前に確認したいことがあります。
残業時間が増えている『らしい』とおっしゃられましたが，彼の残業時間，把
握していないんですか？」

　「恥ずかしながら，把握してまへん。労基法41条２号の管理監督者，と位置付
けてますねん。」

　「彼には，そんなに権限があるんですか？」

　「いや，現時点では。いずれは，独立採算で，予算決算，人事，事業内容や事
業戦略まで任せよ，思うてますが，現時点では管理職見習いみたいなもんやから，
いろいろと担当役員や役員会の決済や承認が必要です。お好み焼きでいうと，
具材を混ぜて鉄板で焼く権限はあるんやけど，ひっくり返すのは上司の決裁が
いるみたいなもんですわ（あえて原作者注：原作になし）。」

　「厳密には，管理監督者に当たりまへんよね？」

　「実態見たら，そういわれるかもわかりませんね。これまでは，部長になるま
で時間かかってたから，権限も少しずつ大きくなって，部長に正式に任命され
るころには，相当な権限持ってまんねん。せやから，部長と同時に管理監督者
にしても，問題なかったんですわ。せやけども，彼のようなケースが出てくると，
ルールや運用を見直さないけませんな。」

　「管理監督者の運用，チェックが厳しくなってきているのは知ってはりますや
ろか？」

　「もちろんやがな。バブル期に緩んだ運用の引き締めが始まってる，いうこと
でっしゃろ。行政だけでなく，裁判例でも厳しくなってきていることは，私も
しっかり理解してます。」

　１つ目のポイント，「管理監督者」の意味に関する問題点について，うちから
とやかく説明する必要はなさそうや。

　「次の問題ですけど，管理監督者だからといって，特に深夜残業などの勤務時
間の管理をしなくてよい，というわけではない，という点はどうでしゃろ？」

　「はい，これもようわかっとります。

　労基法の労働時間管理とはまた違った意味で，社員の健康管理の観点から必要なことやからな。

　ただこれも，会社の人事管理の観点から見ると，管理職の業務管理の話として一体やから，管理職の業務の見直しの一環として併せて見直そうと考えてます。」

　2つ目のポイント，健康管理についても，私からとやかく説明する必要はなさそうや。

　「稲葉さん，ここまで問題点を理解してはるんやったら，私から何か説明しなければならないことはないように思うんやけど？

　あと，あえていうんやったら，彼にはリーダーとして成長してもらうことでしょうか。自分で背負い込むのではなく，部下にどんどん仕事と責任を与えて教育し，権限委譲し，自分の仕事を減らし，次のチームリーダーを育てるようになること。したがって，我々としては，彼をこのように誘導し，サポートすることが大事，ということでっしゃろか。

　やけど，このことこそ，うちよりも人事部の方がご専門やねんから，うちが説明するまでもないですよね。」

　3つ目の，運用上のポイントも，念のために確認してみる。

　「はい，そのとおりですわ。そないしよう，考えて，彼の上司の営業担当役員に，彼の教育指導せんかい，いうてプッシュしとるとこです。この点も，時間かかる思いますけど，大丈夫ですわ。安心してUSJでも行っといて下さい。」

　稲葉役員が話を続けた。

　「相談したいポイントは，管理職の業務見直しが終わっていない点ですわ。社内ルール改正がまだやのに，彼だけ労働時間を把握するなど，社内ルールとちゃう扱いしてええんかいな，いう点ですわ。」

　「あ，全然いいですよ，むしろ，すぐにでも始めてほしいですわ。」

　「ほんまでっか，ほならさっそく彼と話してみますわ。」

　でもなぜ，こんなことを心配しはったんです？と疑問を聞いてみた。

　それは，小枝さんが，ルールやマニュアルが大切，と教えてくれたからですわ。

　といって，稲葉役員は話を続けた。

　「それは，ルールやマニュアルがしっかり整備され，それに基づく運用が確立しとったら，しっかりした会社や，と信頼される。信頼されると，何かあっても，

会社が適切に管理してたはずやないか，と裁判所，役所，マスコミなどが理解し，推定してくれる。逆に，会社の管理に問題があったはずや，と非難する側が証明せなあかんようなる。せやから，ルールやマニュアルを整備し，それに基づいて運用し，実績を積むことが大事。こういう話やったんですわ。

　ここから考えるとやね，今回，彼に対する管理が社内ルールと違うことになるやろ。そうすると，ルールやマニュアルに基づく運用が壊れてしまいますやろ。そのことで，会社の信頼が損なわれるんちゃうか，と心配しとったんです。」

　なるほど，細かいところまで配慮が行き届いてはる。さすが，稲葉役員やわ。でも，大丈夫ですよ。

　「なるほど，問題意識，ようわかりましたわ。

　そうすると，彼に対する特別措置が，今回限りの例外措置であることを明確にして『線を引く』ことにしときましょう。

　これは，なぜ彼に対して，社内ルールと異なる対応をするのか，という理由を明確に記録に残しておくことで，例外ルールが適用される場合を限定することになるのがポイントです。例外ルールも明確にすることで，社内ルールに従わない動きを牽制し，社内ルールは崩壊していないことを明確にするのですわ。

　具体的には，管理職の業務ルールが見直し中であること，彼について先行して運用を開始する必要性が高いこと，を特別対応の理由として，記録に残しておくことでどうでっしゃろか？

　こうすると，先例があるから，別の案件だけどこれも例外扱いしてええやろ，という理屈でのルール違反に対して，例外ルールに該当しないから駄目だ，と押しとどめられますよね？」

　いわゆる「線を引く」という「法務の技法」を披露した。

　稲葉役員は，なるほど，といって話を続ける。

　「まさにそこですわ。

　一方で，社内ルールやマニュアルと，その運用で，会社の信頼が高まる。

　他方で，そのせいで四角四面な会社になってしまって，融通が利かんくなる。

　この矛盾を，どうしたらええんかと，ぼんやりと考えてたとこやったんですわ。今の言葉で，疑問が1つ解消しました。むちゃくちゃすっきりしましたわ。まるで，阪神高速と環状線で合流したとき，めっちゃスムーズに5車線横断できたときみたいですわ。

　つまり，例外ルールを認めない，ではなくて，例外ルールの認め方が問題なんやね。」

　ところで，大抜擢した彼は，どういう人なんですか？　なんで彼を大抜擢したんですか？

　稲葉役員はニコニコと答える。

　「『ピカー』やからですわ。

　杉田社長にも，何度かお話ししとるんですが，彼はこの会社の将来の経営者候補，思うてます。面倒見の良さも，判断力も，段取りも，存在感も，人格も，とにかくリーダーとしての素養があるんですわ。松下幸之助はんの生まれ変わりちゃうやろか。」

　だから，今彼に教えようとしているのは，上手な力の抜き方です。サボり方，ですわ。

　サボり方，ですか，なるほど，上が真面目すぎると，息が詰まりますからね。

　ええ，それに，下の人が育たへんのですわ。

　稲葉役員と話するのは，本当に楽しい。経営論，組織論，人物評，いろいろな点で私と感覚が同じだし，私よりも経験豊富で，たくさん学ぶことがあるし，何よりも，鋭い観察に基づく切れ味のいい指摘は，聞いていて心地よい。

　法務部長の仕事として，私は何をすべきなのか自体，絶賛模索中だけど，稲葉役員に相談しながら何とかこなせている。

　だから，淀屋橋（原作者注：渋谷）の子会社に来ることが，最近とても楽しみなのだ。

〔原作：芦原，関西弁訳：米澤〕

ハラスメント

4-1　乙山青果ほか事件

名古屋高判平29.11.30　労判1175.26

＜事件概要＞

　指導係の2人の先輩女性社員（Y2，Y3）のパワハラ等によって，後輩女性社員Kがうつ病に罹患し，自殺をしたとして，その遺族Xが会社Y1とY2・Y3を訴えたところ，裁判所が，Y2・Y3の言動が不法行為に該当し，かつ，Y1の不法行為とKの自殺について因果関係が認められるものとして，Yらに対し，損害の賠償を命じた事案。

■判例としての価値

　会社の予見可能性を広く捉える姿勢を見せた裁判例。パワハラを会社運営に内在するリスクと捉えた上で，積極的な対策を講じる必要性があることを広く会社に認識させるという点で判例としての価値がある。

◆ 使用例

　古参の社員が新人の社員に対し，「教育」と称して，他の社員も見ている前で執拗に注意指導を繰り返しています。たしかに，新人ですしミスは多いのですが，周りの社員も「あれはいじめでは」と心配している様子です。会社としては，この事態にどのように対処すべきでしょうか。

◆ 分　析

　本事案は，Kが，Y2から強い口調で注意・叱責を繰り返されていたこと，Kが配置転換された後，慣れない仕事でミスを多発し，注意・叱責する先輩女性社員もY2・Y3の2人に増えたこと，他方，会社Y1が業務の負担や業務分配の見直しなどの措置を講じなかったこと，等が原因となって，うつ病を発症し，自殺してしまったという事案です。ドラマの設定でもよく出てきそうな事例ですが，会社の「いじめ対策」のあり方を考えるきっかけになる事例といえます。

　本事案では，①Y2・Y3の行為が不法行為に該当するのか，②Y1に損害賠償

責任があるのか，③Kの自殺の責任は誰が負うのか，が争点となりました。

1．①Y2・Y3の行為が不法行為に該当するのか

Kは，最初に配属された部署で，8年上のY2の指導下に置かれました。

当初，両者の関係は良好で，昼食を共にすることもありました。Kは，ミスが多かったのですが，当初はY2が叱責する他のターゲットがあったため，Kに叱責が集中しませんでした。

しかし，ターゲットが出向し，Y2の矛先はKに集中し，「てめえ」「あんな，同じミスばかりして」などと男っぽい口調で怒鳴りつけました。また，Kが体調不良により欠勤し，Kの母親がY1に欠勤の連絡をするとともにY2のいじめについて申告した際，その事実を知ったY2が，「親に出てきてもらうくらいなら，社会人としての自覚を持って自分自身もミスのないようにしっかりしてほしい」とKに難癖をつけました。

さらに，Kが新部署に配置転換された後，その部署の指導係になったのが，もう1人の先輩女性社員Y3でした。Y3はKよりも13年先輩の社員です。

新部署はKにとって，前の部署よりも仕事が煩雑であり，新部署でもミスを連発します。しかも，システム変更もあり，Kは仕事をなかなか覚えることができませんでした。ミスの都度Y3から叱責され，しかも前の部署に関するミスが発覚するとY2からも叱責され，Kは，Y2とY3の双方から注意・叱責を受ける状態が続いて精神に支障を来し，配置転換から3か月後，マンションの屋上から飛び降り自殺しました。

本判決は，Y2とY3の注意・叱責行為が，社会通念上許容される業務上の指導の範囲を超えて精神的苦痛を与えるものであったとして，両者の不法行為責任を認めました。

2．②Y1に損害賠償責任があるのか

会社は，良好な職場環境を維持する義務を負っており，パワハラを認識しながら放置したり，十分な措置を講じなかった場合には，会社自体も不法行為責任（民法709条）や債務不履行責任（同415条）を負います。

本判決は，Y1にはY2とY3の違法な行為を制止・改善するよう注意・指導すべき義務があったとしました。

Kの母親がY2のいじめを会社に伝えた後，Y1はY2に対して，もう少し優し

く注意するように促したものの，Y2の注意がどのように変化したかまでは確認しなかったことから，Y1はY2とY3の行為を制止・改善するよう注意・指導すべき義務を怠ったものと評価し，Y1の損害賠償責任を認めました。

さらに，本判決は，配置転換後，Kが新しい仕事に慣れず，ミスを多発し，時間外労働も増加したことから，Y1はKの業務内容や業務分配を見直す等の義務があるのに，これを怠ったとして，この点についても責任を認めています。

3．③Kの自殺の責任は誰が負うのか

特に注目されるのが，Kの自殺に関する責任です。

本判決は，Y2とY3の責任を否定し，Y1の責任を肯定しました。その結果，Y2の責任は110万円，Y3の責任は55万円であるのに対し，Y1の責任は5,574万6,426円となりました。直接パワハラ行為に及んだY2やY3に比べると，実に50倍から100倍の賠償責任が認定されました。

この違いは，因果関係です。

すなわち，Y2とY3のいじめは，うつ病を発症させるほど過重なものではない（自殺との間の相当因果関係がない），と判断しました。他方，Y1が「配置転換後，業務内容や業務分配の見直し等を実施しなかった」点と自殺との間の因果関係は肯定しました。つまり，「Y2とY3の行為」ではうつ病にはならず，これに「Y1の放置」が加わることでうつ病になったと判断したのです。

直接ハラスメントをした者よりも，フォローすべき間接的な立場のY1の責任の方が重い，という評価がどのような場合に成立するのか，非常に問題のある判断です。技術的に，ハラスメントとメンタルを分けて考えることができても，そのことだけで後者の方が当然重くなるわけではないはずです。

とはいうものの，この問題はこれ以上深入りしません。問題は，最近の裁判例の，メンタルへの会社のフォローを非常に重く見る傾向です。実際，本事案では，その是非はともかく，会社の方が50倍～100倍重い責任を負うとしており，会社の配慮義務を重く見る傾向に沿っているのです。

したがって，本判決の結果について多少の疑問があっても，会社は，会社の配慮義務が重く見られる傾向を前提にした対策を考えなければなりません。

4．対策①：パワハラの事実を会社が認識した時点で行うべきこと

まず，被害者への聴き取りです。被害者に具体的にどのようなパワハラを受

けているのかをヒアリングします。被害者がうつ状態に陥っているような場合には，医師やカウンセラーと共同して下さい。うつ状態に陥っていると判断した場合には，積極的に会社から心療内科への通院を命じて下さい。また，就業規則にも検診命令規定を設け，会社の費用負担で受診させて下さい。

次に，客観証拠の収集です。パワハラの事実を基礎付ける具体的な証拠，例えば，メール，日報，写真，録音データ，日記，他の社員の証言等を収集し，具体的な事実関係を特定しましょう。

そして，加害者への聴き取りです。加害者としては，「適切な業務の指導だ」という気持ちを有していることも少なくないため，加害者の言い分も傾聴する必要があります。

さらに，懲戒処分も検討しましょう。加害者の行為がパワハラに該当すると判断した場合には，就業規則に基づき，懲戒処分を実施して下さい。

最後に，配置転換の実施です。配置転換により，被害者の環境を改善する必要があります。配置転換後も留意する必要があることは本判決で学んだとおりです。

5．対策②：保険の活用

会社の予見可能性を広く捉えるということは，裏を返せば「そこまでは予見できない」と感じるケースであっても，法的賠償責任が肯定されるケースが増加しているということです。

実は，会社の予見可能性を広く捉えるという傾向は，パワハラ事案だけに限ったことではありません。例えば，介護事業所において，転倒事故が生じた場合，会社の予見可能性を広く捉え，賠償責任が肯定されるケースがあります。介護事業所では，そもそも身体機能の低下した高齢者が利用するという特色があるため，その開設の際の指定申請には，賠償責任保険の加入が必要とされています。介護事故は介護事業所の運営に内在されたリスクだと考えられているため，保険でリスクヘッジがなされているのです。

このモデルをパワハラリスクにも転用することは一考に値するのではないでしょうか。

各保険会社に雇用関連賠償責任保険という商品がありますので，検討をお勧めします。

（畑山）

4－2　エターナルキャストほか事件

東京地判平29.3.13　労判1189.129

＜事件概要＞

　経理業務等を担当していた社員Xが，会社Yに対し，雇用契約上の地位と清掃
スタッフとして勤務する義務のないことの確認・将来の退職強要行為の差止め・
休職日から判決確定日までの給与・退職強要行為等に関する慰謝料・未払い割増
賃金・付加金の支払いを求めたところ，裁判所が，雇用契約上の地位を確認し，
休職日以降の給与・未払い割増賃金・付加金の支払い・慰謝料（金30万円）の
支払いを命じた事案。

■判例としての価値

　Yの代表者らの違法な退職強要行為等によるXの休職は，業務上の疾病による
休職とされ，労基法19条1項の趣旨から，休職期間満了による当然退職扱いは
許されないとした点に，価値がある。

◆　使用例

　社内弁護士Aは，人事部長Qから，うつ病により休職中の社員Jに関し，休
職期間満了の際の対応についてアドバイスを求められました。

　Qによると，Jは仕事上のミスを繰り返しており，社長やQらは，何度か配
置転換をしたり，退職を勧めたりしていました。もともと能力不足が気になって
いたこともあり，解雇よりはJに自発的に会社を辞めてほしかったのです。

　そこで，間もなくJの休職が明けるため，期間満了によって退職にしようと
考えているが，その際に何か気を付けるべきことはあるか，という問いでした。

　Aは，Jに対して配置転換や退職勧奨をした際のやり方によってはうつ病に
よる休職の原因が会社にあると判断され，労基法19条1項により当然退職とす
ることは難しい可能性があり，そのような可能性が考えられる場合は，むしろ
復職を認めた上で勤務成績，状況などを見ながら解雇手続をとることを検討す
る方がよい旨アドバイスしました。

◆ 分　析

　社員Ｘは，その経歴と資格から経理業務の責任者になることを期待して，平成25年３月，Ｙに雇用されました。ところがＹは，雇用から１年ほど経った頃，Ｘを経理の主担当者から外してしまいました。その後，程なくしてＸはうつ病を理由として休職し，休職期間満了をもって当然退職と扱われています。

　本事案でＸの請求は多岐にわたりますが，主な争点はＹによる退職強要行為，配転命令，雇用条件変更が，それぞれ違法かどうか，休職となった帰責性がどちらにあるかです。

1．Xの主張

　Ｘが違法性を主張しているＹの行為は次のとおりです。

① 本件配転命令１（平成26年５月初め）

　Ｘを，業務上の必要がないのに，退職に追い込む目的で経理業務から外した。

② 本件配転命令２・雇用条件変更（平成26年８月26日）

　就業場所を他の事業所に異動させ，清掃業務に従事させるとともに，雇用条件を正社員からパート社員に変更する旨命じた。

③ 本件退職強要行為１（平成26年５月21日）

　「経理の仕事はない。自分で何ができるか考えろ」と述べて，暗に退職を強要した。

④ 本件退職強要行為２（平成26年６月16日）

　Ｙ代表者は，本件配転命令１について弁護士を代理人としてたてたＸに対し，弁護士を代理人に立てたことへの不満や，経理の仕事をミスした場合には損害賠償を求めるといったことを述べて，壁に向かってペットボトルを投げつけたりした。また，今後重大なミスをしたときは責任をとって退職するという内容の承諾書の作成を強要した。

⑤ 本件退職強要行為３（平成26年８月12日～８月19日）

　専門的な知識や経験が必要となるプロジェクトのレポートを１週間以内に提出するように命じた。Ｘの提出後，そのレポートの内容がわかりにくいとして，Ｘにできる仕事は何か，他の会社で仕事を見つける気はないのか，などと述べて退職を強要した。

⑥ 本件退職強要行為４（平成26年８月26日）

　パート社員として清掃業に従事するか，退職するか選択を迫り，退職に追い

込もうとした。

2. 本判決の判断

　本判決は①と③について違法性を否定，②については命令がそもそも発令されていないとした一方で，④ないし⑥の事実を認定し，Yによる退職強要行為は正当化できるものではなく違法であると判断しました。

　実は本事案では，Xは，平成25年3月に雇用されてから①本件配転命令1（平成26年5月21日）までに，複数回にわたって経理上のミスを繰り返していました。例えば，給与振り込み指示の金額を誤ったり，月ごとの現金出納帳の残高不一致を放置したり，自分でした現金保管の事実を忘れたりといったことです。つまりXは，経理に関する責任者となることを期待されて採用されたにもかかわらず，「仕事の覚えは芳しいものではなかった」（本判決の認定）上，何度指導してもこのような経理上のミスを繰り返していました。

　実際に，本判決では，①には必要性があり，③の発言についても「配慮に欠ける面はあるものの，退職を強要するものとはいえ」ないと判断しています。要するに，裁判所は，Xがミスを繰り返していたことに関し，Yに対して一定の理解を示しているのです。

　しかし，本判決は，このようなXの業務遂行上の不十分さを考慮してもなお，④ないし⑥は許容されないとしました。

　本稿では紙幅の関係上全てを引用することはできませんが，本判決には「別紙」という形で会話状況が詳細に認定されており，Yが強圧的に退職を迫ったことがわかります。

　本判決がYの対応を許容しなかったことは，至極当然です。

　その上で，Xのうつ病による休職は，このようなYの対応を原因とする業務上の事由によってされたものであること，労基法19条1項の趣旨（業務上の傷病により休業する期間中またはその後30日間は解雇できない）から，Xを当然退職とすることはできない，と認定しました。

　本判決の判断に異論を述べることは困難でしょう。

3. 実務上の応用可能性

　Yは，「解雇というものは極めて難しく，無効になる可能性が高い」「一方的な解雇をすれば後でトラブルになる」「社員の口から辞めるといわせよう」と

いった考えを持っていたのでしょう。このような意図は，本事案で，YがXに対し，「違法」と評価されるほど過剰な退職強要行為を続けていたこと，一方で，Xに対して一時的な注意や始末書の提出だけで解雇手続は一切とっていなかったこと，などからも推測できます。

たしかに，解雇手続は決して容易ではありません。

しかし，合理的な理由があり，適切な手順を踏んでいけば，一方的な解雇であっても有効となり得るのです。

本事案では，Xは，経理上の責任者になることを期待されて入社したにもかかわらず，経理上のミスを何度も繰り返していました。そして，そのミスの度に，他の社員に対して迷惑をかけ，また，Yに損害を発生させています。

即戦力としての高い専門性や豊富な経験が前提の中途採用者ですから，Xは「債務の本旨に従った履行」をしていない，と評価できます。そのため，YがXに対し，段階的な注意，懲戒処分手続，改善の機会の付与といった手順を踏んでいれば，そして，それでもなおXに改善が見られないということであれば，最終的には，解雇が有効とされる可能性が高かったと考えられます。

解雇手続については慎重になるべきですが，過剰に恐れる必要はありません。解雇手続が選択されるべき場面できちんと解雇ができるよう，会社は，解雇手続について正しい理解を持たなければなりません。

さらに，会社として検討すべきは，試用期間の導入と，採用条件の確認です。

試用期間に関する裁判例で検討されますので，深入りしませんが，即戦力として専門性や豊富な経験が前提となっていたのに，それらが期待外れだった場合，明確に示して同意していた採用条件が充たされないことを試用期間中の実際の業務遂行状況によって証明することにより，本採用しない，という対応がより安全に行えるのです。

いずれにしろ，適切なプロセスで十分な裏付けを確保しつつ，本人にも十分な機会を与えることが，不幸にもミスマッチを起こした社員への対応として重要です。

（佐山）

4-3 A住宅福祉協会理事らほか事件

東京地判平30.3.29 労判1184.5

＜事件概要＞

　Y1協会の職員兼理事のY2・Y3が，職員Xに人格否定や退職強要等のパワハラに当たる言動を繰り返したなどとして，XがY1～Y3に損害賠償請求をしたところ，裁判所が，Y2・Y3には不法行為責任，Y1協会には職場環境配慮義務違反による契約責任・不法行為責任を認めた事案。

■判例としての価値

　Xが，Y2・Y3の言動を一連一体として慰謝料等の請求を行ったのに対し，本判決が，問題となった言動一つひとつについて，業務上の必要性の有無や，社会通念上許される限度を超えてXの人格的利益を侵害するかについて判断を行った点に，事例判決としての価値がある。

◆ 使用例

　パワハラ問題が取り沙汰されており，当社でもパワハラ防止に取り組もうとの機運が高まっています。一部に「数年前は暴言を吐いたり，手を出したりした者もいたが，今は平穏そのものだ。」と当事者意識を持たない管理者もいますが，このような管理者に限って，自らパワハラを行っていた危険があります。裁判になった場合，いつの時点までのパワハラ行為が問題とされるのでしょうか。改正民法との兼ね合いで気を付けるべき点はあるのでしょうか。

◆ 分 析

1. 本判決のポイント

　本判決の特徴は，Xが問題とした対象行為の期間が非常に長い点です。平成17年3月から平成25年3月までの実に8年間という長さです。本稿では，「消滅時効」という切り口から，会社が負う管理責任を分析していきます。

2．消滅時効との関係で見る会社の管理責任

それぞれの法的責任の性質ですが，直接パワハラ行為をしたY2・Y3は不法行為責任のみ（民法709条）であるのに対し，Y1は不法行為責任（民法709条，715条）に加えて，契約責任（労契法5条）です。この不法行為責任と契約責任の大きな違いは，消滅時効の期間です。不法行為責任は加害者と損害を知った日から3年，契約責任は10年です。これは，パワハラをした社員よりも会社の方が，責任追及される期間が長期に及ぶことを意味します。

さて，本事案のパワハラ行為の時期を分類すると以下の4つに分かれます。

> A：平成17年3月から平成18年3月14日までの行為
> B：平成22年4月から平成24年2月までの行為
> C：平成24年5月23日から同年10月までの行為
> D：平成25年1月から同年3月までの行為

Xは，直接の加害者であるY2・Y3に対し，平成27年11月13日に「不法行為責任」の追及のため，訴えを提起しました。訴えの提起は時効を中断する効果があるため，ここから3年前の平成24年11月13日以降のY2・Y3の行為について責任追及が可能となります。さらにY2には，平成27年5月16日に訴え提起前の「請求」（民法147条，153条）を行っているため，時効中断効はさらに約半年以前に発生していることになります（次頁の図参照）。そして，Xは，会社であるY1に対し，平成28年3月30日に「不法行為責任」に加え，「契約責任」の追及のため，訴えを提起しました。契約責任に関する消滅時効は10年であるため，訴え提起から10年遡った時点で時効が中断します。

そうすると，Y2との関係では，A・Bにつき，Y3との関係では，A・B・Cにつき消滅時効が成立しますが，Y1との関係では，Aのみにつき消滅時効が成立し，B・C・Dについては消滅時効が成立しません（図参照）。

ここで，Y1が負う契約責任は，職場環境配慮義務（労契法5条）違反です。会社は，職場環境がパワハラ等により劣悪になっている場合，改善の具体的措置を講じる義務があるということです。そうすると裁判では，前提としてY2・Y3のパワハラの有無の検討が必要になり，仮に「ある」場合，Y1が環境改善の具体的措置を講じたかが検討されます。本判決は，B・Cの期間のY2・Y3のパワハラを否定し，Y1の契約責任も否定しました（主な理由は「裏付けとなる証拠」の不存在です）。仮に，この期間にY2・Y3のパワハラが肯定されて

いれば，Y1が環境改善の具体的措置を講じたかが検討されたはずです。

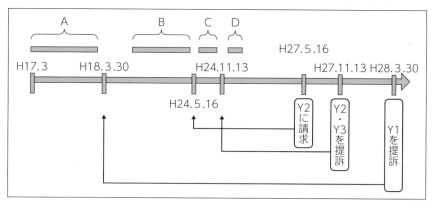

　これに対し，Dの期間のY2・Y3の言動の一部がパワハラとされました。具体的には，2日連続の「自分の身の振り方を考えて下さい」「返事して下さいよ，ほら。返事して下さいよ，ほら」「これ，業務命令ですよ」「ほら，返事がないの，業務命令違反になっちゃうよ，また」「働けないという前提で，どうしますか」といった侮辱的・威圧的な言辞や，3時間に及ぶ面談で，XがY2のパワハラで精神状態がおかしくなっているとの発言に対し，「心身若しくは身体に著しい障害。これ，著しい障害だよな」「著しい障害だろう。おかしくなってるんだろう，そういう行動をとるということは」等の侮辱的・威圧的な言辞で繰り返し退職を強要した言動です。これらの言動がXの名誉感情を侵害し，社会通念上許される限度を超える侮辱行為であるとし，不法行為の成立を認めました。それに伴い，Y1にも使用者責任を認めました。

　このように，消滅時効が成立していないDの期間で，Y2・Y3のパワハラが肯定されたので，Y1も不法行為責任（使用者責任）が肯定されました。したがって，あえてY1の契約責任は論じられることはありませんでした。

3．実務への応用可能性

　使用例のように，パワハラはあったが随分昔のことだ，と軽視する管理者も珍しくありません。しかし，契約責任の10年という長い消滅時効の期間内にあるうちは，過去のこととして軽視することはできません。

　パワハラによりうつ病を発症して自殺するなど，凄惨な事件が相次ぐ社会的

背景も踏まえ，パワハラ防止に向けて会社が負う職場環境配慮義務は近年格段に高まっています。セクハラ，マタハラに続いて，パワハラについても，相談窓口の設置などの防止策作りが，法改正によって制度化されました。

　パワハラ防止に向けた取組みが必要となったのです。

4．改正民法の影響

　平成29年6月2日，改正民法が公布され，令和2年4月1日から施行されました。消滅時効のルールは抜本的な見直しが図られ，以下の表のとおり，契約責任の時効が10年から5年と短くなりました。一見，会社の負う責任が軽減されたようにも見えます。

　しかし，民法の一部を改正する法律（平成29年法律第44号）の附則10条は，「その原因である法律行為が施行日前にされたとき」は，債権の消滅時効の援用は従前の例にすると定めています。会社が負う職場環境配慮義務は「雇用契約」に付随して発生する義務なので，改正民法施行日である令和2年4月1日よりも前に「雇用契約」を締結した社員との関係では，改正前の民法が適用されることになり，当該社員がパワハラで会社に契約責任の追及をした場合，消滅時効は10年のままです。

　民法改正により直ちに会社の負う責任が軽減される訳ではありませんので，注意が必要です。

債権	①　権利を行使することができることを知った時から5年 ②　権利を行使することができる時から10年
生命身体の侵害による損害賠償請求権 （不法行為・債権も同じ）	①　権利を行使することができることを知った時から5年 ②　権利を行使することができる時から20年
不法行為による損害賠償請求権	①　損害及び加害者を知った時から3年 ②　不法行為時から20年
債権・所有権以外の財産権	権利を行使することができる時から20年

（畑山）

4－4　公益財団法人後藤報恩会ほか事件

名古屋高判平30.9.13　労判1202.138

＜事件概要＞

　学芸員Xが，パワハラや嫌がらせ行為を受け続けた結果，退職を余儀なくされたなどと主張して，法人Yに対して損害賠償を請求したところ，裁判所が，採用後半月ほどの期間に行われた職員Zら3名の一連の言動が，社会的相当性を逸脱する違法な退職勧奨であったとして，当該職員らに共同不法行為，法人に使用者責任に基づく損害賠償請求を認めた事案。

■判例としての価値

　一つひとつの言動には違法性が認定できなくても，当該言動が行われた期間，頻度等に鑑みて，一連の行為と見ることにより，違法性が認定される場合があることを示したことに，事例判決としての価値がある。

◆　使用例

　社内弁護士Aは，Qより，試用期間中の社員Pについて，勤務態度等の問題を指摘する際の注意点について相談を受けました。

　Aは，試用期間は，Pを会社で雇用できるかどうかを見極める期間であるため，勤務態度等に関する注意や指導は試用期間中に積極的に行うこと，その勤務態度と指導状況を記録した上，正社員として雇用をするか検討すべきであることを伝えました。

　その上で，本判決を紹介し，試用期間を経て正社員雇用をしたにもかかわらず，その後執拗に勤務態度を責めたり，退職を促したりするような言動を繰り返せば，一つひとつの言動は違法でなくても，これらを一連の行為として違法性が肯定され，損害賠償請求が認められ，そのような言動を繰り返した社員のみでなく会社も損害賠償義務を負うことになり得ることを伝えました。

◆ 分　析

　Xは，Yに，平成27年4月1日より試用契約で，平成27年9月1日より正社員として雇用されました。

　この試用期間中のXの勤務態度に関しては，X側からは主張があったものの，Y側からは，2審になってから，Xの勤務態度に問題があった旨の事実（催事情報の連絡先である出版社に対して，その3分の1程度しか連絡をしなかったこと，記者クラブへの発表資料の作成を依頼したのに行わなかったことなど）の主張がされたようです。しかし，裁判所は，当該事実は「時機に後れた攻撃防御方法」であるとして相手にせず，事実認定すらしなかったことから，本事案では，試用期間中のXの勤務態度に問題がなかったことが前提となります。

　しかも，X自身が，2審で主張内容を整理し，本採用後のZらの言動の違法性に論点を絞ったことから，試用期間中のXの言動と，それに対するZらの対応は，訴訟手続の中で十分明らかにされないまま判断が下されています。

1．問題となった言動

　本事案では，録音等があったためか，Zらの言動については，1審と2審（本判決）でほとんど同じ事実認定がされています。

　すなわち，①平成27年10月14日の，Xが休暇の申出をしようとした際，電話がつながらなかったためメールで休暇を伝えた際のやりとり，②同16日に，Xが有給休暇を取得した際のやりとり，③同17日の，点検リストがノートに貼り付けられていなかったことに関するやりとり，④同29日の，早く出勤して仕事を片付けるように伝えたやりとり，⑤同30日の，辞表を書いて退職するよう伝えたやりとりの5つのやりとりが認定されました。

　しかし，結論は全く逆になっています。すなわち，1審がZらの言動の一つひとつについて，不法行為に該当するかどうかを検討した上でこれらを全て否定したのに対し，2審は，Zらの言動を一連のものと見て，不法行為に該当すると認定したのです。

2．1審・2審の評価の違い

　1審では，①〜⑤のやりとりについては，いずれも高圧的態度を伴うものではないことが認定されています。このことから，1審では，試用期間中を含めた会社側の言動については，そのいずれも違法性が認められないとされました。

　しかし，2審は，①〜⑤の各やりとりの発端となったXの行為が，指導の必要はあるものの厳しく非難されるほどの行為ではなかったことに加え，この①〜⑤を一連の行為と見て，社会的相当性を逸脱する違法な退職勧奨であったと認定しています。1審のように個別の行為の評価に終わるのではなく，一連の行為として捉えて違法性を評価している点が特徴です。

　さらに，Xが正社員として登用された際には，X以外の正社員3名全員（Zら）が前代表理事の親族であるという状況だったことも，この判断に影響を与えているようです。

　たしかに，例えば，一度追い詰められた状況になった人は，追い詰めている人の言動に敏感になり，いつもビクビクした状況になりますから，普通であれば何もストレスを感じない言動でも大きなストレスになります。このように考えれば，一つひとつバラバラに見るとハラスメントにならないが，一連の行為として見るとハラスメントになる，として，本事例のように1審と2審で判断が逆になったり，労働基準監督署と裁判所で判断が逆になったりする事例が散見される理由も，理解できるでしょう。

3．試用期間経過後の退職勧奨であったこと

　本事案では，試用期間を終えた後，3か月の間に起きた出来事であった点が問題の中心です。このことも，Yにとって不利に影響しているようです。この点は，試用期間制度のあり方にもかかわってきますので，この機会に少し詳しく検討しましょう。

　本来，試用期間は，採用した社員を正社員として雇用していいかどうかを確認する期間であり，解約権が会社に留保される分，社員の地位が不安定になります。つまり，社員の地位を不安定にしつつ，その資質を見極める機会を会社は手に入れている，という状況です。

　したがって，仮に試用期間中の社員に，退職を迫らなければならないような問題があったのだとすれば，これは試用期間の間に解消され，または改善されないのであれば正社員としての雇用をしないという選択をすべきであったということになります。社員を不安定な立場に置いておきながら，会社の方がその間にやるべきことをやらなかったことになり，このような解雇を認めることはフェアではないからです。

　ところが，Yは，Xを，試用期間を経て特段留保を付けることなく正社員と

して雇用したにもかかわらず，その後すぐに，Ｘに退職を迫るような言動を繰り返しています。しかも，Ｘに退職を迫る背景事情には，本採用後，急に明らかになったような事情はなさそうですから，本来であればＸの試用期間中に検討され，本採用を決定する前にＹが何らかの決断をすべき状況にありました。

　このような背景から，Ｙが１審で，Ｘの試用期間中の言動について十分主張しなかったのかもしれませんが，それではもう手遅れです。試用期間中に適切な対応をしなかったことも，Ｙ側の言動が社会的相当性を逸脱していると認定された背景にあるように思われるのです。

４．実務上の応用可能性

　試用期間は，社員が会社でやっていくことができるかどうかを確かめるための重要な期間です。しかし，試用期間を設けている会社の中には，その期間を特段意識せずに漫然と試用期間を過ごし，特段の配慮や対応もせずに正社員として雇用してしまっている例も多いのではないかと思われます。試用期間から正社員への切替えのタイミングは，当該社員をこのまま雇用し続けるかどうかを検討する最後のチャンスです。このタイミングを利用せず，半自動的に正社員への切替えを行ってしまうと，その後に当該社員に勤務態度等の問題があると認識しても，会社としては，解雇等を行うためにはかなりの時間と労力を割かなければなりません。

　さらに，これは社員の管理や教育指導に関する問題ですが，本判決のように，各行為そのものは不法行為とはみなされなくても，その時期や頻度等により，合わせ技一本の形で一連の行為とみなされて不法行為が認定されることがあることを肝に命じ，計画的な労務管理を行わなければなりません。特に，実際に社員を管理教育する各部門の管理職者の中には，「このような言動はアウト」「このような言動はぎりぎりセーフ」というように，一つひとつの言動について許容されるかどうかという視点だけで判断している者も見かけますが，普段の人間関係等から追い詰められた状況にある者にとっては，一連の行為が問題にされる危険のあることを理解させ，部下との人間関係まで視野に入れた労務管理をするように，管理職者を教育しなければならないのです。

（中野）

4-5　甲府市・山梨県（市立小学校教諭）事件

甲府地判平30.11.13　労判1192.67

＜事件概要＞

　小学校の教諭Ｘは，勤務先の小学校の校長からパワハラを受けてうつ病に罹患し，休業し，精神的苦痛を受けたなどと主張して，甲府市・山梨県Ｙに対し，国賠請求をしたところ，裁判所が，その中でも，Ｘが公務で児童宅へ訪問した際，その家の犬に咬まれて負傷した事件に関する当該児童の保護者を交えた面談の際の校長の言動，その後の校長の言動が違法と認定した事案。

■判例としての価値

　本判決は，近年社会問題とされてきたクライアントからのハラスメント（カスタマーハラスメント）を考察する上で価値のある判例である。クライアントと自社の社員がトラブルになっている際，会社としてどのようにそのトラブルに対応するかを学ぶ上で重要な判例として位置付けられる。

◆　使用例

　当社は，介護事業所を運営していますが，最近，ご家族からのクレームに悩まされています。

　例えば，当社の社員がご本人に話しかけている様子を見ていたご家族が「あの話し方はなんだ！　社員教育がなっていない！　本人だけではなく我々家族にも反省文を書いて謝罪しろ！」などと非常識なクレームをつけてくるケースがあります。面倒なことに巻き込まれたくないのでご家族のいいなりになった方がいいのか，それともできないことはできないと毅然と対応すべきなのか，対応方法がわからず困り果てています。このような非常識なクレームには，組織としてどのように対応すればよいのでしょうか。

◆　分　析

　Ｘ（昭和35年生まれ）は，昭和58年4月から小学校の教諭に採用されたベテ

ラン男性教師です。平成24年4月1日から小学6年生のクラス担任となりましたが，このクラスは規範意識に欠ける児童が多く，指導が困難な状況にありました。

　Xは，平成24年8月26日，地域防災訓練の会場に向かう途中，担任クラスの女子児童（以下，「本件児童」といいます）宅へ立ち寄ったところ，庭で飼育されていた犬に咬まれ，加療約2週間の怪我を負いました（以下，「犬咬み事故」といいます）。（なお，Xは校長に犬咬み事故を報告し，公務災害になるか確認したところ，校長は，地域防災訓練は自主参加なので公務災害にはならないと回答しましたが，後の裁判で，防災訓練への参加は校長の黙示的な職務命令に基づき行われ，本件児童宅への訪問も防災訓練への通勤目的と関係あるとして，公務災害と認定されています（地公災基金山梨県支部長（市立小学校教諭）事件・東京高判平成30年2月28日労判1188号33頁））。

　本判決で違法と判断された校長の言動は，この犬咬み事故以降のものです。

　特徴的なことは，犬咬み事故後の，X，校長，本件児童の保護者等との面談での校長の言動が違法と判断された点です。犬咬み事故後，Xは犬に咬まれた箇所を医師に診てもらいました。医師から，犬が他人に危害を加えた場合に適用される傷害保険やペット保険に加入していることが多いから，確認してみてはどうかというアドバイスを受けました。そこでXは本件児童の母に電話し，「賠償保険という保険に入っていたら，使わせて頂きたい」などと話しましたが，本件児童の母は，保険に入っていないと答え，治療費がいくらかかったのかを尋ねました。Xは，賠償を諦めようと思ったものの，本件児童の母方の祖父が保険に詳しいと思ったことから，今後のアドバイスとして，保険加入のことについて祖父に相談してみることを勧めました。

　翌日，本件児童の父母がX宅を訪れ，犬咬み事故について謝罪し，治療費の負担を申し出たものの，Xはこれを辞退しました。帰り際，Xの妻が本件児童の父母に対し，「主人は…教育的なことの中で，いいたいこともいえないんですけども，そういうことはご理解頂きたい」旨をいいました。この発言が，結局は補償を求めている趣旨と捉えられ，問題がこじれることになりました。

　翌日，Xは校長に対し円満に解決した旨報告したのですが，その後，本件児童の父から，Xが補償を求めている，Xの本件児童母に対する電話内容が脅迫めいていると抗議の電話が入り，校長を交えてXと話がしたいと面談の申入れがあり，この日の夕方，面談が開かれました。面談には本件児童の父と本件児

童の母方の祖父がやってきました。この面談で、Xの妻から補償の話をされ、その口調や態度から脅迫されたと感じ、本件児童の母が怖くて外に出られず床に伏せっているなどと抗議がありました。本件児童の祖父は、「地域の人に教師が損害賠償を求めるとは何事か」などとXを非難し、謝罪を求めたのです。校長は、Xに謝罪するよう求め、Xはソファから腰を降ろし、床に膝を着き、頭を下げて謝罪しました。さらに、校長は、本件児童の父と祖父が帰った後、Xに対し、翌日に本件児童宅で本件児童の母に謝罪するよう指示したのです。

1．本判決の判断

　本判決は、この校長の言動を厳しく非難しています。

　すなわち、犬咬み事故に関してXは全くの被害者です。動物の占有者は、その動物が他人に加えた損害を賠償する責任を負うところ（民法718条1項）、本件児童の保護者が犬を適切に管理していた事情もなく、Xが本件児童の保護者に損害賠償を求めても非難されるべきではありません。加害者である本件児童の父や祖父が謝罪を迫るという理不尽な状況に対し、校長は的確に対応せずその場を穏便に収めるために安易に行動しました。校長の言動は、Xに対する職務上の優越性を背景とし、社会通念上許容される範囲を明らかに逸脱したものであり、Xに多大な精神的苦痛を与えるものだったと判断しました。

　この後、Xはうつ病と診断され、休業しました。校長は、Xの病状を聞き出すため、Xやクリニックに電話をして症状を聴こうとし、Xの妻に会いに行くなど、Xの病状を無視した言動に及び、これにより、Xのうつ状態は悪化し、Xは閉鎖病棟に入院する事態にまで発展しました。これらの校長のXに対する直接的なアプローチも違法と判断されました。その他にも違法と判断された言動はありますが、ここでは割愛したいと思います。

2．実務への応用可能性

　本判決は、校長の教諭に対するパワハラ事件ですが、筆者は、カスタマーハラスメントに対して組織としてどう対応するのかを学ぶための題材となる裁判例だと考えています。

　昨今、顧客がサービス提供者に非常識な要求をし、担当社員が精神的に疲弊し、離職するなどして会社が多大な損失を被るカスタマーハラスメント事例が増加しています。カスタマーハラスメントの実態調査は、UAゼンセン（全国

繊維化学食品流通サービス一般労働組合同盟）のアンケートが詳細です（平成30年9月13日報告分，執筆者：関西大学社会学部池内裕美教授）。

　使用例にあるように，些細なことで過剰な要求をしてくる人に会社が向き合う際のポイントは3つです。①激昂している相手に論理的に対抗することはエネルギーの無駄遣いなので，道義的責任の範囲に留めた謝罪で沈静化を図る，②要求の範囲を見極め，過剰要求に達した場合，できないことはできないと回答する，③「個人」ではなく「組織」として対応する，の3つです。

　①について，クレーマーに対して真っ向から理論勝負を挑む方がいますが，相手の態度が激化するだけですのでご法度です。「不快な思いをさせてしまって申し訳ございません」「ご意向に沿うことができず申し訳ございません」など，共感や道義的責任の範囲内に限定して行う謝罪は問題ありません。裁判所も「謝罪」について法的責任と道義的責任を分けて議論をしています（東京地裁立川支部判平成22年12月8日判タ1346号199頁）。

　その上で②相手の要求がどこにあるのかを見極めます。過剰要求に達していると判断した場合は，口調は丁寧にしつつも毅然と断りましょう。

　最後に③組織対応をする，という点です。決して社員個人に対応を押し付けるのではなく，窓口は誰にするのか，対応担当者は誰にするのか，を組織内で議論し，組織対応を心がけることが大切です。個人責任にするとXのように人は精神的に潰れてしまいます。

　本事案の校長の最大のミスは，本件児童の父と祖父が学校に乗り込んできた当日，Xを同席させたことです。校長は，クレームの電話がかかってきた当日大急ぎでXに状況報告書を作成させたのに，それを吟味しないままXを当日の面談に同席させ，内部文書である状況報告書を本件児童の父と祖父に閲覧させました。そして，一方的な保護者のいうままにXに謝罪させました。これは組織対応とはいえません。全てXの個人責任にしており，最悪の対応です。

　Xを同席させず，保護者の言い分を校長が傾聴し，その後，組織内で対応を協議すべきでした。具体的には，①謝罪の対象を明確に限定して道義的謝罪をする，②犬咬み事故に関する責任の所在を明らかにし，賠償問題の交通整理をする，③Xを同席させるかどうかも校長だけではなく教頭も交えて組織的に判断する，ということが必要であったと考えます。これらの視点を踏まえた組織対応ができていれば，訴訟に発展することもなかったのではないでしょうか。使用例も，この3つの視点をもとに対応することをお勧めします。　　　（畑山）

4−6　キムラフーズ事件

福岡地判平31.4.15　労判1205.5

＜事件概要＞

　社員Ｘが，Ｙ会社の代表者Ｚからパワーハラスメントを受けたことを理由に，Ｙに対して損害賠償を求めたところ，裁判所が，Ｚの一部の行為について人格権侵害を理由に不法行為の成立を認め，慰謝料50万円の支払いを命じた事案。

■判例としての価値

　Ｘの指摘するＺの言動それぞれについて人格権侵害となるか検討し，一部の言動について人格権侵害を認めており，パワーハラスメントの違法性について具体的に判断を示した点に，事例判決としての価値がある。

◆　使用例

　社内弁護士Ａは，人事部長Ｑから，「特定の社員が全く仕事ができないらしく，その上司が強い叱責をしているそうです。上司のいうこともわかるのですが，社員から訴えられるようなことは避けたいと思っています。上司にも，指導のために注意をすることは認めたいのですが，どこからがパワハラになるのでしょうか。」と質問を受けました。

　Ａは，本判決を示し，「業務上の必要性があり，人格的非難など相当性を欠く発言でなければ問題ありません。もちろん暴力はだめですよ。」と説明しました。

◆　分　析

　本判決で最も着目すべきは，パワハラ該当性が問題とされた行為を分類し，個別にパワハラ行為該当性・違法性（不法行為該当性）を判断した点です。

1．本判決の判断

　本判決は，30項目の行為を以下のとおり分類した上で，それぞれについて不

法行為が成立するかどうかを判断しました。

①　肘で胸をつく，背中を叩く，などの有形力の行使

　　不法行為の成立を「肯定」しました。

　　Xの誤操作による危険を回避するためというYの主張を排斥し，Zが有形力を行使する必要はなく，Xに対する違法な攻撃である，と評価しました。

②　「給料に見合う仕事ができていないと判断したら給料を減額する」「もうこの仕事はできませんといえ。そうすればお前をクビにして，新しい人間を雇う」など，ZによるXの名誉感情を害する侮辱的な言辞や威圧的な言動

　　不法行為の成立を「肯定」しました。

　　「業務指導の範囲を超えて，原告の名誉感情を害する侮辱的な言辞や威圧的な言動を繰り返したもの」でXの人格権を侵害する，と評価しました。

③　「作業は1回しか教えない」「給料が高いから厳しく教えろ，途中の休憩は取らせるなと社長にいわれている」などといった，Yの他の社員の言動

　　不法行為の成立を「肯定」しました。

　　上記②と相まって，Xの人格権を侵害する，と評価しました。

④　作業の手順書及び自己評価を記載した書面，作業目標の実行時期を明記した書面，毎日の作業の進捗状況を報告する作業報告書，Xと他の社員の作業の違いを報告する書面の提出を指示した行為

　　不法行為の成立を「否定」しました。

　　指導や研鑽として必要がないにもかかわらず嫌がらせとして不当に過大な要求をしたものであるとは認められない，と評価しました。

⑤　他の社員が，Zに対し，砂糖袋を担げなかったXについて砂糖を分けて入れる方法を提案したが，Zがこれを認めなかったことや，さつまいもの輪切り作業をしていたXに対し，Zが一方的に作業終了時間を告げ，2本ずつ切るよう指示した指導行為

　　不法行為の成立を「否定」しました。

　　実行不能・困難な作業を強いた証拠はなく，業務上不必要な指示をした事情もない，と評価しました。

⑥　釜の豆が腐敗した際に，身に覚えがない旨のXの言い分を受け入れず，Xに責任があるとしか考えられないと発言するなどしたZの言動

　　不法行為の成立を「否定」しました。

　　Xが早く作業に慣れて戦力になることを願って指導をしていたことも認め

られ，その中で叱責や不満の口調が，厳しくやや妥当性を欠くものになった
としても，人格権侵害ではない，と評価しました。

⑦ 体調不良のために早退を申し出たXに対し，やってもらう仕事があると
いってこれを認めなかったZの言動

不法行為の成立を「否定」しました。

早退を認めなかったことが直ちにXに対する嫌がらせであるとか，職務上
必要がないにもかかわらずXに過重な負担を強いたとまでは認められない，
と評価しました。

⑧ 腱鞘炎により右手で作業ができないXに，左手は使えるとして左手でホー
スを持って作業するよう指示したZの言動

不法行為の成立を「否定」しました。

Xの症状を顧慮せず，疾患を悪化させるような作業をそれと認識しながら
従事させているとか，Xに過重な負担を強いる業務を命じているとは認めら
れない，と評価しました。

2．実務上の応用可能性

本判決は，Zや上司の多くの言動について，不法行為が成立するものと，成
立しないものとを分け，パワハラ行為該当性・不法行為該当性の線引きを行い
ました。この判断を参考に，上司，管理職がどのような指導をすればよいのか，
パワハラといわれないために何に留意すべきか検討します。

まず，有形力の行使は，業務上の指導として，通常必要性が乏しいので，原
則として違法となると考えてよいでしょう。

問題は，口頭の指導です。

本判決では，「もはや業務指導の範囲を超え」た指導を不法行為とし，他方，
研鑽や業務上の必要性がないとはいえない指導を不法行為としていません。

したがって，本判決は，指揮命令の「必要性」「相当性」の有無で違法性の
判断をするという従来の判断枠組みを踏襲しているものと考えられます。

さらに着目すべきは，⑥と②はいずれもZの言動であるにもかかわらず，⑥
は不法行為に該当しないと判断されている一方，②は不法行為に該当すると判
断されている点です。

具体的に⑥は，㋐釜の豆が腐敗した際に，身に覚えがない旨のXの言い分を
受け入れず，Xの責任としか考えられないとの発言，㋑「仕事ができないなら

他の人と交代させる」との発言，㋒「仕事が遅い。ミスばかり起こす」との発言です。

　他方②は，㋓「給料に見合う仕事ができていないと判断したら給料を減額する」，㋔「遅い，急げ，給料を下げるぞ」，㋕「27万の給料を貰っている者の仕事か」，㋖「これが裁判までやって給料を守った者の仕事か」，㋗「もうこの仕事をはできませんといえ。そうすればお前をクビにして，新しい人間を雇う」，㋘「私はあなたのことを信用していない」との発言です。

　この両者の違い，つまり，不法行為か否かの線引きはどこにあるでしょうか。

　まず，㋐については，Xを信用していないという点では㋘と同様です。しかし，㋐についてはZの経験からXに原因があると考えざるを得ないと判断したのに対し，㋘は何ら業務上の必要がないにもかかわらず，ただただXを侮辱する発言ということができます。

　次に，㋑と㋗は，仕事ができなければ他の人と交代させるという点では共通していますが，㋗は「クビ」という文言が入っています。仕事の出来不出来により，会社が他の人と交代させることは許されてしかるべきです。しかし，解雇という社員の地位を失わせる状況を引き合いに出して指導する必要はなく，まさに「業務指導の範囲を超え」，名誉感情を害する意図があると認定したのでしょう。

　また，㋒と㋓㋔㋕㋖は，Xの仕事の不出来と遅さを指摘するという点で共通します。しかし，㋘の場合と同様に，給料の減額を引き合いに出したり，あたかも給料泥棒といわんばかりに侮辱的発言をしたりする業務上の必要性は全くなく，当然，相当性もありません。

　このように，解雇や給与の減額を引き合いに出したり，必要のない侮辱的発言をしたりすると，人格権侵害として不法行為が成立する可能性が高い傾向にあります。

　だからといって，問題のある社員に対する指導を躊躇することがあってはいけません。

　そこで，指導をする前には，業務上の必要性，相当性があるか，感情的になっていないかを，一呼吸置いて冷静に分析しましょう。これにより，指導自体も実が得られるものになりますし，いざパワハラだと主張された場合には，的確な反論ができるはずです。その意味でも，事前の検討が重要になります。心は熱く，頭は冷静に，業務上の指導をできる体制を構築しましょう。（米澤）

4－7　M学園事件

千葉地松戸支判平28.11.29　労判1174.79

＜事件概要＞

大学講師Xが，授業中，学生から臀部を触られたりしたのに，大学Yが適切に対応しなかったとして，労働契約上の債務不履行に基づく損害賠償（慰藉料）を請求したところ，裁判所が，Yに対し，80万円の損害賠償を命じた事案。

■判例としての価値

講師と学生という社員同士ではないトラブルの場合でも，会社は，適切に事後対応すべき労働契約上の義務を負うこと，適切な事後対応を怠ると，実際に不法行為を行った学生本人よりも多額の損害賠償義務を負うこと，が判示されたことに，事例判決としての価値がある（本判決で，学生が命じられた損害賠償金（慰藉料）は10万円）。

◆ 使用例

　学校法人の社内弁護士Aは，大学の総務課長Qから，大学の講師Jが，講義中に，学生からハラスメント行為を受けたとして次のとおり相談を受けました。

　Jによれば，講義中，ある学生らがJに向かって物（紙を丸めたもの）を投げ，野次を飛ばす等のいやがらせを行うとのことです。そこで，他の学生らから聞き取った結果，野次は確認できましたが，物を投げていたところを見た学生はいませんでした。Jは怯えてしまい，今のままでは講義を持ちたくない，当該学生らをJの講義から外して欲しいとのことですが，野次を飛ばしただけでは講義を受けさせないということまでは難しいです。大学としては，今回はJに耐えてもらうしかないと考えています。

　Aは，まず速やかにJから当時の詳細な事情について聴取すること，現在判明している事実関係だけでは当該学生らを講義から外せないことを説明し，Jと代替案の検討（他の講師と講義を交代できるかどうかなど）をすること，問題の学生らから事実関係についての聴取を行うこと，その他に例えば一時的に，

講義中，大学職員を滞在させるなどしてJの保護を図るなどの対応を検討すべきであると説明しました。

◆ 分　析

1．本判決のポイント

　本判決は，Xが学生から受けた行為（臀部を触るなどの行為）について，当該学生に対して不法行為に基づく損害賠償を命じるとともに，Yに対しては事後対応を誤ったとして労働契約上の債務不履行に基づく損害賠償を命じました。

　本事案は，職場でのトラブルではあるものの，社員同士のトラブルではありません。もっといえば，大学にとって学生とは「お客さん」の立場にある人物です。会社で考えれば取引先ともいえますから，「カスタマーハラスメント」の方がイメージとして近いかもしれません。

　けれども，本事案は同時に，職場内でのトラブルと見ることもできます。この観点から見た場合，上司から部下，同僚同士等の間でのトラブルを取り扱った裁判例が数多くあり，会社も，トラブルが発生しないような環境を整え，仮に発生した場合には迅速かつ適切な対応をすることが義務付けられています。実際，多くの会社が，研修，相談窓口や調査委員会の設置などを行っています。

　したがって，本判決から導き出せるのは，会社は，職場内でのトラブルである以上，社員同士の問題ではないから関与しないという立場をとれず，むしろ，これに適切に対応すべき義務を負う可能性があるということです。

2．Yの義務違反

　本事案でXが主張した義務違反は，①嫌がらせ行為の有無の十分な調査を行わなかったこと，②Xと学生との関係改善を図らなかったことの2点です。順番に検討します。

　まず①です。

　本事案では，Yは，当事者・関係者からの事情聴取，調査委員会の設置・審議など，それなりの対応をしていましたが，本判決は，これでは大学の調査は不十分であると評価しました。当事者だけで判断させず，調査委員会の設置など，それなりの「カタチ」を整えているのに，何が足りなかったのでしょうか。

　実は，この裁判例では，無視できない事実が存在します。それは，Yが，調査委員会設置前に行った学生本人や関係者からの事情聴取の時点で，嫌がらせ

行為の存在可能性が感じられていた，という事実です。したがって，本来であれば，慎重に調査が進められるべきでしょう。特に，被害者であるXの事情聴取は必要不可欠です。

　ところがYは，Xの「代理人を通じて大学に回答する」との主張を，Yによる事情聴取に対する「ノーコメント」と扱い，早々に調査を打ち切り，その後のYの調査委員会は，特に理由もないまま，嫌がらせ行為は「認められなかった」と当初の認識とは真逆の判断をしています。

　この経緯からすれば，本判決が示すように，調査打ち切りの段階から，YがXを犠牲にして，この問題を「何もなかった」かのように終わらせる目的で行動していたと推認されます。つまり，調査委員会の設置や調査も中立的に見せるための偽装に過ぎず，「何もなかった」という結論ありきだった，と受け止められても仕方のない状況でした。本判決が，Yが，会社として十分に調査義務を果たしていなかったと判断したことは，至極当然の結果です。

　次に②です。

　本判決は，嫌がらせをしたとされる学生のクラスを変更してXと接触しないようにするだけでは，単にトラブル再発を防止する意味しかないと評価しています。文言からは，一見すると関係改善を図る義務が課されているかのようにも読めます。

　しかし，「関係の改善」を図るという義務はあまりに抽象的に過ぎ，内容が不明確であるため，どうすれば関係が改善されたといえるかは不明です。おそらく裁判所は，法律上の義務を設定する趣旨ではなく，本事案に関して，Yの態度・行動が非難に値するものであることを指摘するために，このような表現を使ったと考える方が自然でしょう。

3．損害賠償の金額について

　本判決では，直接嫌がらせ行為をした学生本人の損害賠償義務が10万円であるのに対し，その後の対応を誤ったYには80万円の支払いを命じています。

　もちろん，常に会社の損害賠償義務の方が高いわけではありません。

　あくまでも，事後対応を誤った程度や態様によって決まる問題です。被害者に対し，実際に加害行為を行った者が負わせた損害以上の精神的損害を会社が負わせた場合には，会社の方が高い損害賠償義務を負うことになるのです。

　本事案では，上記のとおり，Yが，嫌がらせ行為の存在を意識しながらも，

Xをないがしろにし，「何もなかった」ことにしようという目的で，問題を処理したと推認される事情があります。Xには学生から受けた嫌がらせよりも，Yに裏切られたことの方がより深刻だった，ということでしょう。Yの身勝手な保身が，被害者を深く傷つけていた，と評価されたのです。

　会社が，会社の保身を考えること自体は当然のことです。しかし，被害者が現実に存在する場合に，その被害者の思いを考慮せず，職場でのトラブルを「何もなかった」ことにしようと画策すると，かえって高額の金銭賠償を負わされるということを肝に銘じておくべきでしょう。

4．実務での応用可能性

　本判決からも明らかですが，被害者をないがしろにし，身勝手な目的で問題に対応してはいけないことはいわずもがなです。しかも，「身勝手な目的」という内心・主観は，客観的な周辺事情から推認されます。

　ということは，身勝手な目的を持っていなくとも，対応を間違えると身勝手な目的を持っていたと推認される危険があるということです。そうならないために本判決を分析すると，少なくとも，被害者からの事情・意見の聴取を十分に行わなければならない，ということがわかります。

　ところで，会社からすると，本事案のような嫌がらせ行為は，証拠が乏しく，強制捜査権もない会社では白黒つけられないことが多く，取扱いが極めて難しい問題です。しかし，そもそも本事案のようなケースで，訴えのあった嫌がらせ行為の有無について，無理して白黒つける必要はありません。

　例えば，講師と学生との間のトラブルであれば，講師の受け持つクラスを替えるなど，当事者が接触しないようにし，会社における営業担当と取引先との間でのトラブルであれば，担当を変更することなども考えられるでしょう。

　さらに，調査をしても白黒つかなければ，「調査の結果，嫌がらせ行為の有無が判明しなかった」と会社の見解を正直に述べるしかありません。その一方で，会社として，きちんと当該トラブルが発生した原因を分析し，今後そのような問題が生じないような防止策を策定し，措置をとっていれば，身勝手な目的を持っていたと推認されて労働契約上の義務に違反していると評価されるリスクは格段に低くなるでしょう。

　顧客への対応は，社員個人ではなく，会社組織全体の問題として行うべきなのです。

（佐山）

4−8　A研究所ほか事件

横浜地川崎支判平30.11.22　労判1208.60

＜事件概要＞

A研究所Y1の訪問介護事業所内で，勤務時間中に社員Y2が同僚Xに対して暴行を加えたことから，XがY2に対して不法行為に基づく損害賠償，Y1に対して安全配慮義務違反・使用者責任に基づく損害賠償を請求しところ，裁判所が，XのY2に対する請求を一部認容し，Y1に対する請求を棄却した事案。

■**判例としての価値**

XのY1での勤務が3回目であったことや顔を合わせていた時間が短かったことなどを考慮し，予見可能性がないとして安全配慮義務違反を否定した点，XとY2の個人的な感情の対立等が暴行の原因であるとして事業執行性（使用者責任）を否定した点，そのため，社員同士の喧嘩について会社が責任を負わない場合を具体的事例を通して示した点，に事例判決としての価値がある。

◆　**使用例**

社内弁護士Aは，人事部長Qから相談を受けました。

P社の人事部に，社員Sと社員Tが険悪な関係にあるという情報が上げられました。SとTは異なる部署ですが，仕事の関係で顔を合わせる機会が多く，1年ほどの関わりがありました。SとTの関係は徐々に険悪になり，今では顔を合わせるだけで口喧嘩が始まるような状況です。また，Sは以前にも他の社員に暴行を加えようとしたことがありました。

Aは以下のようにアドバイスしました。

本件では，業務上の関わりで関係が悪化していますので，社内で暴行事件が起これば，「事業の執行を契機とし，これと密接な関連を有する」として，①P社は使用者責任に基づく損害賠償責任を問われかねません。

また，SとTの関係が相当険悪となっていること，今後も顔を合わせる機会が多いこと，Sが以前暴行を働いたこと，から，SとTが喧嘩をし，負傷者が

出る事態が「予見可能」です。そのため，このような状況を放置し，社内で暴行事件などが起これば，②P社は安全配慮義務違反に基づく損害賠償責任を問われかねません。

　そのため，本件では，①使用者責任と②安全配慮義務違反に基づく損害賠償責任の可能性を少しでも減らすために，AとBが顔を合わせないように配置を変える等の対策を講じる必要があります。

◆ 分　析

　本事案は，勤務時間内に社員間で喧嘩が発生し，一方の社員Xが負傷したことから，会社Yに対しても損害賠償が請求された事案です。

　XはYに対して，使用者責任と安全配慮義務違反に基づき損害賠償を請求していますが，裁判所は，いずれの請求も棄却しています。勤務時間内なのに会社が責任を負わない場合があることを示した点は，会社にとってかなり目を引く判例です。

　しかし，本件の具体的状況はかなり特殊です。

　たしかに，Y2は他の社員を暴行したことがありました。けれども，本件暴行はXのわずか3回目の勤務日に行われたこと，Xの担当業務及び時間の関係からY2と顔を合わせた時間がわずか合計4時間ほどであったこと，Y2とXが険悪な関係にあることがYにはわからなかったこと，という事実があるからです。夜の街での喧嘩であればともかく，職場で出会って，しかも業務上の関わりが認められないような関係であるにもかかわらず，わずか数時間で喧嘩になってしまうような人間関係は，簡単にはイメージできないでしょう。

　以下では，本件がどのような理由でYの責任が否定されたかを検討し，社員の喧嘩について会社が損害賠償責任を追及されるのはどのような場合であるか，会社がどのような対策を講じる必要があるのか等を解説します。

1．使用者責任の判断枠組み

　裁判所は，使用者責任の要件である事業執行性について，従来の裁判例と同様，最判昭和44年11月18日民集23巻11号2079頁（以下，「昭和44年判決」という）を参照し，当該暴行がYの「事業の執行を契機をとし，これと密接な関連を有する」と認められるかどうかによって判断するという枠組みを用いています。

　この枠組みは，会社の本来の事業そのものだけでなく，事業と密接な関連を有するものについても事業執行性が認められることとなるため，会社の責任の範囲が広く認められます。

　会社の責任の範囲が広く認められた例として，例えば，忘年会で社員同士が喧嘩となり負傷したという事案で，会社が忘年会のような行事を禁止していたとしても，社員が上司から参加を促されるなどして参加せざるを得なかったという事情が考慮され，会社の職務との密接な関連性があるとして，事業執行性が肯定され，会社の責任が認められた裁判例があります（東京地判平成30年1月22日労判1208号82頁）。この裁判例は，社外であるのに，社員同士の喧嘩による負傷について会社の使用者責任を認めています。このように，社内における出来事のみならず，社外における社員の喧嘩による負傷についても損害賠償請求が認められている点で，会社の責任の範囲は広く認められるということがわかります。

2．使用者責任のあてはめ

　上記裁判例を見れば，本件暴行が，事業所内でしかも勤務時間内に発生したのですから，より「密接な関連」があるようにも見えます。

　しかし，裁判所は，個人的な感情の対立，嫌悪感の衝突，加害者のXに対する侮辱的な言動が原因となっているとして，本件暴行が私的な喧嘩として行われたものと判断し，本件暴行がYの事業の執行を契機とし，これと密接な関連を有するとは認められないとして，事業執行性を否定しました。

　このように，私的な喧嘩であって「密接な関連」がない，と判断されたのは，Xと加害者の関わり合う時間の短さや部署の違いなどから，本件暴行の原因となったXと加害者の間の仲の険悪さがYの業務から生じたものではないと判断されたことが理由と考えられます。

　逆にいえば，社員の仲が業務的な関わり合いを経て険悪となっている場合には，社内で喧嘩による傷害事件が生じてしまうと，「密接な関連」があると評価され，使用者責任が認められる可能性が高いといえます。そのため，社員同士の関係性についても，私的な対立であるとして無関心になるのではなく，できる限り把握していくように努めることが適切な対策を講じるために重要です。

　もっとも，社員同士の関係性を把握しようとすれば，社員のプライベートに踏み込んでしまう可能性もあることから，バランス感覚が必要です。

3．安全配慮義務違反

　他方，安全配慮義務違反が認定されるための判断枠組みは，予見可能性（予見義務違反）と回避可能性（回避義務違反）です。気付くべきだったかどうか，対応すべきだったかどうか，ということです。

　この事案で裁判所は，このうち予見可能性がないと評価し，安全配慮義務違反の責任を否定しました。すなわち，Xの勤務が始まって間もない時期であり，Xと加害者が顔を合わせた時間が短いこと等を考慮して，本件暴行が起こった当時，加害者がXに対し暴行に及ぶ可能性があることをYが予見できなかった，と判断したのです。

　逆にいえば，社員間で暴行事件が起こりそうな事情（仲が悪く，暴行の前歴があるなど）があり，それらの事情を会社が把握している場合には，会社に予見可能性が認められるものと考えた方がよいでしょう。そのため，このような事情を会社が把握した場合には，人員配置を変えるなどの対策をとらなければ，結果回避義務を果たしていないとして安全配慮義務違反となりかねないことから，社員の配置などに関し，早急な対応を行う必要があります。

4．実務上の応用可能性

　安全配慮義務違反のことだけを考えれば，「予見可能性」があるから問題なので，社員同士の関係性を知らない方がよい，したがって，社員同士の関係性に首を突っ込まない方がよい，という発想になるかもしれません。

　しかし，それでは使用者責任を負う可能性が残ります。業務的な関わりを経て，社員同士の関係が険悪になっている場合には，業務との「密接な関連」が認められる可能性が高いからです。

　したがって，まず，社員同士の関係性を把握するよう努めることが必要です。

　その上で，もし，社員間で暴行事件が起こりそうな事情を把握した場合には，社員の配置を変えるなどの対策をとることが必要となります。

　そもそも，社員同士の関係性を把握することは，チームの力を高めるためにも必要なことです。リスク管理にとどまらず，経営の観点からも，社員同士の関係性を把握することが，実務上重要です。

（淺田）

4－9　日本総合住生活ほか事件

東京高判平30.4.26　労判1206.46

＜事件概要＞

　Y1がY2に，Y2がY3に対して植物管理工事を発注していたところ，Y3の社員として勤務していたＸが，植物管理工事の最中に転落して受傷したことから，前記３社及びY3の代表者Ｚに対し，安全配慮義務違反を理由に，債務不履行または不法行為に基づく損害賠償請求をしたところ，裁判所が，Ｘの請求を認めた事案。

■判例としての価値

　多重下請事案において，被災社員の会社である二次下請事業者の安全配慮義務違反だけでなく，元請事業者及び一次下請事業者の安全配慮義務違反についても認めた点に事案としての価値がある。

◆ 使用例

　元請事業者の社内弁護士Ａは，法務部長Ｑから，下請事業者の社員に対する安全配慮義務についてアドバイスを求められました。

　Ａは，本判決を紹介し，元請事業者として，下請事業者に対し，安全に関する具体的な指示をし，この指示が社員に届いており，その指示内容の遵守状況の確認などがされている場合，下請事業者の社員との特別な社会的接触の関係を肯定する指揮監督関係があると判断される可能性がある。そのため，下請事業者に対し，具体的な指示をし，その指示の遵守を確認する場合には，当該作業において，必要とされる安全確保について正しい認識を持って指示を行う必要があるとアドバイスしました。

◆ 分 析

　本事案は，第二次下請事業者の社員の労働災害に関し，元請事業者や第一次下請事業者の安全配慮義務違反の有無が争われ，元請事業者や第一次下請事業

者の安全配慮義務違反が認められた事案です。

　本事案のポイントは，多重下請事案といえる事実関係において，元請人と下請会社の社員との間に，特別な社会的接触の関係が認められると判断されたことです。

1．事実関係

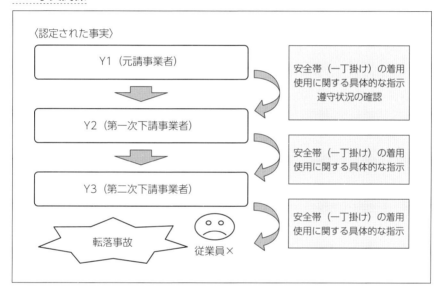

　Y1とY2及びY2とY3は，それぞれ樹木の剪定作業の請負契約を締結していました。

　そして，本事案の樹木の剪定作業では，安全帯について一丁掛けのものではなく，二丁掛けのものを使用していれば，転落事故を防ぐことができたという事情がありました。

　しかし，Y1はY2に対して，個別の工事に関して安全指示書のやり取りや安全衛生の手引きの交付によって，安全帯（一丁掛けのもの）の着用，使用に関する指示を具体的に行っており，Y2もY3に対し，Y1からの指示を伝えていました。

　そのような中で，本件転落事故が発生しましたが，Y1は本件転落事故の後，二丁掛けの安全帯を用いた講習会や二丁掛けの安全帯を使用することを指示す

るようになりました。

2．参照されている判決

　1審と2審は，いずれも，元請事業者の安全配慮義務違反について判断した三菱難聴事件（最高裁一小判平成3年4月11日集民162号295頁）を参照しています。

　三菱難聴事件が示したルールは，元請人は，下請人の雇用する社員に対する安全配慮義務を負うことはない（原則ルール）が，元請人と下請会社との間に「特別な社会的接触関係」が認められる場合には，元請人は信義則上当該社員に対して安全配慮義務を負うというものです（例外ルール）。

　そして，「特別な社会的接触関係」の有無は，元請人の管理する設備，工具等を用いていたか，社員が事実上元請人の指揮，監督を受けて稼働していたか，社員の作業内容と元請人の社員の作業内容との類似性等の事情に着目して判断することになります。

3．1審の判断

　1審では，Y1がY2や現場の社員に対して，本件工事の作業に必要な設備や器具等を供給したことや，作業工程を決定したり，作業に関する具体的な指示を行ったりしたことは認められない点，Y3の社員の作業内容とY1の社員の作業内容との間に類似性も認められない点に言及し，Y1とY3の社員であるXとの間に「特別な社会的接触関係」を否定しました。

　また，Y2についても，Y1と同様に，作業に関する具体的指示を行ったりしたことなどが認められず，「特別な社会的接触関係」を否定しています。

　1審は，このようにY1及びY2の安全配慮義務を否定しました。

4．2審の判断

　2審では，Y1が個別の作業方法（一丁掛け）に対して具体的な指示をしており，この指示がY2を通じてY3の社員にまで及んでいたこと，Y1とY2から週に2回ほど指示の遵守がなされているかどうかの確認がされていたことから，Y1とY2とXとの間の「特別な社会的接触関係」を肯定するに足りる指揮監督関係があったと判断されています。

　2審は，1審とは異なり，Y1とY2の安全配慮義務を肯定したのです。

5．実務上の応用可能性

　2審判決からいえるのは，まず，元請事業者が，第一次下請事業者を通じて第二次下請事業者の社員に対し，安全に関する事項を個別具体的な指示やその遵守を確認する場合には，正しい認識をもって指示をなすことが必要であるということです。

　本事案では，元請事業者が，第一次下請事業者に対し，安全衛生事項となっていた安全帯について，一丁掛けのものを着用することの指示やその遵守を確認していたことをもって，第二次下請事業者の社員に対して，事実上の指揮・監督がなされており，「特別な社会的接触関係」があるとされています。すなわち，元請事業者が第一次下請事業者を通じて安全に関わる事項について具体的な指示や確認をする場合，元請事業者において，第二次下請事業者の社員への安全配慮義務違反が認められる可能性があるということです。

　そのため，元請事業者が社員の安全に関わる事項について具体的な指示やその遵守の確認を行うのであれば，正しい認識をもって指示を行わなければなりません。

　次に，第一次下請事業者についても，元請事業者による安全に関する事項についての指示を第二次下請事業者に対して伝える場合には，その指示が正しいものかどうかを自身において判断しなければならないということです。

　本事案では，第一次下請事業者についても，元請事業者の指示を第二次下請事業者に伝えたことをもって，第二次下請事業者の社員に対して，事実上の指揮監督があり，「特別な社会的接触関係」を肯定したものと考えられます。そのため，第一次下請事業者は，安全に関する事項について，元請事業者からの指示を第二次下請事業者に対して伝達する場合，その指示が正しいものでなければ，社員に対して安全配慮義務が認められる可能性があるのです。

　したがって，第一次下請事業者においては，元請事業者からの安全に関する指示を伝達する際，その指示が正しくない場合には，指示内容の変更が必要だと考えられます。

　要するに，元請事業者や第一次下請事業者が，安全に関する事項の指示を第二次下請事業者に対して伝達する場合には，それが正しいものかどうかを判断する必要があり，元請事業者から伝えられた指示を第一次下請事業者が第二次下請事業者に伝える際にも，細心の注意を払わなければならないといえるでしょう。

（淺田）

4-10　信州フーズ事件

佐賀地判平27.9.11　労判1172.81

＜事件概要＞

　業務執行中に交通事故を起こした社員Ｘが，会社Ｙに先んじて交通事故の相手方に損害賠償金を支払った後，その損害賠償金をＹに対して求償請求したところ，裁判所が，Ｘが支払った損害賠償金額の7割の求償を認めた事案。

■判例としての価値

　社員が会社に先んじて，事故の相手方に損害賠償金を支払った場合でも，後ほど，支払った損害賠償金につき，会社に対する求償（逆求償）が認められ得ることが明示された点に，裁判例としての価値がある。

◆ 使用例

　社内弁護士Ａは，総務部長Ｑから，社員Ｊが業務執行中に会社の自動車で起こしてしまった交通事故の処理について，次のとおり相談を受けました。

　Ｑによれば，会社が任意保険に入っていなかったために保険を利用できなかったこと，Ｊの方に明らかな事故発生の責任があったこと，物損だけで済んだことなどから，Ｊが相手方に自動車の修理費を支払ったのですが，その後，Ｊから，支払った修理費を会社で負担して欲しいとの申出があった，とのことです。

　Ｑは，業務執行中とはいえ，交通事故を起こしたのはＪであり，会社には何の落ち度もなく，会社が修理費を負担するのはおかしいとの考えでした。

　Ａは，Ｊがわざと交通事故を作出したなどの事情がなければ，会社が何らの負担もしないことは難しいこと，そこで，速やかに当該社員から事故状況・事故発生原因の聴取などの調査を行った後，Ｊと協議し，各々の分担金額について合意すべきであると説明しました。

◆ 分　析

　ここでは，社員から会社に対する求償請求（以下，これを「逆求償請求」といいます）とその金額の制限について焦点を当てて説明します。

1．逆求償請求の可否について

　時として，社員が仕事中に，誰かに損害を与えてしまうことがあります。例えば，外回り中に会社の車で交通事故を起こしてしまう場合などです。ここで会社が社員に代わって相手方に損害賠償をしたときは，会社は社員に求償請求できます（民法715条3項）。

　では，社員が，会社よりも先に損害の賠償をしてしまったとき，この社員は会社に逆求償請求できるでしょうか。実は，逆求償請求については，法律に条文が存在しないだけでなく，本事案の当時は最高裁判例も存在しませんでした。そのため，逆求償請求が可能かどうかは不明でした。

　本判決は，この点について，逆求償請求が可能であると判示しました。

　求償請求と逆求償請求の違いは，会社と社員，どちらが先に賠償したのかという点にしかありません。そのため，求償請求が認められているのに，逆求償請求が認められないとする合理性や妥当性はありません。

　したがって，逆求償請求の法律上の根拠を明確に示していませんが，請求が可能であるという本判決の結論は，今後の労働法実務でも維持されるでしょう。

2．逆求償請求の金額の制限について

　まず，会社が先に賠償した場合を考えましょう。

　上記のとおり，会社は社員に求償請求できますが，よほどの事情がない限り，賠償した金額の全額が認められることはありません。

　というのも，求償請求の範囲について，茨城石炭商事事件判決（最高裁昭和51年7月8日）が，様々な考慮要素（後述）を考慮して「信義則上相当と認められる限度」までしか求償を認めず，会社に応分の負担を命じたからです。

　次に，社員が先に賠償した場合を考えましょう。

　逆求償請求は求償請求の裏返しでしかありません。そのため，逆求償請求も，先に賠償した金額が全額認められることはなく，社員も応分の負担が求められる，と考えられます。実際，本判決も，社員が自身の負担割合を超えて支払った部分についてのみ，逆求償が認められると判示しており，全額逆求償請求できないことが当然の前提となっています。

　そして，逆求償請求の制限の程度についても，茨城石炭商事事件判決で列挙されている考慮要素をもとに検討することになります。

3．考慮要素

　実際に，茨城石炭商事事件判決が示した考慮要素は，以下のとおりです。
① 　事業の性格，規模，施設の状況
② 　社員の業務内容，労働条件，勤務態度，加害行為の態様
③ 　加害行為の予防・損失の分散についての会社の配慮の程度
④ 　その他諸般の事情
　先に述べたように，逆求償請求は求償請求の裏返しなので，逆求償請求の場合も，①～④の考慮要素をもとに，会社と社員の負担割合を検討することになります。
　実際，本判決では，長距離の運転という業務には事故発生の危険があること（①），業務量も少なくなかったこと（②），車両後退時の後方確認不十分という過失は通常予想される事故の範囲を超えるものではないこと（②）といった事情を挙げて，Yの負担割合を7割としています。
　ちなみに，1審（簡裁）では任意保険の未加入についても認定されていましたが，2審では認定事実から外れています。認定から外れている理由は不明です。いわゆる「自家保険」などの対策が講じられていたのかもしれませんが，仮にそのような対策も講じられていなければ，1審と同様，考慮要素③として，Yにとって不利益に考慮されることになるでしょう。

4．実務での応用可能性①（危険分散）

　本判決からは，長距離の運転という業務には危険があると評価されたこと，後方確認不十分は「通常予想される（事故の）範囲」内と評価されたことの2点が，特に運送業者にとって参考になります。
　まず，前者からいえることは，運送業者は危険な業務を主たる業務としていることになりますから，安全確保が事業の根幹とならざるを得ない点です。
　次に，後者からいえることは，よほどのことがない限り，全てを社員の責任とすることができないということです。すなわち，社員による事故は一定の確率で発生するものであり，社員の過失を口実に社員に多額の負担を負わせることは認められない，ということになるのです。
　以上のことから，運送業者は，社員が交通事故を起こした場合，その責任の

大部分を自ら負担せざるを得ない，したがって，交通事故が一定の確率で発生することを前提とした対策を講じなければならない，ということが，教訓として導かれるでしょう。

そこで，交通事故によるリスクを分散するために，保険を活用すべきである，ということがわかります。

それは，単に保険金が出れば，損害賠償の必要性も減り，会社と社員の間での責任の押し付け合いが発生しない，というだけではありません。交通事故への対応には人員が割かれます。事故の相手方や裁判所への対応を社員に押し付けることにもなりかねず，また，全て会社で行うことになると相当の負担となりますが，保険によってこの負担を軽減することができるのです。

5．実務での応用可能性②（事故対応）

次に，実際に交通事故への対応が必要な場合，会社がどのように対応すればよいのか，について参考になります。

すなわち，本事案では交通事故への対応をX自身に行わせていましたが，その結果，後から逆求償請求を受けることとなったからです。

一般的な社員は，自分の本来の業務を行いながら，交通事故の相手方と十分に交渉できないでしょう。そのため，相手方から請求された金額をそのまま鵜呑みにしてしまう可能性があります。そこでは，例えば修理費用が水増しされていたり，さらに，最悪の場合，社員と相手方がつながっていて，高額な金額で示談をしてしまうかもしれません。

これに対して，会社が，示談成立後になって，金額の不当性について争うことは難しいと考えられます。むしろ，会社が社員に処理を丸投げして損害を拡大させた（③），と不利に評価されるおそれすらあるでしょう。

したがって，本事案とは異なり，会社としては，速やかに相手方との交渉を引き取って，適正な損害額で問題の解決を図るべきです。

また，社員とのトラブルを避けることも重要です。

そこで，会社と社員の負担割合について予め合意して相手方との交渉に臨むことや，社員への求償を最初から諦めてしまうこと，など，社員との関係も考慮に入れながら，交通事故の処理にあたるべきでしょう。

※　本稿脱稿後，逆求償を認めた最高裁判例（福山通運事件・最判令和2年2月28日労判1224号5頁）が紹介されました。　　　　　　　　（佐山）

4－11　医療法人杏祐会元看護師ほか事件

広島高判平29.9.16　労判1202.163

<事件概要>

　会社Xが，社員Yに対し，6年間働けば返還を免除する条件で学費を貸し付けたのに4年4か月で退職したとして，学費の返還を請求したところ，裁判所が，Xのつけた条件は，労基法16条に違反して無効であり，本件貸付は条件（返還合意）なき給付契約になり，Yは返還義務を負わないと判断した事案。

■判例としての価値

　条件付きの貸付が損害賠償の予定と評価できる場合には労基法16条に違反するとした上で，それを，労基法14条に定める有期労働契約の契約期間を基準に示した点に，事例判決を超えた価値がある。

◆　使用例

　社内弁護士Aは，人事部長Qから，「弊社が，看護学校の修学費用を貸し付けて，看護師の資格を取った社員がいるのですが，資格を取って4年も経たないのに，退職の意向を持っているようです。弊社の内規では10年間弊社で勤務すれば，修学費用の返済を免除すると規定していますが，4年程度の勤務では全く免除されず，全額返済を求めることができます。会社のお金で資格を取っておきながら，会社に貢献することもなく退職するなど許せません。修学費用全額を返済して退職するか，返済が免除される期間まで働くかの2択を迫ってもよいでしょうか。」と相談を受けました。

　そこで，Aは，Qに対し，そのような2択はもってのほかであると回答し，本判決を紹介しました。その上で，返還約束が無効となる可能性が高いことから，早急に内規を変更し周知すること，社員と個別に免除条件や減額措置を記載した書面を交わすことを指示しました。

◆ 分　析

　Yは，Xから，看護学校卒業後6年間Xで就労すれば返還義務を免除するという条件で，修学費用等の貸付（以下，「本件貸付」といいます）を受けました。ただし，返還免除期間や条件などの具体的内容は，本件貸付時点で明確でなく，Yもその内容を明確に認識していませんでした。

　Yが上司に退職の意向を伝えたところ，上司からは本件貸付による貸付金の返還が必要との説明はなされませんでした。そこで，Yは，退職届を提出しました。ところが，上司は，免除要件を充たしていないため本件貸付による貸付金の返還請求を受ける可能性があるとして，Yを慰留しましたが，Yの意思は変わらず，Yは退職しました。

　その後，Xは，Yに対して，本件貸付による貸付金の返還を求めて，本件訴訟を提起しました。

1．本事案の主要な争点

　本事案では，本件貸付の合意の有無などの問題点も議論されましたが，ここでは，返還免除の要件を充たしていない貸付が労基法14条と16条に基づき無効となるか，という問題点について検討します。

　この問題点も，さらに2つの問題に分けて検討しましょう。

　1つ目は，①労基法14条に関する問題です。

　具体的には，Yは，労基法14条では3年を超える期間の定めのある雇用契約を禁止しているにもかかわらず，本件貸付の免除要件は6年間の勤務とされる一方で，その間の減額措置はなく，実質的に6年間の勤務を強制するものとして労基法14条に違反するのではないか，という点です。

　2つ目は，②労基法16条に関する問題です。

　具体的には，労基法16条が，労働契約違反の場合の違約金・損害賠償額の予定を違法と定めているところ，本件貸付に付された条件は，Yが6年間勤務しない場合に支払義務が発生するもので，形式的には貸付金の返還義務ではあるが，実質的にはこの違約金・損害賠償額の予定に該当するのではないか，という点です。

2．本判決の判断

　本判決は，①について，労基法14条が社員の退職の自由の制限の上限として

いる3年間の2倍である6年間の勤務を要件としていること，返還義務の金額が，Yの給与に比較してかなり高額であること，実際に本件貸付が退職を翻意させるための「経済的足止め策」に使われていること，などから，退職の自由を制限しているとして，労基法14条違反を認定しました。

②については，①のように労基法14条に反する「経済的足止め策」として退職の自由を不当に制限し，この不当な制限の不履行に対する損害賠償の予定である，と評価し，労基法16条違反を認定しました。すなわち，労基法14条に違反するほど不当な条件が付いている，したがって，この条件の付いた本件貸付は労基法16条の損害賠償の予定に該当する，という構造です。

ここでの議論を整理すると，①退職できないように拘束している，という面は労基法14条違反，②（退職による）損害賠償の予約，という面は労基法16条違反，となります。

したがって，形式的には労基法16条違反とされましたが，実質的には労基法14条違反の認定が最も重要な論点です。本判決は，労基法16条に関する裁判例のように見えますが，実際は労基法14条に関する裁判例であると理解すべきでしょう。

3. 実務上の応用可能性

したがって，労基法14条に関する判断部分を検討しましょう。

有効求人倍率が1倍を大きく上回っている今日，資格取得のための修学費用を会社が貸し付け，または贈与することは採用手段として検討されることも多いと思います。

会社の懸念点は，そのようなコストをかけた社員をいかに退職させないか，退職するにしても投下した貸本が回収できるのかという点だと思います。

ところが，本事案では，会社は，貸し付けた金銭が回収できず，社員も退職してしまうという会社としては最悪の結末を迎えてしまいました。

では，Xはどのようにすればよかったのでしょうか。

想定される手段として，①（労働関係法の適用を回避するために）別会社から貸付をする，②毎月の給料から貸付の返済を求める，③（本事案と同様の方法ですが）一定期間就労すれば返還を免除する（一定期間就労すれば投下資本は回収されたと考える）などが考えられます。

①は，明らかに労働関係法の潜脱なので，信義則法理等により，労働関係法

が適用された場合と同様の法効果が認められる可能性が高いと考えられます。

　②は，給料からの天引きが禁止されており（労基法24条），給料支払時に任意に返済するという合意をしてもその合意が無効とされるケースもあります。そのような観点からすると，妥当な手段とはいえません。

　そこで，③ですが，本判決は，一定期間就労すれば返還を免除するという条件で返還合意をしたものの，その返還合意が無効と判断しています。

　本事案で，返還合意が無効とされた理由は，単純にいえば，返還免除のために必要な勤務期間が3年（労基法14条）の2倍の6年であったことです。本判決の文言が「3年を超えるか否かを基準として重視すべき」とされており，3年だけが要件ではない表現となっているので，返還免除に必要な就労期間が3年を超えなければ必ず返還合意が有効になるというものではありませんが，有効になる可能性が高くなるでしょう。

　これに加え，原判決及び本判決では，必要な就労期間に「1日も充たない場合は全額返還を要するなど勤務年数に応じた減額措置も（ない）」ことが指摘されています。この指摘からすると，一定期間就労すれば一定割合ごとに免除する，もしくは，退職時に就労期間に応じて一定額の返済を免除するという規定を置いていれば，その規定が有効になる可能性が高くなる，と考えられるでしょう。

　結論としては，返還免除の条件となる勤務期間は労基法14条に定める契約期間を上限にし，上記のような減額措置を設けることにより，返還合意が無効となる可能性は大幅に減少します。

　では，既に労基法14条に定める契約期間を上回る条件を付けている場合にはどうすべきでしょうか。

　本判決は，6年の条件を無効としましたが，それが5年の限度で有効なのか，全体として無効なのか，という点まで判断していません。後者の可能性が残されている以上，会社は，一部でも有効であればラッキー，として長い期間の返還合意を設けるよりも，後者の可能性を配慮して，5年を上限とし，しかも勤続年数に比例して返済額を減額するルールを定め，従業員と合意すべきでしょう。

（米澤）

⚫ おまけ小説　法務の小枝ちゃん ⚫

第4章　ハラスメント

（※今回は，副音声（関西弁）でお送りします）

　シンガポールに向かう飛行機の中。

　合弁会社の副社長，杉田茂と，ジェネラルカウンセル（笑）である，木ノ内小枝（うち），ファーストクラスではないが，ビジネスクラスにしてもらっている。ほんまありがたいですわ。

　杉田茂は，淀屋橋（原作者注：渋谷）のIT子会社の業務から外れたから，2つの会社の掛け持ち。ジェネラルカウンセル（笑）は，留守番役が多いので，私は，普段はシンガポール。留守番役となると，杉田茂と一緒に出張する機会は少なくなる。杉田茂がシンガポールに戻ってきてから，私が日本に来る，ということが多くなる。

　ゆっくり話するのも久しぶりやな。ちょっと肥えたんちゃうか。

　「そやな，別に話すようなこともないんやけど。」

　相変わらず，素直でないうち。仕方ない。「素直な弁護士」なんて意味がない，といっていたひねくれ者の父のせいやろか。

　シャンパンで乾杯し，ぽつりぽつりと話し始めたけど，やっぱり仕事の話になるねん。

　障碍者雇用の話になった。

　シンガポールでは，我々が合弁会社に出資する以前から障碍者雇用に熱心だったのが印象的で，社会的な支援体制だけでなく，国民全体の意識も高い，というのが，うちと杉田茂の共通する感想や。

　日本で障碍者雇用するのに，会社として何が問題なんやろう。

　「日本政府も，障碍者雇用の支援金交付したり，最少人数を設定したりしてて，それなりの効果が上がっている，といわれるけど，経営者としては，実際の会社の様子がどうなるんかが気になるな。」

　「せやな。障碍者に対するハラスメントが問題になった裁判例が多くなってるねんな。」

　「いじめか？　障碍者がいじめられるんか？」

　「たしかに，そういう事案もあるけど，自分が障碍者であることを隠しておい

て，トラブルになったら，障碍者に対する配慮が足りない，それがハラスメントや，と争った事案もあるわ。障碍者と見られたくない，という障碍者ね。

　そのほかにも，障碍者同士が仲悪くなって大変やった，という話を聞いたこともある。

　障碍者がいじめられた事案でも，最初は面倒見役とうまくやれていたのに，面倒見役が切れてもうてきつく当たるようになった，というものもあるねん。その事案では，裁判所が，きつくてもそれは指導の範囲内ちゃうかー，と評価したから，ハラスメントかどうかという意味では，事なきを得たんやけど，障碍者と会社の間でトラブルになると，障碍者に優しくない会社，という風評が立ってしまって，経営的には痛いわな。」

　「なるほど。」

　杉田茂が，経営のことを考えている。成長したな。

　機内食も，私は肉料理と赤ワインなのに，杉田茂は，魚料理にお茶。お酒は，最初のシャンパンだけ。パンにバターもつけず，デザートには手を付けない。おや，栄養管理ですか。

　「そうすると，面倒見役や管理職者と，障碍者，この両方の教育が重要，ということやな。」

　「それだけちゃうで。もっと必要なのは経営者やわ。」

　「経営者も？　いったい何をせえっちゅうねん？」

　杉田茂の食事は下げられているけれど，私は，デザートとグラッパ。食後酒にグラッパがあるやなんて，なんてラッキー。まさに，551があるとき状態。

　「増員。」

　「社員を増やす，ちゅうことか？」

　「せや。障碍者を1人増やすのに，他の社員の人数はそのままにしておくから，他の社員にしわ寄せが行って，ストレスがたまるねん。特に，面倒見役や管理職者が，普段の自分の仕事をこなしながら，障碍者のフォローや指導をするから，その不満や怒りが障碍者に向いてまう。そんな構図が，裁判例を見ていると見えてくるねん。だから，障碍者を1人雇うなら，サポートする人の仕事を肩代わりできるように，社員も1人増やす。それくらいの覚悟がないと，現場の誰も障碍者を歓迎しなくなるねん。」

　「障碍者を受け入れることの重要さは，誰でも知っとるやろう？　無駄な人員を増やすより，皆で協力し合って受け入れることから考えるべきちゃうんか？」

「障碍者を受け入れることの重要さは，誰でも理解できるわ。そのとおりや。

　やけど，精神論だけじゃ，いずれみんな疲弊してしまうねん。そうなるとどうなるか，特に杉田茂は人事も見てきたんやから，ようわかるやろ？」

　幼馴染だから，昔の呼び名が出てしまう。変なあだ名ではなく，「杉田茂」とフルネームで呼んでまうねん。

　むう，といいながら，杉田茂はキャビンアテンダントに，ウィスキーのロックとおつまみを注文した。えー，栄養管理はやめたんかいな？

　いや，少し眠りたいねん。

「やけど，1人増やせば，障碍者のサポートに1人分丸々手間がかかるわけじゃないから，少し余裕が生まれるはず。効率重視で，コストカットばかりやってきたけど，何かの時のために少し余裕がないとあかんことも，今回のコロナ騒ぎでわかったやろ？

　それに，悪いことばかりちゃう。

　その余裕が，在宅勤務を増やしたり，子育てしている人が子供の急な病気で休んだりしても対応できる余裕につながる。働き方を変えるための受け皿は，まずは，余裕のある体制のはずやねん。限られたギリギリのリソースの中でやり繰りすることばかり考えていると，かえってどんどん隙間が詰まっていって，余裕がどんどん失われていくねん。」

「いや，効率経営が企業の競争力や。余裕なんて，甘えたことをいってられへんで。厳しい競争の中で，どこもぎりぎりで戦ってんねん。」

「あんたは，今回のコロナ騒ぎで何を学んだん？　余裕のない会社が追い詰められていったことがわからへんのかいな？

　最近の分析では，ROE経営の限界と危険性が議論されている。

　それに，このことは昔の人の方がよくわかっとった。松下幸之助だって，資金や人員，設備に，余裕がなければ会社が危ない，って話しとったわ。

　効率経営と，余裕のない経営は全然別物。

　そないに余裕のない経営が大事なら，会社経営者はみな軽自動車に乗ってるはずやけど，安全さや，疲れないための快適さを考えて，高級車に乗っているわけやろ？　私たちだって，こうやってビジネスクラスに乗せてもらえてるねんから。余裕のある人員は，安全経営のための必要経費やねん。その必要経費も含めて，コスパのいい効率経営を行うねん。

　経営者である杉田茂が考える仕事は，出費をケチることじゃなくて，価値のある出費をすることちゃう？」

「つまり，余裕のある人員は，費用ではなく資産なんやな。人員そのものが費用なんではなく，その資産に対するコストが費用なんか。そうすると…」

なんとも怪しい会計論争が始まった。

飛行地図では，既に台湾上空を通過している。こんなにシンガポールに近付けば，寝る時間なんかないんちゃうか。今からウィスキーをお代わりするのは，おかしいんちゃう？

それに，こうなると結局，今日も仕事の話だけで終わってしまう。杉田茂からジェネラルカウンセルになるように誘われたとき感じたドキドキは，いったい何やったんやろか。あの時は酔っぱらっていたんやろうか。やったら，今日は飲みが足りないんやろうか。

すみません，うちはグラッパのお代わりをお願いします。

さあ，どういうことか説明せんかい，杉田茂。

〔原作：芦原，関西弁訳：米澤〕

あとがき

　今，労働判例が一番面白い。

　1つ目の理由は，裁判例によってルールが形成されていく過程をリアルタイムで実感できるところにあります。

　最近では，同一労働同一賃金の判断方法や判断基準，固定残業代制度の合理性の判断基準，不利益な合意に関する「自由な意思」理論の内容や適用範囲，療養休職や復職に関するルール，ハラスメントとメンタルの関係，などに関して特に顕著にルールが動き，形成されていると感じます。

　一発で万能なルールができるわけではなく，先例の発展と修正を繰り返しながら，ルールが出来上がっていく，その過程に立ち会えるのです。

　2つ目の理由は，会社内部の様子がよく見えてくるところにあります。

　本来，過失の予見義務・回避義務を問題にするだけであれば，当該事案に関する点だけ，例えばうつ病が問題であれば，うつ病の予兆となる現象を，上司が予見できたか，それでどうしたか，という点だけが議論されれば充分で，会社の一般的な予防体制やプロセスまで議論する必要はないはずです。

　ところが，労働法では，従業員対応の過程が重視されるようになりました。しっかりとした体制やプロセスを構築し，従業員管理に力を注いでいる会社と，そのような配慮のない会社とでは，認められる責任に差が出てくるのです。

　このことから，メンタルやハラスメント，過労死など，主に安全配慮義務の分野で，会社側の過失の認定に関し，トラブル予防のために会社がどのような組織やプロセスを作ったか，実際にそれがどのように機能したか，という点が詳細に認定されることになります。

　つまり，下手な経営書や経済紙よりも，よほど詳細に会社の内実が見えてくるのです。

　3つ目の理由は，したがって，会社として何をすべきかが見えてくるところにあります。

　これは，上記2つの理由から説明するまでもありませんが，特に強調したいのは，体制やプロセスです。チェックリストを作って，10個のうち8個以上該当するから安全，というようなものではなく，会社や従業員，事件の状況に応じて，必要なプロセスや好ましいプロセスが変化します。当然のことですが，

このような状況の見極めと，それに適した対応プロセスが重要であり，実際の
トラブルや裁判例を見なければ，「感覚」「コツ」「勘所」を身に付けることが
できません。

　このような理由から，私自身が主宰する労働判例の勉強会を数年間継続して
おり，その成果物として，『実務家のための労働判例読本』（産労総研・経営書
院，2020年）を出版しました。
　本書は，同じ裁判例も多く対象にしていますから，その書籍と重なるのでは
ないか，と思う人がいるでしょう。
　けれども，いずれも労働判例の中から実務上ポイントとなる部分をピック
アップし，重点的に分析する手法を採用しています。当然，執筆者によって
ピックアップされるポイントや分析の切り口が異なります。実務家にとって，
裁判例からこのようなツールが導き出せる，という切り口は，複数あった方が
役に立つはずです。私にとっても，本書執筆の指導監修を通して，なるほど，
そこか，そうきたか，と感じることがたくさんありました。
　しかも，いずれも，要領よくポイントをつかみ取れるように工夫されていま
す。
　したがって，まずは本書で，重要な裁判例のポイントをつかんで下さい。ま
た，既に上記書籍をお持ちの方も，本書と読み比べることによって新たな発見
が必ずあります。

　本書の出版は，「法務の技法」シリーズをずっと担当してくれた中央経済社
の和田豊氏による，的確なアドバイスや，献身的なサポートがあってのことで
す。ありがとうございました。
　本書が，実務で使えるツールとして活用されることを期待し，お読み頂いた
方にお礼申し上げます。

　2021年2月

監修　芦原一郎

■**監修者紹介**（https://note.com/16361341）

芦原　一郎（あしはら　いちろう）：弁護士法人キャスト／パートナー

週刊東洋経済「依頼したい弁護士」25人，司法試験考査委員（労働法）。

労働法，会社経営，保険法，リスクマネジメント，民暴対策などが専門。

〈学歴と資格〉

早稲田大学法学部（1991年）とボストン大学ロースクール（2003年）を卒業。日本（1995年，47期）と米ニューヨーク州（2006年）で弁護士登録，証券アナリスト登録（CMA®，2013年）。

〈職歴〉

森綜合法律事務所（現：森・濱田松本法律事務所，1995年～），アフラック（1999年～），日本GE（2009年），みずほ証券（2009年～），チューリッヒ保険／チューリッヒ生命でのジェネラルカウンセル（2013年～），Seven Rich法律事務所（2018年～）を経て，現職。

東京弁護士会で民暴委員会（1995年～）や労働法委員会（2006年～，副委員長：2016年～）などに所属，日本組織内弁護士協会で理事（2012年～），大宮法科大学院（ロースクール）で非常勤講師（2009年～2010年）なども歴任。

〈主な論文〉

・「社内弁護士による労働問題への関わり」（東京弁護士会編「弁護士専門研修講座　労働法の理論と実務」／ぎょうせい，2010年）

・「法務部とガバナンス～『定期便プロジェクト』の試み」（奥島孝康編著「企業の統治と社会的責任」／きんざい，2007年）

・「自殺が疑われる事案での重複加入契約の重大事由解除（判批，大阪地判H29.1.18，大阪地判H29.9.13）」（保険事例研究会レポート320／生命保険文化センター，2019年）

〈主な著書〉※おまけ小説「法務の小枝ちゃん」①～④は，下記①～④に掲載。

・『実務家のための労働判例読本』（経営書院，産労総合研究所，2020年）

③『M&Aにおける労働法務DDのポイント』（共著，東弁労働法委編／商事法務，2017年）

・『新労働事件実務マニュアル（第2版，初版）』（いずれも共著，東弁労働法委編／ぎょうせい，2010年・2008年）

・『事例でわかる問題社員への対応アドバイス』（共編著，日本組織内弁護士協会編／新日本法規，2013年）

④『経営の技法』（共著，中央経済社，2019年）

・『国際法務の技法』（共著，中央経済社，2016年）

・『国際企業保険入門』（共著，中央経済社，2019年）

①『法務の技法（第2版，初版）』（中央経済社，2019年・2014年）

②『法務の技法〈OJT編〉』（編著，中央経済社，2017年）

・『法務の社内調整術』（学陽書房，2020年）

・『ビジネスマンのための法務力』（朝日新書／朝日新聞出版，2009年）

・『社内弁護士という選択』（商事法務，2008年）

■編著者紹介

佐山　寧秀（さやま　やすひで）：しろくま法律事務所／代表弁護士

〈学歴と資格〉

東北大学法学部（2011年），東北大学法科大学院（2013年）を卒業。2014年に弁護士登録（67期）。

〈職歴〉

鈴木俊生法律事務所に入所（2014年）し，一般民事，刑事事件，企業法務，倒産，労働問題など幅広く手掛ける。その後，同期の弁護士2名と共に，しろくま法律事務所（https://shirokuma-law.net/）を設立（2019年）。

大阪弁護士会で法教育委員会（2014年〜）や司法委員会（2019年〜）などに所属。

中野　知美（なかの　ともみ）：弁護士法人かなめ／パートナー

〈学歴と資格〉

香川大学法学部（2009年），大阪大学大学院高等司法研究科（2012年）を卒業。2013年に弁護士登録（66期）。

〈職歴〉

鈴木俊生法律事務所（2013年〜2016年）を経て，現職。

大阪弁護士会で民暴委員会（2013年〜，副委員長：2019年〜）や法教育委員会（2013年〜）などに所属。大阪大学大学院高等司法研究科で弁護士アドバイザー（2013年〜），畿央大学で非常勤講師（2016年〜）なども歴任。

■著者紹介

畑山　浩俊（はたやま　ひろとし）：弁護士法人かなめ／代表弁護士
〈学歴と資格〉
関西大学法学部（2008年），東北大学法科大学院（2011年）を卒業。2013年に弁護士登録（66期）。
〈職歴〉
ブレイス法律事務所に入所（2013年）し，企業側で労働問題など幅広く手掛ける。その後，法律事務所かなめを開設（2015年，2020年9月1日付で法人化）。現在は，介護・保育事業に特化したオンライン顧問サービス『かなめねっと』を全国展開中。

米澤　晃（よねざわ　あきら）：弁護士法人かなめ／副代表弁護士／中小企業診断士
〈学歴と資格〉
同志社大学法学部（2010年），神戸大学法学研究科（2012年）を卒業。2013年に弁護士登録（66期）。
2020年中小企業診断士登録。
〈職歴〉
大阪市内の法律事務所（2013年～2015年）を経て，法律事務所かなめを開設（2020年9月1日付で法人化）。
法務の小枝ちゃん関西弁版の翻訳を担当。

淺田　祐実（あさだ　ゆみ）：弁護士法人かなめ／アソシエイト
〈学歴と資格〉
同志社大学法学部法律学科（2016年），大阪大学大学院高等司法研究科（2018年）を卒業。2019年に弁護士登録（72期）。
〈職歴〉
大阪弁護士会で民暴委員会（2020年～）に所属。

「法務の技法」シリーズ

法務の技法〔人事労務編〕

2021年4月15日　第1版第1刷発行

監修者　芦　原　一　郎
編著者　佐　山　寧　知　秀　美
著　者　中　畑　野　浩　俊　晃
　　　　米　山　澤　祐　実
　　　　淺　田　　　　　継
発行者　山　本　　　　　継
発行所　㈱中央経済社
発売元　㈱中央経済グループ
　　　　パブリッシング
〒101-0051　東京都千代田区神田神保町1-31-2
電話　03 (3293) 3371（編集代表）
　　　03 (3293) 3381（営業代表）
https://www.chuokeizai.co.jp
印刷／東光整版印刷㈱
製本／誠　製　本　㈱

Ⓒ 2021
Printed in Japan

＊頁の「欠落」や「順序違い」などがありましたらお取り替えいたしますので発売元までご送付ください。（送料小社負担）

ISBN978-4-502-37781-5　C3032

JCOPY〈出版者著作権管理機構委託出版物〉本書を無断で複写複製（コピー）することは，著作権法上の例外を除き，禁じられています。本書をコピーされる場合は事前に出版者著作権管理機構（JCOPY）の許諾を受けてください。
　JCOPY〈http://www.jcopy.or.jp　eメール：info@jcopy.or.jp〉

シリーズのご案内

『経営の技法』

久保利英明・野村修也・芦原一郎 [著]　Ａ５判／388頁

　正しい会社経営をするためにガバナンスや内部統制といったツールをどのように使うべきか，本邦の著名な法律家が法務問題のみならず広い視点をもってまとめた経営・法務実践書。シリーズ全体の総論でありつつ，一歩踏み込んだ社内弁護士のモデルを提示！

　ビジネス面とリスク管理面を一体として判断し，法務が積極的にビジネス（経営判断）に関与するべき方法論を示すドラスティックな内容。

『法務の技法（第２版）』

芦原一郎 [著]　Ａ５判／304頁

　社内弁護士として長年活躍してきた著者の経験やノウハウを親しみやすい文章に結晶化した，全法務パーソン必携の実践書。どの組織にもある身近な問題を出発点として，上司・同僚や他部署との調整，取引先とのトラブル，自身の働き方などの考え方・解決策を，ユニークな切り口でまとめています。

　第１版の内容に"実践問題"を加え，待望のリニューアル！

『法務の技法〈OJT編〉』

芦原一郎 [編著]　Ａ５判／306頁

　日本組織内弁護士協会（JILA）に所属する弁護士29名による，ノウハウ満載の内容。現場で起こり得る事例をもとに，社内弁護士としての法務対応をさまざまな角度から検証。各種演習問題や法務小説など豊富なコンテンツとともに，楽しく読みながらしっかりとスキルが身に着く。まるで，部署内で先輩から直接教わっているかのようなリアルな実践書。

『国際法務の技法』

芦原一郎・名取勝也・松下　正 [著]　Ａ５判／240頁

　既存の法律書籍と一線を画す内容でセンセーションを巻き起こした『法務の技法』シリーズの第２弾！　長年前線で活躍する著者の経験に基づく，現場で使えるノウハウや小技（こわざ）が満載。

　組織力・経営力・防衛力・行動力・コミュニケーション力・英語力に分け，国際法務遂行の考え方とテクニックを余すところなく伝授。著者３名が各々の知見を縦横に語る座談会も特別収録。